高校分类发展的三维透视

葛信勇　著

西南师范大学出版社
国家一级出版社　全国百佳图书出版单位

图书在版编目(CIP)数据

高校分类发展的三维透视 / 葛信勇著 .— 重庆:西南师范大学出版社, 2021.6

ISBN 978-7-5697-0971-1

Ⅰ. ①高… Ⅱ. ①葛… Ⅲ. ①高等学校－发展－研究－中国 Ⅳ. ①G649.21

中国版本图书馆CIP数据核字(2021)第121676号

高校分类发展的三维透视

GAOXIAO FENLEI FAZHAN DE SAN WEI TOUSHI

葛信勇 著

责任编辑: 秦 俭
责任校对: 杜珍辉
装帧设计: 观止堂_未 氓
排　　版: 杜霖森
出版发行: 西南师范大学出版社
地址:重庆市北碚区天生路2号
邮编:400715　电话:023-68868624
印　　刷: 重庆新生代彩印技术有限公司
幅面尺寸: 170mm×240mm
印　　张: 16.75
字　　数: 260千字
版　　次: 2021年6月 第1版
印　　次: 2021年6月 第1次印刷
书　　号: ISBN 978-7-5697-0971-1

定　　价: 86.00元

前言

教育是国之大计、党之大计。高等教育作为教育的重要组成部分，其发展水平是一个国家发展水平和发展潜力的重要标志。习近平总书记强调，“办好高等教育，事关国家发展、事关民族未来”。

改革开放以来，特别是党的十八大以来，我国高等教育发展取得了历史性成就，实现了向普及化阶段的关键转变。目前我国高等教育办学规模和年毕业人数居世界首位，基于新的发展阶段，走内涵式发展道路是高等教育发展的必然选择。中共中央、国务院印发的《中国教育现代化2035》明确提出“分类建设一批世界一流高等学校，建立完善的高等学校分类发展政策体系，引导高等学校科学定位、特色发展”。分类发展是高等教育从规模扩张向质量和效益提高转变的基本路径。

笔者长期在高校工作，先后从事教学管理、发展规划等方面的工作，与国内外许多高校的同仁有较为广泛的交流，逐渐积累了一些对高校分类发展的认知，并对其进行了一些思考。本书从世界、中国、校本三个维度，简要整理了美国、英国、德国、日本、澳大利亚五个国家高校分类发展的情况，大致梳理了我国高等教育不同阶段分类发展的概况，并以本人工作所在高校为样本，总结了过去的一些经验，对未来发展做了思考。

本书的完成，尽管付出了大量的努力，但仍感有些许仓促，加之自身能力有限，其中存在掌握资料有限、研究不够深入、观点不够精准等问题，希望能够得到大家的批评指正，也恳请大家能够包容。

本书在写作过程中，得到杜彬恒、王荣景、王浩等同志的大力协助，在此向他们的辛勤付出表示诚挚的感谢。

葛信勇

2021.2.10

目录

导论
——分类发展：高校内涵式发展的战略方向

坚持分类建设、特色发展是高校实现持续发展的基本经验，也是高校实现内涵式发展的战略选择。在建设高等教育强国的伟大实践中，党和国家实施了一系列建设工程和建设计划，为高校分类发展提供了生动的实践蓝本。那么，应如何对高校进行分类和定位呢？这是学界长期以来关注的重要命题，也是新一轮高等教育强国建设无法绕开、必须回答的重要理论问题和现实问题。高校分类问题直接关系到党和国家高等教育发展政策的边界和走向，关系到高等教育强国建设的步骤和进度。对高校分类问题进行深入系统的研究十分必要。因此，对高校分类的研究在学术层面上进行梳理，对其历史进程进行回顾，有助于对高校的理性定位，亦有助于政府引导高校分类发展，促进高等教育资源有效分配，构建有序竞争的发展环境，引导同类型的高等学校坚持特色发展、内涵式发展、持续发展。

一、高校分类的内涵与意义

何谓高校分类？我国高等教育学奠基人潘懋元等认为，高等教育分类是人们为了更好地认识、研究和引导高等教育发展而将高等教育系统划分成不同的类型和层次，从而确定高等教育系统中各子系统及各要素之间的相互关系的过程。[①]这一认识可以细化为五个方面的理解：第一，高等教育分类是为了更好地认识、研究和引导高等教育发展；第二，高等教育分类的

① 潘懋元，陈厚丰．高等教育分类的方法论问题[J]．高等教育研究，2006(3)：8.

对象是高等教育系统，这个系统至少应该包括高等教育及其实施机构——高等学校；第三，高等教育分类的内容是将高等教育作为一个统一的开放系统进行类型和层次的划分；第四，高等教育分类的任务是确定高等教育系统中各子系统及各要素之间的相互关系；第五，高等教育分类是一个不断改进和完善的过程，要适时根据高等教育系统内外部环境的变化和高等教育系统自身的发展进行修改和完善，从而使高等教育以合理的结构最大限度地发挥自己的作用。

结合高等教育分类的实践，可以做如下定义：高校分类是由国家教育行政部门主持，组织高等教育研究机构或专家、学者，根据一定的标准，对高校进行的不同类别或能级的划分。高校分类具有复杂性、多样性、相对稳定性等特点。也有学者从大学分类的历史演进角度，将高校分类的特点总结为行政性、学科性、优先性和职能性四个特征。

当然，也有学者对高校分类持有不同观点。邓耀彩在自生秩序理论基础上对高校分类进行了批判，并提出了自生秩序是高等教育重大创新的必要条件的观点。①陈厚丰则揭示了自生秩序的局限性，提出了自生秩序并非灵丹妙药，分类引导不等于管制，高校定位离不开高校分类，高校定位的机制应当是自生秩序与分类引导有机结合。②何超在辨析自生秩序理论和高校分类的基础上认为，高等教育系统秩序的形成是一个组织化过程，既有人类理性的安排，又有自组织方式。高校定位应由政府宏观引导、社会广泛参与、高校理性选择三者共同发挥作用。③

观照高等教育改革实践，在多样化的认识和理论交互中，高等教育分类从理论逐步走向政策文件，再从政策文件逐步走向发展实践，推动了高等教育分类发展的积极探索。不可否认的是，清晰的分类能够带给高校明确的定位，从而引导高校根据自身的历史积淀或文化特色进行分类发展，对高等

① 邓耀彩．高校定位：自生秩序还是管制[J]. 高等教育研究 .2006(2)：47-51.

② 陈厚丰．高校定位：自生秩序与分类引导有机结合——兼与邓耀彩博士商榷[J]. 高等教育研究，2006(6)：55-60.

③ 何超．高校定位与高等教育系统秩序的形成[J]. 高等教育研究，2007(2)：45-48.

教育管理及高校自身发展都有积极的意义。我国各省市也出台了高校分类发展的相关政策文件,引导高校科学定位、内涵发展、特色发展。比如,2017年,重庆市教委出台《关于促进普通高等学校分类发展的意见》,明确全市高校分为:综合研究型、应用研究型、应用技术型和技能技艺型四种类型,并提出了不同类型高校的发展目标和发展路径。2018年,上海市教委等部门出台《关于深入推进上海高校分类管理评价促进高等教育内涵式发展的指导意见》,明确上海高校分为学术研究型、应用研究型、应用技术型、应用技能型四类,突出不同高校精准管理,实现"类型不同、要求不同、评价不同、支持不同"。高校分类决定着高校的定位,以及高校未来选择的发展路径,在高等教育体系中发挥着关键的作用。

二、高校分类发展的主要内容

高校分类发展是高等学校的发展观和方法论的统一,是一项系统工程,涉及高校改革发展的方方面面。在高校内涵式发展改建实践中,高校应重点关注发展目标定位分类、发展模式选择分类、发展资源配置分类、发展评价机制分类四个主要方面。

(一)发展目标定位分类

定位是高等学校发展战略的一个重要组成部分,是高等学校顶层设计的重要内容。

国外关于高校类型的权威划分当数美国卡内基教学促进基金会(以下也简称"卡内基")对高等院校的分类,在其2010年版的标准中,卡内基将高等院校划分为6个大类,即授予博士学位的高校、授予硕士学位的高校、授予学士学位的高校、副学士型高校、专业型高校、部落学院。

我国关于高校类型的划分,目前得到广泛认可的是广东管理科学研究院课题组所做的分类,其将我国高校分为教学型、教学研究型、研究教学型、研究型等类型。国内外关于高校类型的划分，较多的是基于高校的现状，如学科的多少、研究生的培养情况以及科研的情况等而进行的划分，是用教育的语言在教育的范围内对高校的教育行为做出的描述。

对高校进行分类的机构（分类的主体）可能是社会中介组织，其对高校类型进行的划分，只对高等教育系统有一定意义，对高等教育内部管理、对学校之间的横向比较可以起到一定的积极作用。例如卡内基对高校的分类，就是"为更多的进行高等教育研究的个人和组织提供帮助"。这种划分由于没有与社会的需要紧密结合，在社会上很难体现出其价值来，甚至在一定程度上还会误导社会。例如，按照授予学位的类别将高校划分为授予博士学位的高校、授予硕士学位的高校、授予学士学位的高校，突出的是学位价值，其意想不到的结果是公众不自觉地将授予博士学位的高校、授予硕士学位的高校、授予学士学位的高校等进行等级排序，只愿意到具有博士学位授予权的高校去读本科。

如果说美国卡内基的高等院校分类标准其危险在于校外的话，那么我们目前所流行的高校分类标准对教育自身的危害可能更为严重。因为这一划分结果加剧了学校将中心任务由教学转移到科研上去，使越来越多的高校脱离人才培养这个核心职能，使更多的尤其是优良的教育资源转移到科研上去，严重地削弱了教学的中心地位。这种颠倒教学与科研职能位次的理论，使处于改革和大众化进程中本已有些不知所措的办学者更加迷茫，对高等教育的发展极为不利。

对高校进行类型划分与定位的目的应从两个方面来考虑。一个方面是从教育内部来考虑，即高校分类要便于高等学校处理学校之间的联系问题，如分工与合作的问题、错位发展的问题、互相学习借鉴的问题等，进而促进高校之间的和谐发展，实现建立完善高效的高等教育系统的目标。高等学校内部的核心任务是人才培养，因此，学校类型分类的主要依据也只能是人才培养。另一个方面是从教育外部环境来考虑，这一点同样十分重要，因为高等教育作为社会的一个重要组成部分，与社会各部门的联系只能加强而不能削弱,“象牙塔”已经不复存在。因此,对高校进行类型划分与定位必须考虑到社会的需求。社会对高等教育的最大需求莫过于人才,社会需要从学校类型中了解的,也是其最为关心的,莫过于人才的信息。如学校培养的是研究型人才还是应用型人才,是高级研究型人才还是一般研究型人才,是高级应用型人才还是一般应用型人才,等等。这样的信息无论对政府还是公众都是至关重要的,而这些信息显然无法从现有的学校类型分类中得到答案。但学校类型分类恰恰是高校与社会相衔接的一个重要信息管道,学校为社会输送的主要是人才,社会对高校的需求也主要是人才需求。

(二)发展模式选择分类

1.高校职能的分类管理

高校的主体职能是人才培养,辅助职能是科学研究和社会服务,虽然不同类型和层次的高校其主体职能都是人才培养,但其辅助职能各有侧重,进而形成了不同职能的学校类型。有的是单一的人才培养,即教学型高校;有的是以人才培养为主、科学研究为辅,即教学科研型高校;有的是以教学为主、社会服务为辅,即教学服务型高校;有的是以教学为主、科研和社会服务为辅,即综合型高校。在科研职能发挥上,即使同样是科学研究,其目的也有所不同,有的是为了促进教学,有的是为了创造新知识。同样是知识创造,有的是基础研究,有的是应用研究。同样是人才培养,有的以研究生教育为主,有的以本科教育为主,有的则以专科教育为主。从教育的性质来看,有的以普通教育为主,有的则以职业教育为主。随着高等教育规模的不断扩大,高等教育机构职能的分工越来越细、越来越专业化,全能型的学校将逐步减少,大多数高校在发展过程中,除了主体职能外,只能选择某一其他职能以及这一职能的某一方面作为其辅助职能。所谓高校职能的分类管理,即指在教育管理部门的协调下,不同类型的高校选择不同的职能与职责,在分类的前提下进行科学定位,在科学定位的基础上实现职能的分工与合作,进而促进自我发展、自我管理和自我约束,最终实现高等教育系统功能的最大化。

2.高校办学质量的分类管理

高校人才培养质量问题伴随着高等教育规模的扩大而日益明显化，规模越大，人才培养的质量问题往往越突出，尤其是在人才培养类型与规格多样化，但内涵尚不明晰、质量标准缺乏或混乱之时，人们往往会将人才培养质量不高的问题以及标准与质量不对称等问题缠绕在一起，使问题更加复杂。其结果是政府无法判断高校人才培养的类型与质量到底如何，社会也无法甄别来自各个渠道的大量信息，高校作为人才培养的主体，更是无法得到政府和社会对其人才培养评价的准确信息，进而对人才培养方案做出必要的调整。解决这一问题的有效办法就是实施高校办学质量分类管理，高校办学质量分类管理主要指高校人才培养类型与质量的分类管理。

3.高校管理制度的分类管理

随着高校类型的不断细化和增加，单一的高校办学制度已经无法满足高校发展的需要，必须建立适合各种学校办学需要的制度。高校办学制度的分类管理即指高校依据自己的类型，构建适合自己的内部治理结构，建立符合自己特点的办学机制。教育管理部门对不同类型的高校采取不同的管理模式和不同的管理制度，旨在推进现代大学制度建设，促进高等教育功能的分化和高等教育的多样性，强化不同类型高校的分工与合作，融洽政府与高校的关系，建立高效的高等教育体系建设的制度保障体系。不同类型的高校实施不同的学校办学制度，其内部管理体制与运行机制也不同，如：研究型大学要充分发挥学术委员会等教授治学的作用，充分体现学者团体的学术权力的价值，政府和社会要尽最大可能避免对这类大学办学的干预；高职高专院校则要充分发挥“职业校长”及其团队的作用，紧紧围绕社会和学生个人的需要办学；一般本科院校要尽可能在政府指导、社会需要和教育规律三者之间寻求平衡。不同类型的高校要采取不同的人事制度、分配制度等，在内部管理指导思想的选择上，研究型大学应以效率为本位，以知识创新和引领社会为导向，促进教师取得更多高水平的科研成果。应用型一般本科高校和高职高专院校则应以公平为先,以知识的应用和服务社会为导向,确保教师对教学的投入。对不同类型的高校,在学校的设立与终止、绩效考核等方面实施分类管理。例如上海市在2011年对全市高校进行绩效评估时就采用了分类评估的办法。首先,针对不同类型的高等学校进行分类评估。该市将高等学校按照两个标准进行了类型划分:一是按照办学层次将本市高校分为"985工程"高校、"211工程"高校、老本科高校、新建本科高校和高职高专院校;二是按照学科类型将本市高校分为文科类高校和非文科类高校。按类型分别评估。其次,在指标体系构建上,充分考虑不同层次学校的特点,采用不同的观测点,同一项指标在不同类型的高校中权重不同,同一项指标在学科性质不同的高校中权重不同,同一观测点在不同类型高校中的评估标准不同,等等,以体现不同类型高校的特点。分类绩效评估可以有力地促进高校的健康发展。

(三)发展资源配置分类管理

高校办学资源主要是指财力资源、学科专业资源、人力资源和生源资源等部分。高校获取办学资源的关键在于方式与途径,方式与途径决定着其获取资源的多寡与优劣。资源尤其是优质资源的一个显著特征是稀缺性和有限性,资源的稀缺性导致人们在资源的获取与利用上不可避免地会出现排他性的竞争。尤其是在高等教育快速发展的过程中,往往是谁获得了更多更好的资源,谁就会得到更快更好的发展。因此,在我国现阶段高等教育规模扩张与资源短缺之间矛盾比较突出的背景下,建立一个公平高效的高等教育资源配置机制就显得格外重要。

基于同类型高等学校之间的竞争关系、不同类型高等学校之间的分工与合作关系,整体而言,同类型高校之间的资源配置是通过竞争获得的,不同类型高校之间的资源配置应该由政府按照一定的原则进行分配。按照怎样的原则进行分配,就是高校资源分类管理的要义所在。因此,高等学校资源的分类管理主要是指对不同类型高校的办学资源采取不同的配置方式,或者说，对不同类型的高校按照不同的政策与机制分别进行资源配置。

1.财力资源分类管理

不同类型的高校并没有优劣高低之别，都是经济社会发展所需要的完整高等教育体系的有机组成部分。因此，应该以公平的原则对不同类型的高等学校进行教育资源的配置，不应该出现较大的差异，这也是高等教育公平的客观要求和具体体现。同时，不同类型的高校也不能因办学层次上的差异而受到不同的投资对待。当前，我国高校资源配置体制分为中央财政和地方财政两种体制，中管高校和部属高校以中央财政投入为主，地方高校以省级财政投入为主。我国现阶段受教育者的个人收益率从研究生到本科生、专科生依次递减，在教育成本的分担上，在研究生、本科生、专科生三个阶段，个人负担的教育成本却是依次递增的。这种不合理现象的存在，就是高等教育资源配置不合理的一个突出表现。当然，为了保证较高的投资效益，在同一类型高校之间，可以采取重点发展部分高校的优先发展策略。但重点发展哪部分高校，不应该通过行政权力，依据学校的隶属关系和办学层次来确定，而应该通过市场原则，利用竞争机制，公平公正地选择确定。必须做到为了办学而获得资源，而不是为了获得资源而办学，只有这样，才能充分提升教育资源的利用效率。上海市政府于2008年8月在启动新一轮高等教育内涵建设工程时强调，以“扶需、扶特、扶强”为原则，通过项目支持与引导对学校发展予以政策支持和资源配置。

高校办学资源的分类管理首先是高校办学资源配置方式（主要是投资）的分类管理，对不同类型、不同层次、不同性质的高校实施不同的投资政策，不能一概而论。总的原则是，政府必须保证公益性高校办学的基本需求，而且必须公平地予以分配，以保证各种类型高校人才培养的基本质量要求。同时，不同类型的高校必须发挥自己的独特优势，通过市场和社会等途径获得相应的资源以使自身办学办得更好。例如：研究型大学以国家财政支持为主，以科研项目经费为辅，同时争取地方政府的财政支持；一般本科院校以地方政府的财政支持为主,同时,可以以行业性的专项经费支持为辅;高职高专类院校以地方政府财政支持为主,可以以产业界的经费支持为辅;民办高校,不能因“私”而一概不予以财政投入,是否投入要根据学校的性质而定,即看其是公益性的还是营利性的,对于公益性的民办高校也应该予以财政资助。据报道,陕西省从2012年开始对民办高校实施分类管理,将民办高校、高等教育助学机构分为非营利性和营利性两类,其中,非营利性高校包括捐资举办的学校、出资举办不要求取得合理回报的学校以及出资举办要求取得合理回报的学校。非营利性学校经省教育厅审核后,由省民政厅依法登记,其中,捐资举办、出资举办不要求取得合理回报的学校,登记为民办自收自支事业单位法人,出资举办要求取得合理回报的学校登记为民办非企业法人。营利性学校由省教育厅审核后,省工商行政管理局将其依法登记注册为企业法人。非营利性民办高校、高等教育助学机构依法享受与公办高校同等的税费优惠政策。非营利性民办高校在科研课题立项、课题申请、招标、评审、科研成果评审与转化、财政拨付科研经费等方面,与公办高校享有同等权利。非营利性学校出资人要求取得合理回报的,在扣除办学成本、计提发展基金和国家规定的有关费用后,允许从办学结余中按年度取得合理回报,作为对出资人的奖励。取得的合理回报继续用于学校发展的,计入新增出资额,并按有关规定享受税收优惠政策。营利性学校按企业机制获取回报。陕西省开创了我国民办高校分类管理的先河。

2.学科专业资源分类管理

学科专业资源是高校的重要办学资源之一,因此,高校学科专业资源的分类管理是高校分类管理课题中的应有之义。由于不同高校之间学科专业实力与水平存在较大差异,因此,各级政府以及高校本身在制定学科专业发展规划时就不能无视这种差异而采取相同的发展战略。可以依据权威的学科专业排名,本着分类发展的原则,将学科专业划分为不同的类型,对不同类型的学科点采取不同的发展策略,有的可以采取优先发展规模的策略,有的可以采取以质量提升为主的策略,有的可以采取规模与质量协调发展的策略。

3.人力资源分类管理

高等学校人力资源的分类管理是高校办学资源分类管理的主要内容之一,其核心在于对不同类型的高校实施不同的人力资源管理策略。比如在对高校教师的管理上,应针对不同类型高校教师的职业特性采取不同的管理策略:以培养研究型人才为主的研究型大学,其教师管理应突出学术性的职业特性;以培养应用型人才为主的高校,其教师管理应突出知识性的职业特性;以培养技能型人才为主的高校,其教师管理应突出实践性的职业特性。为此,不同类型的高校应实施不同的教师准入标准:研究型大学的大部分教师必须具有较高的学术水平,较高的学历是其标志之一;高职高专院校的大部分教师必须具有较强的实践能力,其标志是有较丰富的企业或政府管理部门以及社会中介组织的工作经历,这意味着高职高专院校不应该直接从高校毕业生中选聘教师,而应该从企业、政府管理部门或社会中介组织中聘任优秀人才担任"双师型"教师。在入职后的教育培训中,二者也应有较大的区别。研究型大学的教师更多地需要到大学或科研院所里去继续深造,而高职高专院校的教师则更多地需要到企业或政府管理部门去接受培训。在岗位设置与职称聘任上也应实施分类管理,可以将教师划分为理论型教师和实践型教师,在此基础上进一步划分为教学型教师、科研型教师和服务型教师。目前,我国研究型大学的教师多为理论教学型教师和理论科研型教师,高职高专教师多为实践教学型教师和实践服务型教师,一般本科高校则各种类型教师混合。不同类型的教师承担不同的工作任务,按照不同的标准进行考核和职称聘任,才能最大程度地发挥人力资源的绩效。西安交通大学从2007年开始,将教师岗位分为教学科研型岗位(A类岗位,即同时承担教学、科研和服务任务的岗位)、科研为主型岗位(B类岗位,即主要承担科研和服务任务的岗位)、教学为主型岗位(C类岗位,即主要承担教学和服务任务的岗位)三类。清华大学则根据科研、教学、行政等岗位的不同定位和特点,对侧重教学、侧重科研或侧重行政的教职员工分别提出不同的要求和考评标准。北京大学从2002年开始,将人力资源划分为终身职位、人事代理、流动编制和务工人员四类进行分类管理。无疑,上述各高校内部人力资源的分类管理对于全国高校人力资源的分类管理具有较强的借鉴价值。

4.生源资源分类管理

高校招生制度是一项基本制度,招生也是高校分类发展的关键环节。普通高校全国统一招生考试制度在高校人才选拔过程中做出了历史性贡献,在促进教育公平方面具有不可替代的特殊价值,但是,也暴露出高校招生制度"唯分数论"的突出问题,不能适应不同类型高校的人才选拔需要,也不利于一些特殊人才进入高校接受高等教育。为此,国家实施了多元化招生制度改革。比如,实施高校自主招生考试制度,赋予高校招生自主权,为促进人才选拔质量提高发挥了重要作用。在自主招生制度改革的基础上,国家实施"强基计划",设立基础学科拔尖人才培养基地,实施"三化一制"("三化"指小班化、个性化、国际化,"一制"即导师制)培养机制,有力支撑"六卓越一拔尖"培养计划实施。同时,国家积极实施高职高考制度,促进中职学生通过高考接受高等职业教育,打通中等职业教育和高等职业教育之间的通道。从高校层面来看,各高校制定的高水平运动员招生政策、艺术类招生政策、保送生招生政策等,为特殊人才的选拔提供了通道。近年来,高校积极推进学科大类招生制度改革,淡化学科专业,强化学科大类,实施厚基础、宽口径、综合化培养机制,为完善人才培养制度奠定了基础。与之相应,应建立与高等学校分类管理相适应的"分层次、分类型"的高考制度,按照不同层次、不同类型的人才培养计划,分别进行命题考试和录取。

（四）发展评价机制分类

1.评估主体多元化

随着我国教育评估事业的快速发展，国家和地方陆续成立了教育评估机构。《国家中长期教育改革和发展规划纲要（2010—2020年）》中提出，"鼓励专门机构和社会中介机构对高等学校学科、专业、课程等水平和质量进行评估"。政府部门、学校、评估机构、行业协会和社会团体等都可成为评估主体。按照我国高等教育实行的中央与省级政府两级管理、以地方统筹为主的管理体制，在高等教育的分类评估中，我国对评估主体的多元化进行了探索。例如，在新增博士、硕士学位授权学科的审核工作中，硕士学位授权学科由省级学位委员会负责审核，博士学位授权学科由国务院学位委员会负责审核，而军事学的学位授权学科由军队学位委员会负责审核。根据政府职能的转变，国家和地方教育行政部门通常委托评估机构组织实施评估工作。评估主体的多元化是分类评估取得发展的重要因素，不同的评估项目和不同类型的评估客体，由不同的评估主体实施评估活动，有利于各评估主体的功能定位与专业化发展，从而提高评估的质量和效益。但同时，国内各评估主体的职能范围相差甚远，如教育部教育质量评估中心主要开展高等教育院校评估、职业教育质量评估、普通中小学教育和特殊教育质量评估、学前教育质量评估、专项评估等质量评估工作，教育部学位与研究生教育发展中心主要开展学位与研究生教育的评估工作。在诸多省级教育评估机构中，有的评估机构业务范围涵盖各级各类教育评估活动，有的则业务比较单一。因此，评估主体的多元化也有利于在具备业务能力的评估机构之间导入竞争机制，通过有序竞争促进评估质量的提升。

2.评估模式多样化

教育评估的根本目的是促进、提高和保障教育质量，自我评估是从内部保障教育质量的重要手段。国际上教育质量保障的外部评估主要有审核模式、认证模式和评估模式，不同的评估模式具有不同的内涵和功能。自我评估可有效地诊断、分析自身的优缺点，为接受外部评估做准备。审核模式是对学校的评估,重在关注学校内部质量保障体系建设及运行的有效性、学校办学定位与人才培养目标的符合程度等。认证模式是达标式的合格鉴定,认证的客体可以是学校,也可以是专业、课程等,认证即以约定的质量标准对认证客体的教育质量进行周期性检查,看其是否达标。评估模式是根据相关标准进行价值判断,通常对各评估客体给出等次或排序,评估包括政府主导的水平评估、社会评估等。对于同样的评估客体,基于不同的评估目的,应采用不同的评估模式。例如:对于研究生学位论文,如果是评选优秀学位论文的水平评估,宜采用评估模式;如果是属于进行合格评估的论文抽检,则宜采用认证模式。在同一个评估项目中实施分类评估时,对不同类别评估客体也可采用不同的评估模式。例如本科教学评估工作,根据《教育部关于普通高等学校本科教学评估工作的意见》(教高〔2011〕9号)精神,所有评估客体均需建立自我评估制度,对于参加过第一轮院校评估并获得通过的普通高校,采用审核模式,评估结果不分等级,对于从未参加过院校评估的新建本科院校,则采用认证模式进行合格评估,重在考察学校基本办学条件和基本教学质量,评估结果分为"通过"、"暂缓通过"和"不通过"三种。

三、高校分类发展的理论与实践探索

(一)高校分类发展的理论探索

1.高校分类的理论依据和研究方法

(1)高校分类的理论依据。

高校分类问题作为教育学、管理学与经济学共同关注的话题,其最初的理论依据也基本来源于这三门学科。对高校分类的早期研究主要集中在经济学和管理学理论领域,随着研究的深入,学者们开始从高等教育学和认知领域进行研究。马陆亭、冯厚植、邱菀华提出,高校分类的宏观理论基础为经济学中的资源有效配置理论,微观理论基础为范围经济理论。[①]此外,关

① 马陆亭,冯厚植,邱菀华. 关于普通高等学校分类问题的思考[J].上海高教研究,1996(6):64.

于高校分类的理论依据还有劳动力市场分割理论、教育的内外部关系规律理论、学校能级理论、高校社会职能理论、整体(结构)理论、高等教育发展阶段理论、知识活动系统全息性理论、知识生产模式转型理论和大学生学习风格理论、资源价值论、资源依赖理论、资源配置理论等。

(2)高校分类理论的研究方法。

高校分类理论的研究方法经历了从早期的比较研究演变到后来的实证研究的过程。我国高等教育早期以借鉴国外经验为主,在将国外经验实际应用到中国教育体系的过程中,比较研究是早期常用的方法。比如很多学者以应用最广泛的美国卡内基高等院校分类标准为基准进行比较研究。随着研究的深入,实证研究逐渐成为学者们普遍选择的方法,如:姚宇华、黄彬、陈想平对我国理工类高校办学定位进行了实证分析①;雷家彬构建了学科层次和类型分类指标体系,对湖北省的本科院校进行了聚类分析;②张维冲等人运用了社会网络分析方法和多维度尺度分析;等等③。也出现了一些其他方法,如朱铁壁和张红霞提出的"四象限"模型④,赖明谷、郭齐、徐和清基于高校"金字塔"及"十二宫格"分类法提出的"九宫格"分类法⑤。这些方法在后来的质性研究和量化研究中都有涉及,大体上已经从理论层面的论述转移到了实践层面的印证。

2.高校分类的指标设置和体系构建

对于高校分类问题,学术界也建立了丰富的指标体系,从分类的原则到具体的测量指标,都有了丰富的研究成果。史秋衡、康敏提出以"存量为主、兼顾增量"、"国家指导、省级统筹"和"按地区经济社会人力发展水平制定差异化高等学校分类政策"的指导原则,根据我国省域综合经济指标,分三类

① 姚宇华,黄彬,陈想平."双一流"建设背景下我国理工类高校办学定位的实证研究[J].黑龙江高教研究,2018(10):15-19.

② 雷家彬.基于学科结构的区域本科院校分类研究:以湖北省为例[J].复旦教育论坛,2015(6):72-78.

③ 张维冲,李文绚,杨冠灿,等.基于社会网络分析的高校分类研究:以"211"高校为例[J].情报杂志,2016(8):65-70.

④ 朱铁壁,张红霞.高校分类新思考:知识生产与学生学习双重视角[J].高等教育研究,2015(11):24-30.

⑤ 赖明谷,郭齐,徐和清.中国高校"九宫格"分类研究[J].高教探索,2017(6):35-40.

地区进行探索。①

具体的衡量指标,基本上都集中在科研、师资、人才等方面。如:陈厚丰通过经济(地理)区域、培养目标及学科专业、人才培养、社会服务、科学研究、教师队伍、学生成分、宏观管理等八个维度设计了多元分类标准及指标体系;②杜瑛提出了基于人才培养目标定位和学科专业结构的二维分类框架,采用了研本比、博士点集中度、专业学位研究生比例、基础性科研投入占比、师资结构特点和人才培养目标定位等指标。③陈路、王艳艳基于层次分析法建立的"双一流"评价模型,含有师资队伍、人才培养、科学研究、成果具体化及创新、国际交流的准则层,以高层次教师占比、获诺贝尔奖和菲尔兹奖、师生比、图书馆藏书量、高质量人才、ESI(基本科学指标数据库)学科数、论文数、人均科研经费、专利数、留学生比率为指标层。④在建立中国特色世界一流大学评估标准时,冯用军、赵雪提出利用"新闻洞"理论和"金字塔"原理挑选参照指标,其中运用到人才培养、科技研发、社会影响这三个一级指标,教学质量、师资队伍、培养基地、科研项目、学术平台、学术成果、国际排名、社会声誉、国际影响这九个二级指标,以及十二个三级指标。⑤刘少雪、刘念才采用不同层次的学生数量、最高层次学生与本科生的比例、主要科研成果产出和政府资助的研究经费等四个指标建立了我国普通高校的分类标准。⑥还有一些研究从比较独特的视角建立指标体系。如曲中林、杨小秋从资源视角出发,从资源供给、资源丰裕度、资源获取、资源应用、系统资源、部门资源、产业资源、资源影响力等多元视角对中国高校进行系统分类,构建资源视角的中国高校分类框架,⑦还有丁晓华等建立的知识创新指标群等⑧。

① 史秋衡,康敏.探索我国高等学校分类体系设计[J].中国高等教育,2017(2):40-44.

② 陈厚丰.中国高校分类标准及指标体系设计[J].高等教育研究,2008(6):8-14.

③ 杜瑛.高校分类体系构建的依据、框架与应用[J].中国高等教育,2016(Z2):32-37.

④ 陈路,王艳艳."双一流"建设背景下的高校分类发展[J].教育发展研究,2017(23):50-55.

⑤ 冯用军,赵雪.中国"双一流"战略:概念框架、分类特征和评估标准[J].现代教育管理,2018(1),12-18.

⑥ 刘少雪,刘念才.我国普通高校的分类标准与分类管理[J].高等教育研究,2005(7):40-44.

⑦ 曲中林,杨小秋.资源视角的中国高校分类框架[J].扬州大学学报(高教研究版),2018(3):3-10.

⑧ 丁晓华,陈向东,王宇星,等.基于知识创新指标群的中国高校分类评价研究[J].北京航空航天大学学报(社会科学版)2018(2):113-120.

总体来看，学者们建立分类指标时都统筹考虑了经济环境、教学和科研实力、社会服务职能以及影响力等方面，或结合不同的理论，或通过不同的视角提供了相对丰富的指标设置，但在指标体系构建中，大部分指标为存量，指标体系建构的空间仍有待进一步发展和完善。

3.高校分类的视角选择和实践探索

目前我国最普遍的高校分类方式有以下几种：(1)根据高考录取分数线划分，分为一本、二本、高职院校等；(2)根据管理隶属关系划分，分为部属高校、省属高校、市属高校等；(3)根据办学形式和办学体制划分，分为公办高校、民办高校、独立学院等；(4)根据教育层次和学历层次划分，分为大学、高职高专院校，或者是本科院校、专科院校等；(5)根据是否是政策的重点支持院校和办学经费的重点投入院校划分，分为一般院校和重点大学。此前还有“985工程”高校、“211工程”高校、普通高校的划分，后来又有“双一流”院校和非“双一流”院校的划分，等等。2017年初，《教育部关于“十三五”时期高等学校设置工作的意见》将高校分为了研究型、应用型和职业技能型三大类型。

学者们从不同的角度以不同标准对高校进行了分类。武书连根据高校的科研规模，将我国高校分为研究型、研究教学型、教学研究型和教学型四种类型。①赵庆年对这种分类体系进行了深刻批评，认为这样划分加剧了学校将重心由教学转移到科研上，使更多的高校偏离其人才培养的核心职能，尤其会使优良的教育资源转移到科研领域，会严重削弱教学的中心地位。同时，建议高校分类应以人才培养类型为依据，分为研究型、应用型以及技能型。②

总之，学术界对高校的分类方式多种多样。总的来看，高校分类的标准从最初的理论探讨到后来具体指标体系的建立，研究者的视角在不断切换，方法也在不断更新，获得了丰富多样的研究结果。但也应该看到，种类繁多

① 武书连.再探大学分类[J].科学学与科学技术管理，2002(10)：26.

② 赵庆年.高校类型分类标准的重构与定位[J].高等工程教育研究，2012(6)：147-152.

的分类方法和结果容易带来高校定位模糊和分类混乱的问题。虽然学术界产生了大量的高校分类研究成果,但政策对这些成果的采纳度并不高,究其原因,主要是关于高校分类的研究往往只注重科研和学术方面,缺乏国家层面的宏观政治眼光和战略导向。

(二)高校分类发展的国际经验

1.美国高校分类发展

高校分类发展研究是关于高校分类理论和分类方法发展历程的研究。高校分类发展是以高校科学分类为前提,以政府分类指导、分类管理为根本举措,以各类高校自主发展、特色发展、可持续发展为目标,从而实现一个国家或区域整个高等教育结构优化,发挥出最大的整体功能的最终目的。[①]美国高校分类发展研究的成果主要体现在两个方面:一是在高校分类理论上,具有代表性的理论有伯顿·克拉克(Burton R.Clark)的"院校分工"理论、克拉克·克尔(Clark kerr)的高校"任务分类"理论以及马丁·特罗的"高等教育分层"理论;二是在高校分类方法上,主要有加州颁布的"高等教育总体规划"分类方案、卡内基教学促进基金会的高等院校分类标准。

2.英国高校分类发展

在高等教育大众化蓬勃发展的时代,高等学校的类型和层次多样化越来越受到世界各国的重视,高等教育发展结构也越发复杂。在促进高等院校的合理分工和实现人才培养的多样化、专门化的问题上,英国高等学校分类发展的实践历程可以算得上国际高等教育历史上具有代表性的案例。在尊重本国高等教育发展历史和规律的基础上,英国高等院校经历了古典大学建立与发展的分类酝酿时期,以涌现"新大学"为代表的分类起步阶段,二元制结构下划分大学与非大学的分类高潮时期,以及替代二元制的一元制背景下高校多样化开放发展的分类稳定期。英国高等学校分类发展保持了良好的历史延续性,研究英国高等学校的分类发展,有利于梳理英国高校和

① 何万国,蔡宗模,杨正强.我国高校分类发展对策研究[J].中国高教研究,2016(2):60.

高等教育的沿革。英国政府在高校分类发展中发挥了宏观指导作用,通过建立高等学校评估准则和质量保障体系,最终促进了英国高等学校分类发展在提升学校办学质量和人才培养上具体目标的实现。探讨和分析英国高校分类发展的实践历程,归纳总结其基本经验,可以为我国建设高等学校分类体系和各类型高校办学定位提供些许参考和借鉴。

3.德国高校分类发展

德国教育在世界教育史上有着极其重要的地位。德国是世界上首个施行义务教育的国家,其高等教育更是开创了现代大学的先河,并使德国成功跃上世界学术中心的位置。德国高等教育产生于中世纪晚期,第一所大学诞生于14世纪,发展至18世纪,德国高等教育已经有了现代大学的雏形,发展至19世纪时,德国高等教育迎来了黄金时代,打造出了众多的一流高等学府。德国高等教育在战争、政治、经济、科技、文化等多种因素的影响之下,其发展过程也颇为曲折,经历过低谷,迎接过辉煌,有过安于现状的时候,也有过力求突破的时期。结合德国高等教育史,可以将德国高校分类发展的实践历程大致分为四个时期:1945年以前、德国分裂时期(1945—1990)、德国统一后(1990—1999)、1999年至今。纵观德国高校分类发展的历程,可以看出,德国高校分类发展主要呈现出以下几点特征:

(1)类型简单,层次分明。在德国高等教育分类发展过程中,其高校类型主要包括综合类、理工科类、艺术类、师范类和职业类等,各类高校之间的院校职能和社会职能分工明显。

(2)院校结构和类型比较稳定,无大的改变和波动。在德国高等教育分类发展史上,高校的类型少有更替,除了在工业化时期为促进社会经济发展而新创的高等专科院校,以及后来合并而成的应用科学大学之外,德国高校的种类一直未发生大的改变,同时,各层级之间的高校在办学理念上都具有自己的特色,保持着平稳发展的步伐。

(3)德国高校大部分都坚守科研和教学的统一,但同时又有所偏重。从早期的哈勒大学到后来的柏林大学,其现代化的办学理念在不断地得到明确,后者提倡的“大学自治”、“教学与科研相统一”以及“学术自由”成为德国各类高校分类发展的理论基础。同时,各类院校的侧重点又有所不同。非学术型高校与学术型高校的定位和使命有着明显区别,前者更加注重应用科学的研究,注重实践技能的培养。随着科研重要程度的提升,近年来,德国高等专科院校也更加注重院校和社会企业之间的合作研究,以求将更多的研究成果转化为生产力,以满足社会科技发展之需。

4. 日本高校分类发展

分类发展是高等教育规模化发展背景下提出的一种发展方式,是高等教育由单一向多元发展的必然选择。日本高等教育经历了从精英型教育阶段到大众化教育阶段再到普及化教育阶段的发展历程,其高校分类发展理念也在该过程中得到不断发展,日臻完善。日本高校分类发展的特点可以概括为三点:(1)高校分类发展是以国家政策和市场需求为导向的,国家政策引导着国立高等院校的发展,而市场需求主要推动着日本私立高等院校的发展;(2)尊重大学办学自主权,鼓励特色化办学;(3)注重普通教育和职业教育的协调发展。近代日本的高等教育政策文件和法律法规中并未明确提出高校分类发展这一概念,也没有形成任何明确的高校分类标准体系,但日本的早期分类发展理念可从日本政府提出的“国学为国家所需”“私学为庶民所用”的精英主义和庶民思想中窥见一斑。19世纪后期,日本政府就已经在制度上对学校实行分类发展,构成了以帝国大学为代表的追求“卓越”的精英高等教育和以专门学校为代表的满足庶民需求的大众高等教育的二元多层次教育体系,实现了高等学校类型化和区别化发展。二战后,日本被美占领军统治,根据美国的办学模式建立了新制大学和短期大学,在这一时期,日本高校呈现出一元同质化的发展趋势。此后,随着高等教育的发展和扩大,20世纪70年代,日本政府在第三次教育改革中,首次提出了高等教育向类型化、个性化发展的设想，并在1971年的“四六审议”报告中指出，根据学位授予资格和标准修业年限，高等教育进行分类发展，各类高等教育机构要根据自身定位进行相应的课程改革。随即建立了一批新型高等教育机构，恢复了高等专业学校，设立专修学校，形成了以中央国立大学、地方国立大学、私立大学为代表的普通教育体系和以短期大学、高等专门学校、专修学校为代表的职业教育体系。在这一时期，日本高校呈现出多类型多层次发展的趋势。20世纪90年代，日本提出科学技术创新立国的基本国策，对高等教育进行了一系列改革，主要涉及国立大学法人化制度改革和研究生教育的发展。进入21世纪以后，日本先后提出了建设研究据点、世界一流大学教育发展计划，呈现出高校功能定位的发展趋势。

5.澳大利亚高校分类发展

从1850年创立第一所大学至今，澳大利亚的高等教育已经发展了170多年，经历了政治、经济、文化的复杂变化，澳大利亚在对英国和美国的高等教育制度进行模仿的过程中，实现了高等教育本土发展的改革和创新，跻身全球高等教育强国的行列。在2018年的QS(Quacquarelli Symonds，一家国际高等教育信息机构)世界大学排名中，澳大利亚共有5所大学进入前50名，分别是澳大利亚国立大学、墨尔本大学、新南威尔士大学、昆士兰大学和悉尼大学。澳大利亚的高等教育以后起之秀的姿态在国际上打响了名声，离不开其卓越、创新和多样性的高等教育体系的支持。

(三)高校分类发展的中国实践

新中国成立之初，我国的教育事业处于百废待兴的状况，一方面要对旧的教育模式进行改革，另一方面也要发展新的教育模式，并努力寻求适合于新中国的教育发展方案。在这一时期，我国对高等教育改革进行了初步探索，高等教育改革方案主要是借鉴苏联经验。此时，我国仿照苏联的教育模式，进行了“院系调整”，加快了我国高等教育体制调整的步伐。总之，“院系调整”所确立的高等学校类型体系是此后主导个体机构发展、官方调整高等教育层次和科类布局的指引,从这种标杆的确立到淡化,分类发展的高等教育政策理念一直是主导我国高等学校发展的历史基因。1952年的院系调整,建立了师范、理工、农业等不同类型大学,促进了高校学科分类发展。党的十一届三中全会以来,我国改革开放不断深化,一方面促进我国经济不断高速增长,推动了社会的进步和繁荣,另一方面也为我国高等教育的改革和发展提供了良好的经济基础和社会环境。正是在改革开放的时代背景下,我国高等教育开拓创新、锐意进取,开创了一个崭新的局面。进入21世纪,我国高等教育既迎来了新的发展机遇,也面临着新的严峻挑战。从分类发展的视角看,21世纪前十年,我国高等教育快速发展,实现了由精英教育向大众化教育的转变,但同质化现象明显;今天,在中华民族伟大复兴战略全局的新背景下,高等教育发展进入了一个新时期,高等教育毛入学率超过了50%,实现了从大众化向普及化的历史性跨越,这也给高校分类发展提出了更高的要求。

四、高校分类发展的逻辑理路

(一)高校分类发展的基本逻辑

1.分类导向由外部管理取向转为内涵式发展取向

我国原有的分类取向重点关注的是管理效能,目的是提高政府对高等学校的管理能力及管理水平,为教育行政主管部门的科学管理和决策提供依据,从而保障高等教育系统的有效运行。在关注管理效能取向的分类中,高校具有等级高下之分,分类维度主要涉及办学层次等方面。这种分类取向一方面容易导致高校的同质化发展,造成人才培养结构失衡,无法适应经济社会对各类人才的需求,另一方面会限制新建院校参与公平的竞争,易导致学校层级的固化。新时期的分类导向已将内涵发展置于核心位置,通过引导高校关注内涵发展,促进高校特色化发展。内涵导向的分类主要强调不同高校的差异性而不是优劣性，办学定位、培养目标、专业的内涵、学科设置、师资队伍等成为分类的核心维度。通过分类定位，明晰学术型、应用型和技能型人才的不同培养规格，优化学科专业结构，推动开展高水平科研活动，构建有效的人才质量保障体系，促进广泛又有深度的国际交流合作，建设一批精良的教师队伍和管理队伍，有助于引导学校将办学重点转移到内涵建设上，逐步形成不同类型高校的特色化发展局面。

2.分类决策由政府决定模式转为政府主导多方参与模式

随着高等教育的利益相关者日益多元化，高校的分类发展逐渐由政府决定模式转为政府主导、其他利益相关者共同参与的模式。从新中国成立到改革开放初期，高校主要由政府集中统一管理人财物，高校的资源分配主要由行政权力决定，政府拥有绝对控制和支配权。高校管理属于依照行政法规进行的规定性分类管理，旨在通过行政命令引导高校明确办学定位。高等教育分类体系倾向于由政府单一主体设计和打造，缺乏多元主体共同参与协作、研究和设计的机制。改革开放后，经济领域产生了新制度机制和利益主体，也拉动高校逐渐走出象牙塔模式，高校的办学机制、投资主体越来越多元。制度变革促使政府与高校、社会之间的权利格局不断调整，政府将权力逐渐下放至市场和高校，激发了学校的自主参与意识及非政府力量参与的积极性。近年来，政府不断推进高等教育领域“放管服”改革，大学部分管理权逐渐从中央下放至地方，地方再放权给高校及社会公众。尤为典型的是民办高等教育的发展及高等教育成本分担理念的引入，使得社会团体及个人、企事业单位等也成为高等教育参与的主体。目前，政府职能逐渐转变，高等教育分类管理引入了多元的制度化机构，包括企业、专业学会、企业协会、第三方评价机构、基金会等。这些制度化的主体越来越充分地参与到高校的分类发展中。

3.分类格局从相对封闭转为动态开放

高校分类发展格局逐渐从自上而下的相对封闭的系统发展为动态开放

的竞争系统。过去，高等教育领域的分层机制突出并强化了占据核心地位的高水平研究型大学的价值，忽略了其他院校应有的多样价值，并由此衍生出一套单一的高校生存法则。其他高校为了生存，都按照固化的法则发展，导致形成了相对封闭的高等教育分类格局。随着高等教育改革的逐渐深入，高校分类开始转向，从而平衡多元价值之间的关系，构建以开放和多元理念为核心的高等教育体系，分类方案更加尊重和凸显不同类型高校的特色。一方面，建立动态退出机制。“211工程”和“985工程”建设方式存在竞争缺失、身份固化的现象，入选学校确定后，名单基本固定下来。“双一流”建设充分考虑“重点工程”建设取得的成效，科学合理地制定了高校进出的动态调整机制，在绩效评价的基础上根据每一轮的建设情况确定下一轮的建设单位，从而打破了高校“重点工程”建设的终身制，使高校建设形成良性循环。另一方面，完善开放竞争机制。新的分类方案引入了更具竞争活力和开放性的评价机制，部属高校与地方高校、重点高校与非重点高校都在第三方评价结果的基础上同等竞争，彰显高校的自身目标管理，充分尊重高校的特色发展目标。此外，新一轮高校分类发展，不再由政府采用行政指令形式对高校进行分类，而转变为高校自主申报的方式，这给予了高校参与分类发展的自主权。

4.分类对象从以高校为主拓展为高等教育系统全要素

新时期高校分类管理对象发展至包括学科分类建设、师资分类管理、结果分类评价等在内的多个层面。新中国成立后，我国产生了众多的高校分类标准。按学位授予层次分，有博士授予点高校、硕士授予点高校、学士授予点高校及专科类院校；按重点与非重点分，有“985工程”高校、“211工程”高校和普通高校；按管理体制分，有部属高校和省属高校、市属高校等；按资本属性分，有公办高校和民办高校等；按办学形式和服务对象分，有普通高校、成人高校；按学科门类分，有综合性高校、理工科高校、师范类高校、外语类高校等。可以看出，以上分类对象都是以高校层面为单元的。在新一轮的高校分类发展中，分类对象涉及高等教育系统的各个要素。2015年启动的“双一流”建设及“地方本科院校转型”项目部署了学科的分类建设，提出建立一批世界顶尖的一流学科和对接区域产业结构的应用型学科。目前，各省区市积极按照多维度的高校分类视域制定研究型、应用型、职业技能型高校的学科建设标准，并在指标遴选、评估验收方面加强分类指导。2018年，教育部发布了《关于加快建设高水平本科教育全面提高人才培养能力的意见》，部署了教师队伍的分类发展，提出要持续推动师资队伍结构性改革，将教师分类指导与分类评价相结合，在教师评价方面应根据高校的不同类型、教师不同岗位的特点分层分类设置评价方式和评价内容。高等教育进入系统全要素分类发展的新时期。

（二）我国高校分类发展的未来展望

1.引导利益相关者形成院校多元等效观念

目前，我国高等教育的相关利益者已经习惯于关注高等教育机构层次维度的分类，还未充分重视类型维度的分类。在新的分类发展期，政府、企业和受教育者等需逐渐形成一种高校类型不同但相互等效的观念，即各类高校的差异是在办学定位、办学特色、学科专业结构等方面的差异，而不是在质量上的差异，摒弃应用技术型高校地位低于学术研究型高校的固有观念。高等教育体系多样化是解决发展取向冲突的有效路径。高等教育各相关利益者应转变观念，认识到只有多样化发展才能有效调节日益复杂的需求，才能实现自身利益的最大化。从政府角度看，一方面，为满足日益发展的新技术、新经济的需求，需通过不断提升各类高校的办学质量来支撑现代社会的发展，另一方面，为向人民提供公平多样的高等教育机会，需不断丰富高校的类型，扩大入学率。从高校角度看，高校既要服务于国家现代化事业需求，根据国家产业结构转型来调整专业设置和人才培养结构，又要遵循高等教育规律，按照高等教育的内在逻辑来培养人才和开展服务。高等教育体系多样化，是满足不同利益主体需求的基本保障。当前，高等教育已从大众化阶段转向普及化阶段，普及化不仅仅指达成数字指标，更意味着入学对象、学校管理、教学形式、专业布局都将出现新样态。从家长和学生的角度看,普及化阶段入学群体类型更复杂,不同群体的学生有不同的求学背景、兴趣爱好,对高等教育的期望不同。从学者角度看,随着科学技术的发展,新知识不断迭代、融合和得到运用,知识划分越来越精细,知识更新越来越快,高等教育的研究方向和范式也在不断变化。从市场角度看,劳动力市场的拓展和转变,对人才结构产生了新的需求。不言而喻,只有多样化的高等教育结构才能对不同需求做出及时反应。

2.构建稳步推进分类发展的支持机制

分类发展的顺利进行需要建立三大支持机制,即分类引导机制、分类资助机制和分类监管机制。在这三大机制当中,引导机制是方向,资助机制是动力,监管机制是保障。

政府对高校的分类引导应从重视质量提升转向强调结构优化。一方面,分类体系应该引导不同学校职能的差异化发展。正如美国教育改革家克拉克·克尔所认为的,并非所有的高校都必须履行全部的职能,不同学校可以有不同的选择和侧重。在新的分类发展格局下,政府需要不断优化高校的职能布局,通过建立分类体系引导高校再定位,依据学位授予层次、高校职能和学科覆盖程度对高校进行分类指导,并动态增加观测指标,即分类指标和结果根据社会和高校发展的需求不断调整。比如美国卡内基教学促进基金会为了促进高校更多地履行社会服务职能,在卡内基高等院校分类标准2005年的版本中增加了选择性社会服务分类。另一方面,引导学校走特色发展道路,特别是大量的新建本科院校,应充分利用高校所在区域的特点及自身的办学优势,优选服务区域和行业的发展战略。

资助的多种来源和监管的多渠道是多元化最有力的保证。政府应积极引导水平维度的分化,鼓励具有特色导向的资助方式,扩大资助渠道。欧洲高等教育系统属于国家控制型,大学主要由政府资助,主要呈现出均质化发展导向。美国高等教育系统则由不同的捐赠人、不同的经费来源、不同的治理机制塑造而成，多元化既是其最大特点，也是其核心竞争力。我国高校传统的办学经费来源主要包括政府部门制度化的拨款以及高校通过收取学费、科技创新等进行的创收。政府应充分调动社会资源，创新资助方式，推动学校的多元发展，形成中央政府、省（自治区、直辖市）政府及社会三级联动的资助体系，丰富资助项目的类型，使高校处于一种良性的资源竞争状态。一些新兴高校的创办及其可持续发展更是需要多渠道资源的推动和维系，比如创业型大学、企业精准对口的地方大学等，这些大学多样化的筹资程度在很大程度上影响着学校的发展前景。

监管的多元化包括监管机构、监管目标和监管方式的多元化。我国目前主要是由政府行使监管职责，缺乏权威的第三方监管机构参与。因此，政府部门需研究引入社会力量依法参与分类管理的机制和路径。分类监管的目标应根据学校的体制机制、历史积累、办学现状、特色优势、服务社会发展目标等来制定，应该对高校进行合理分类，确定不同的监管重点，制定切实可行的差异化工作考核指标。在监管方式上，可以将报备、鼓励措施和干预措施相结合。一方面要保证监管的严格性，保证政府、第三方机构和社会公众对各类学校的有效监督和问责，另一方面也要防止监管的过度干预削弱高校自主权。

3.提升高校参与分类发展的内生动力

高等教育的结构性改革能否成功，在很大程度上取决于高校的内生动力。如果缺乏这种动力，仅靠政府强制引导，改革很难成功。在高校的分类发展中，高校自身是最核心的利益相关者。但我国高校自主参与分类管理的意识及参与度还相对较低，高校对自身在整个高等教育系统中的定位及其内部各要素在分类发展中的定位还没有明确的认识。高等教育发展不能完全依赖政府的理性规划，而应是外部规划和内部演化相互结合、彼此促进的结果。

根据以往的经验，通过行政手段推进高等教育分类管理改革，可以使得改革推进的速度快,规模大。然而,我国的高等教育体量巨大,在短期内使用这种行政推动方式固然具有一定的效率,但从长远看,这种行政推动方式容易强化高校类型单一性特点,即导致学校内涵发展同质化。

一方面,高等教育分类发展的顺利推进,离不开政府自上而下的规划、管理和监督,高校应主动接受教育主管部门的指导,将学校的发展融入全国高等教育发展大潮中。另一方面,高校自身也应对自己的办学历史、办学现状、办学目标、办学特色等有清晰的认识。健全高校自主发展机制,加强高校自主办学能力,是提升高校内生动力的核心路径。大学应享有国家法律所赋予的自主办学权,政府应当依法保障大学自主办学,履行宏观管理职能,减少对大学的直接干预,在自主办学的环境下,大学才可能在办学与运行过程中回归自身的选择,大学的组织内生价值才会凸显出来。

政府及教育相关行政部门应积极推动扩大和落实高校办学自主权,减少政府对学校的微观管理,通过政策和规则为支持高等教育机构的服务提供公共管理,帮助高校建立主动适应社会经济及教育规律的自我发展运行机制。同时,高校必须加强自主参与意识,由被动分类转变为主动选择,对自身定位及学校长远发展目标进行再认识,优化高校内部管理规则及运行模式,协调结构改革带来的内外部利益冲突,根据未来对新型人才的需求调整人才培养模式。

第一部分
世界维度

第一章　美国高校分类发展的实践历程与基本经验

第一节　美国高校分类发展的基本理念

美国对高校分类发展研究的成果主要体现在两个方面：一是在高校分类理论方面，产生了伯顿·克拉克的“院校分工”理论、克拉克·克尔的高校“任务分类”理论以及马丁·特罗的“高等教育分层”理论等具有代表性的理论；二是在高校分类方法方面，主要有加州颁布的“高等教育总体规划”分类方案、卡内基高等院校分类标准等。

一、马丁·特罗的“高等教育分层”理论

马丁·特罗是美国高等教育史上享誉世界、影响深远的杰出教育社会学家。他在英、美等国家求学，获得多所学校的博士学位，撰写了一系列高等教育研究论著和学术论文，先后提出了高等教育发展阶段论、模式论、分层理论、领导力理论、问责理论、多样性思想等六个彼此联系的核心思想。马丁·特罗的高等教育思想独树一帜、自成体系。[①]20世纪80年代，马丁·特罗

① 杨天平，邢雪.当代世界高等教育思想史上的一座丰碑：马丁·特罗高等教育思想研究[J].浙江师范大学学报（社会科学版），2018(2)：1-9.

引入社会地位维度来分析高等教育的地位和等级，提出了高等教育分层理论。

高等教育分层理论认为，以“社会分析”探索高等院校的社会地位和学术等级，包括普通高校和职业院校分层、高等教育系统内部分层等，主要包含三种形式：高等教育部门分层，各部门内部分层，各院校内的基层单位和系的分层。同时，以政策因素为主，构建了“英才统一论”“英才多元论”“平等统一论”“平等多元论”四种理论模型。

高等教育系统中的院校都具有某种等级，在资源分配、吸引教师和学生方面，学校的声望起着关键的作用。院校等级在程度上和形式上有很大的差别。

随着数量和规模的不断扩大，从精英教育走向大众化教育，再走向普及教育，是高等教育的发展趋势，也是高等教育发展过程中内部分化的必然结果。马丁·特罗“英才统一论”的观点是违背历史发展潮流的，而持“平等统一论”观点的人又很少，因此争论主要集中在“英才多元论”和“平等多元论”之间，这也体现了马丁·特罗高等教育多样性的思想。

马丁·特罗认为高等教育至少可分成三个等级：(1)第二次世界大战前的老大学；(2)第二次世界大战后的新大学；(3)新的非大学高等教育形式。[①]

对于高等学校地位的分层，学者之间有着激烈的争论。马丁·特罗分析了四种不同的观点。一是“英才统一论”，主张大学以外的任何形式的高等教育都不能授予学位，不能与大学相提并论。虽然政府不能取消新的院校，但应该限制它们的发展，这是一种传统的精英教育观。二是“英才多元论”，主张各种类型的高等教育应当共存，但在高等教育地位等级中，大学应该在最上层，其他教育机构应该在某些方面有一定程度的差别，这是一种多样化的教育观。三是“平等统一论”，主张各种院校应该完全平等，坚决反对尖子部分的自治。这是一种激进的平等主义教育观。四是“平等多元论”，主张

① 克拉克.高等教育新论：多学科的研究[M].王承绪，徐辉，郑继伟，等译.2版，杭州：浙江教育出版社，2001：138.

赞成事实上存在的多种多样的高等院校，承认那些非大学部分目前尚不具备进行研究生教育的资源，但认为应该采取措施缩短差距，逐渐使各院校之间地位平等。[①]

二、加州颁布的“高等教育总体规划”分类方案

美国高校由公立和私立两部分组成，总体而言，私立学校的历史要远远长于公立学校，且最优秀的大学中约85%是私立大学，公立学校的大发展始于19世纪中期《赠地法案》的颁布。1960年出台的《加利福尼亚高等教育总体规划》是由克拉克·克尔领导制定的，该规划根据任务对加州高等院校进行了明确的分类：横向上形成了公立高等院校与私立高等院校两种院校类型的并行。公立高等院校系统在纵向上又分为加利福尼亚大学、州立学院、初级学院（社区学院）三个层次。[②]从高到低排序依次为加利福尼亚大学—州立大学—社区学院（见表1-1）。

表1-1 加州公立高等院校系统层次、职能分工

系统	职能目标	授予的学位	入学条件
加利福尼亚大学（研究型）	强调研究生教育和专业教育，独享授予博士学位和高级专业学位的权利	学士、硕士、博士	名列前12.5%的高中毕业生
州立学院（教学型）	本科生教育（四年制）、研究生教育和教学科学研究	学士、硕士，和加利福尼亚大学联合授予博士学位	名列前33.3%的高中毕业生
社区学院	两年制教育，低年级通识课程教学和职业技术教育，满足全体公民接受高等教育的需要	职业技术证书，文学、理学副学士学位	开放入学

这些不同层次的高等院校办学目标虽然不尽相同，但错位发展、优势互补，构成了层次分明、职能清晰、相互联系的高等教育系统，每一类高校都在各自的范围内追求卓越，任何“越轨”行为都会被禁止。这有效地促进了加州高层次人才的培养，并使高校成为美国西海岸高科技产业发展的助推器，为全世

① 黄亲国.西方高等教育的分层现象及启示[J].理工高教研究，2003(1)：8-9.

② 克尔.高等教育不能回避历史：21世纪的问题[M].王承绪，译.杭州：浙江教育出版社，2001：151-152.

界树立了楷模。[1]目前在加州的高等教育系统中，既有斯坦福大学、加州理工学院等享誉全球的私立大学，也有加州大学伯克利分校、圣迭戈分校、洛杉矶分校这样的公立研究性大学，同时还有加州州立大学和众多社区学院。

可见，加州公立高等院校系统之所以杰出，主要是通过1960年颁布的《加利福尼亚高等教育总体规划》有计划地实行了公立高等院校的相互分工：加利福尼亚大学强调研究生教育和专业教育，是唯一具有博士学位授予权的部分；州立学院系统注重学士学位、硕士学位阶段的高等教育，社区学院则负责提供低年级通识课程教学和职业技术教育以下的课程。至于私立学院则另成系统，其分层主要是通过私立院校相互之间在学术市场上的竞争来实现的。

三、卡内基教学促进基金会的高等院校分类标准

二战后，美国高等教育从精英教育阶段走向大众化教育阶段，高等教育机构的数量与规模急剧扩大，整个高等教育系统内部结构充满多样性与复杂性。为了突出高等教育内部结构的层次性，更好地反映高等教育的发展规律，1973年，美国卡内基教学促进基金会所属机构——卡内基高等教育委员会首次公开发表了高等院校分类标准。卡内基的分类方法是美国高校分类方法的主要代表，也是世界各种高校分类方法中最早最为著名的分类方法，目前很多国家的高校分类方法都有卡内基分类方法的影子。卡内基高等教育分类体系不是一成不变的，而是具有动态性质的，卡内基高等教育委员会根据高等教育组织本身的发展变化，也在不断调整和增加新内容，对分类体系进行周期性的修订和升级。其分类标准自1973年首次公开发表后，已先后推出了1973年版、1976年版、1987年版、1994年版、2000年版、2005年版、2010年版和2015年版等8个版本，尽管经过多次修订，但修订后的每一

① 参见：道格拉斯.加利福尼亚思想与美国高等教育：1850—1960年的总体规划[M].周作宇，等译.北京：教育科学出版社，2008.

个版本都保留了1973年版的基本框架，每次分类都大体包括博士型、硕士型、学士型、副学士型、专科型及部落学院。

四、伯顿·克拉克的“院校分工”理论

1983年，美国高等教育研究专家伯顿·克拉克出版专著《高等教育系统——学术组织的跨国研究》，书中的第一编第二章第三节专门探讨了“院校的分工”问题，分析了高等教育机构内部及其相互之间的分工。①

第一种分工：高等教育机构内部的分工。一是将高等教育机构内部横向结合的单位称为“部类”（sections），学部（faculty）、专业学院（school）和普通学院（college）等群类是其中最广的组合；二是将高等教育机构内纵向的联系称为“层次”（tiers），按照教育训练活动的难度划分为本科教育和研究生教育两个层次。

历史上绝大多数国家只有一个主要层次，少数国家有两个或两个以上的层次。例如，在欧洲和拉丁美洲国家的大学组织模式中，单一层次一直占主要地位，而在美国大学的组织模式中，则两个层次占主要地位。

第二种分工：高等教育机构之间的分工。主要表现在部门分类方面。首先，伯顿·克拉克对高等教育机构进行横向区分（将其称为“部门”），主要形式包括四种：一是单一公立系统中只有一种部门的形式，即国立大学；二是单一公立系统中具有多重部门的形式，通常有大学与“非大学”部门之分；三是多重公立系统、多重部门的形式，主要出现在实行联邦制的国家，在管理上高等教育系统分为许多州级或省级系统，同时又包括多重部门；四是私立和公立系统并存、多重部门的形式，即高等教育系统分为私立院校系统与公立院校系统，且私立院校和公立院校中存在多重机构类型，例如日本、美国等的高等教育机构形式。其次，纵向上将高等教育机构（高等学校）进行

① 克拉克.高等教育系统：学术组织的跨国研究[M].王承绪，等译.杭州：杭州大学出版社，1994：41-57.

分等，伯顿·克拉克称之为“等级”。分等主要形式有两种：第一，以任务层次为基础对高等院校进行分等，例如美国各州高等院校系统从低到高依次分为社区学院、州立学院、州立大学；第二，以“声望”为基础对高等院校进行分等。以“声望”为基础的分等一般又可以分为三种类型。一是“金字塔型”，如日本的帝国大学（东京大学和京都大学等）高居日本高等教育系统的塔顶，而私立大学和学院则居于塔基。二是“大梯度型”，如英国、法国、美国、加拿大等国的高等教育系统。英国的牛津大学、剑桥大学，法国的大学校，美国的“常青藤大学”，加拿大的大学等的毕业生，就几乎分别垄断了这些国家的政府或企事业单位的高级职务。除“分等”之外，还有一种“无分等”形式，如意大利的高等教育系统虽然存在次一级的“非大学部门”，但所有大学都能为政府和专业技术的高级职位输送毕业生。

第二节　美国高校分类发展的实践历程

美国的高校在世界上数量最多，并体现出多层次、多样性的特点。依据不同的划分标准，可划分出不同的高校类型。比如，根据是否有学位授予权，可划分为两年制的初级（社区）学院与四年制的本科学院和大学；根据大学的性质或出资来源，可分为教会大学与非教会大学，公立大学与私立大学，其中公立大学包括州立大学和其他公立大学，私立大学分为营利性私立大学和非营利性私立大学；根据办学规模大小分，可分为小规模院校、中等规模院校和大规模院校；根据学术任务和学术地位可分为研究型综合大学、文理学院与社区学院；根据学校声望，可以分为名牌大学与普通大学；根据大学的功能，可分为研究型大学与社会服务型大学……美国高等教育发展的历史与现实已经证明，大学分类发展是横向发展与纵向发展共同作用的结果，适应社会是大学得以维持和发展的根基，高等教育系统自身的整合与调适是大学变革的主要力量。本书根据美国高等教育发展史，在横向发展上将美国高校分类发展的实践历程分为五个阶段——北美殖民地阶段、美国独立战争后到南北战争前、南北战争后到二战阶段、二战结束后到20世纪60年代末期、20世纪70年代至今，并分别介绍不同时期各类型大学（殖民地学院、州立大学、赠地学院、社区学院、研究型大学）在纵向上的发展及其特点。

一、北美殖民地阶段（1636—1776）：殖民地学院的创建与早期私立学院的发展

北美殖民地学院是美国高等教育的开端，也是美国私立大学的前身。1636年，英国在北美殖民地马萨诸塞州建立了第一所殖民地学院——哈佛学院，这是美国历史上最早的高等教育机构。1650年，殖民地立法机构（马萨诸塞议会）给哈佛学院颁发了第一个特许状，从法律上确定了私立大学在美国历史上的合法地位，为后期私立大学的发展奠定了基础。[①]在美国独立战争爆发前，北美殖民地共有9所私立学院，分别是哈佛学院、威廉·玛丽学院、耶鲁学院、新泽西学院、国王学院、费城学院、罗得岛学院、女王学院与达特茅斯学院，绝大部分由教会各教派掌控，比如哈佛学院、耶鲁学院及达特茅斯学院由公理会创办，威廉·玛丽学院和国王学院由圣公会创办，新泽西学院由基督教长老会举办，罗得岛学院由浸礼会举办，女王学院由归正会举办，9所学院中只有费城学院不是教会创办的。[②]可见，殖民地学院创建的主要目的是培养牧师，为宗教服务，具有浓厚的宗教色彩。但不可否认，北美殖民地学院的发展对美国私立学院地位的巩固起到了很大作用。

---

① 李楠.美国私立学院初创时期的特点[J].辽宁教育研究，2002(5)：71.

② 朱文富，余咏梅.英属北美殖民地学院的办学传统及其影响[J].河北大学学报(哲学社会科学版)，2020(2)：76.

二、美国独立战争后到南北战争前(1784—1860):公立大学的兴起

(一)州立大学的兴起

独立战争之后,战争的硝烟散去,北美殖民地学院的办学规模和培养目标都已经无法适应社会发展的需要,国家的发展急需人才。美国一些进步的政治家、思想家和教育家纷纷提出将政治与教育相结合,认为教育是立国之本,要求政府承担教育之责。在这种背景下,美国国会通过了一系列法案,将教育管理职权下放到州,各州相继建立了教育委员会和教育厅、局,正式实行教育管理上的地方分权制。在18世纪80年代到19世纪20年代之前,美国州立大学的发展速度是比较缓慢的。1819年,托马斯·杰斐逊在弗吉尼亚州建立了美国第一所真正的州立大学——弗吉尼亚大学。与殖民地时期的高等院校不同,州立大学由州政府管理,面向实际,培养实用人才,开启了美国高等教育发展的新纪元,具有划时代的意义。

西部也是美国高等教育重要发源地。美国内战爆发前,西部建立了著名的印第安纳大学、密歇根大学、艾奥瓦大学、威斯康星大学、明尼苏达大学等州立大学。在1850—1860年间,密歇根州是州立大学和教会大学"厮杀"的著名战场。[①]到南北战争前,美国27个州中有25个州兴办了州立大学,州立大学的创办无疑是对教会特权的一个挑战,也是挑战传统的创举。

(二)达特茅斯学院案:公立大学与私立大学性质之辩

在美国高等教育史上,说到高校公立与私立的划分,不能不提及19世纪初著名的达特茅斯学院案。

达特茅斯学院案的直接起因是学院的内部管理问题,董事会和校长之间存在比较严重的冲突。新罕布什尔州议会支持校长,将达特茅斯学院改名为达特茅斯大学,遭到学院董事会的坚决反对。经美国联邦最高法院裁

---

① 余承海,程晋宽.美国州立大学的起源与发展[J].高教发展与评估,2013(6):82.

决，认定了私立大学的性质，承认了董事会享有学校最终管理权，制止了州政府试图控制高等教育的目的，明确了美国高等教育系统中私立与公立性质的划分。[①]达特茅斯学院案的判决在促进美国私立高等教育机构发展的同时也使州立学校的建立推迟了五十年。[②]

但是，对于以上观点，国内外学者不乏反对者。如理查德·W.莫林(Richard W.Morin)批评了大法官约翰·马歇尔(John Marshall)对于机构公私性质做出的草率的划分；约翰·S.怀特海德(John S.Whitehead)在其著作中指出私立高等教育是南北战争之后才有的概念等。王慧敏认为“达特茅斯学院案划分了美国高等教育的公私界限”，这个结论缺乏一定的历史根据，该案的关键在于对财产权的保护，而并未明确界定高等教育机构的公私性质。[③]

在南北战争之前，美国私立大学一直占据主导地位，到1860年，全美264所高校中，私立院校占247所，州立院校仅有17所。[④]1865年内战结束后，美国州立大学的发展进入全盛时期。

三、南北战争时期到二战阶段(1861—1945)：州立大学进一步发展与社会服务型大学的起步

美国殖民地时期的九大院校，规模小，学科内容狭窄，其课程主要内容是文法、逻辑、修辞，以及几何、天文、算术、音乐等主要学科，称为博雅教育(Liberal Education)，教育目标是培养神学人员。南北战争结束之后，联邦政府意识到教育不再是一个独立的系统，它与社会发展息息相关，因此大力创建赠地学院，重视教学内容与生产实践相联系，其中康奈尔大学与威斯康星

① 杨捷.19世纪美国达特茅斯学院案及其影响[J].河南大学学报(社会科学版)，2000(5)：41-45.

② 周详.“达特茅斯学院案”及其对美国高等教育的影响[J].教育学术月刊，2009(6)：78.

③ 王慧敏.达特茅斯学院案与美国高等教育的公私之辨[J].北京大学教育评论，2016(1)：62-75.

④ 顾美玲.协调公立与私立高校的关系，推进教育和谐发展：美国的实践和经验[J].比较教育研究，2008(4)：55.

大学是赠地学院的典型代表。

《莫雷尔法案》的颁布被视为美国社会服务型大学的开端。1862年,美国颁布实施《莫雷尔法案》,把国有土地赠给各州创办重视农业与工艺的学院,凡是州政府利用该法案创办或资助的院校都被称为“赠地学院”,因此,赠地学院的建立也是州立大学的进一步发展。

《莫雷尔法案》的主要内容是:(1)联邦政府向各州(含准州)赠予一定数量的土地以资助各州开设重视农业和工艺教育的学院,促进农业和机械制造工艺的发展;(2)联邦政府向各州赠拨土地的面积依1860年各州所拥有的国会议员人数而定,向一位议员赠拨的土地面积为30000英亩;(3)各州需将所赠拨土地出售,建立永久性资金,以资助供给和维持至少一所专门学院,这种学院主要讲授农业和机械制造工艺方面的知识,但也并不排斥其他学科和经典学科知识的传授,并应包括军事战术训练;(4)各州可用联邦政府赠拨土地出售所得资金来购买联邦政府发行的债券或其他可靠性证券,以赢利来扩大永久性资金,其中永久性资金的10%可用来购买土地以建立学院或实验性基地;(5)各州不得以任何借口,直接地或间接地用联邦政府赠拨土地所得经费和利息建造或维护任何建筑;(6)起义暴动反对联邦政府的州将无权从本法中获益;(7)各州若五年内没有把所赠拨土地用于上述目的,则必须无条件地将全部赠拨土地归还联邦政府。①

拨地兴办赠地学院的初衷是发展经济,振兴农业,培养农工建设人才。赠地学院的创立不但极大地推动了美国公立大学的发展,也促进了美国大众教育的产生与发展。

赠地学院在课程内容方面与传统院校截然不同,它们针对农业和工业的急需,造就水平高的专业人才。它们在课程方面创立农业、工艺等新的专业学科,从而使一向被人鄙视的农工生产科目在高等院校中占据一席之地。②1890年,美国国会又在第二个《莫雷尔法案》中规定,联邦政府对原来

① 郭庆霞.《莫雷尔法案》的颁布对内战后美国高等教育的影响[J].黑龙江高教研究,2011(3):55.

② 杨光富,张宏菊.赠地学院对美国高等教育的影响[J].河北师范大学学报(教育科学版),2008(10):8.

依靠联邦政府赠拨土地建立起来的农工学院提供年度拨款，并使南部各州得以建立类似的学院。由于《莫雷尔法案》符合美国各州发展经济，特别是实现农业机械化，发展现代农业的需要，各州在法案颁布后不久，特别是南北战争结束后，纷纷根据法案的规定创建农工学院、农业技术专科学校和以农工专业为主的州立大学，使这种全新的农工学院（赠地学院）在美国各州普遍地建立起来。

南北战争后，州立大学迅速发展起来，"忠实地服务于社会的需要"是美国公众赋予州立大学的期望，威斯康星大学则是这种思想的鲜明代表。[①]威斯康星大学成立于1848年，是一所老牌的赠地学院。1904年，进步主义者查里斯·范海斯（Charles R.Van Hise）任威斯康星大学校长，提出"威斯康星理念"，使威斯康星大学扬名海内外。20世纪初期的威斯康星大学最全面地实现了服务于民主社会的各种需要的理想，这种理想也是美国州立大学追求的重要目标。"威斯康星理念"的成功使大学服务社会这一职能得以最终定型，使大学在教学、科研两种职能的基础之上又增加了服务社会这一职能。威斯康星思想不仅对自19世纪中叶以来兴起的州立大学运动和赠地学院运动从理论上予以了肯定，而且还创造性地完善了大学的职能。[②]它标志着大学应具有"广泛有利于政治改革、人类财富增加和社会经济进步"这一功能得到普遍的承认，使人们对大学的理解和定义及其办学活动得以在一个更为宏大和高远的背景下展开，服务作为大学的一项职能为人们所接受。它标志着大学从传统的束缚下解脱出来，开始建立起与社会各个领域的全面的合作与互动互利关系；它标志着大学的影响越过围墙，遍及社会，当时的美国校园成了"车马行人最为频繁的十字路口——过客是农民、商人、政治家和来自几乎每个州每个角落的学生"[③]。

---

① 贺国庆.从莫雷尔法案到威斯康星观念：美国大学服务职能的确立[J].河北大学学报（哲学社会科学版），1998(3)：90.

② 施晓光.美国大学思想论纲[M].北京：北京师范大学出版社.2001：67.

③ 胡建华.高等学校职能变化的历史考察[G]//厦门大学高等教育科学研究所.高等教育论文集.厦门：厦门大学出版社.1989：135.

《莫雷尔法案》的颁布与实施掀起了创办赠地学院的热潮，康奈尔大学与威斯康星大学正是在这个潮流的席卷之下创办起来的，这两所大学作为创办农工学院的成功典范，淋漓尽致地发挥了美国大学服务社会的职能。美国高校服务社会的职能自萌芽至确立，历经了多个发展阶段。首先，教育的发展具有连续性的特征，我们应用客观的视角来看待、探究美国大学社会服务职能的形成与确立给美国高等教育以至世界高等教育事业的发展所带来的深远影响。其次，我国拥有世界上最大规模的高等教育体系，大学在经济发展中也承担着重要的责任，应该完善其社会服务职能和运行机制。虽然我国大学的社会服务职能已经确立并得到了较大的发展，取得了明显的成绩，然而，随着我国的经济发展步入新常态，还需对其进行进一步完善，才能更好地满足社会需求。我们应该针对我国大学社会服务职能发展中出现的各种状况、问题及不利因素进行客观分析，并认清当前世界高等教育发展的形势，不断探索、借鉴、学习美国大学社会服务职能形成与确立的相关经验、启示和教训，并逐步增强我国大学为创新和社会经济发展服务的能力。

四、二战以后到20世纪60年代末期（1946—1969）：州立大学、社区学院与研究型大学的蓬勃发展

第二次世界大战之后，美国的政治、经济、科技与军事得到前所未有的发展，此时也是美国高等教育史上的一个重大转折点。联邦政府开始大规模地介入与资助高等教育，《军人权力法案》、《为美国民主服务的高等教育》的报告、《国防教育法案》及其修正案等一系列政策的实施，使高校学生数量激增，高等教育内部面临着一系列变革和挑战，正如马丁·特罗在《从精英向大众高等教育转变中的问题》一文中所指出的，在发达国家，高等教育系统出现的问题都与其扩展息息相关，会影响到高等教育活动的方方面面。高校学生数量的增加使高校数量不断上升、学校规模不断扩大，1960年通过的

由克拉克·克尔领导制定的《加利福尼亚高等教育总体规划》对加州高等院校进行了明确的分类:横向上形成了公立院校与私立院校两种院校类型并行的结构,其中公立院校系统在纵向上又分为加州大学、州立学院、社区学院(初级学院)三个层次。

(一)《加利福尼亚高等教育总体规划》

加利福尼亚州于1960年颁布的《加利福尼亚高等教育总体规划》(以下简称"总体规划")有效解决了高等教育系统在教育大众化时期所面临的一系列问题,堪称高等教育史上的一个成功范例。二战后,美国高校入学人数激增,高等教育系统内部结构混乱,职能划分不清,盲目扩张,无序竞争。当时的加州高等教育机构也是危机重重。大学的职责究竟是为本科生提供训练、专业学位抑或是科学研究不明确。有些州立学院想成为真正的大学,两年制的社区学院想成为四年制学院,私立大学感受到了来自联邦政府、州政府的制约与威胁。1960年,加州教育委员会通过了加州未来十五年的《加利福尼亚高等教育总体规划》,部分条款和建议被载入了州宪法。总体规划的内容大致有:

(1)在公立高等教育系统内确立了三个层次的高等教育体系——加州大学(研究型大学)、州立学院(后改为州立大学,教学型大学)和初级学院(社区学院),其各自承担不同的职责。加州大学是首要的学术研究机构,承担着博士、硕士、本科生的教育,是加州公立教育系统中唯一可以独立授予博士学位的高教机构;州立学院提供本科生到硕士研究生的教育,可以和加州大学或私立大学联合授予博士学位;初级学院(社区学院)主要承担本科前两年的学术教育、职业教育或社区教育。

(2)确立了普遍入学和选择入学相结合的方法,名列前12.5%的高中毕业生可选择进入加州大学,名列前33.3%的高中毕业生可选择进入州立大学。

(3)重新确认了加州长期以来对加州民众免除学费的教育承诺。

…………

在总体规划的指导下，加州高等教育完成了从“大众化”阶段向“普及化”阶段的过渡，极大地促进了美国研究型大学与社区学院的发展，为加州高等教育的可持续发展做出了巨大贡献。首先，总体规划保证了高中毕业生接受高等教育的机会，不仅满足了学生的上学愿望，也为加州的经济发展提供了高素质的劳动者。其次，州政府的财政拨款增加了加州大学的图书馆和研究设施设备，进一步促进了美国研究型大学的蓬勃发展。美国教育委员会主席戴维·沃德评价道：“这种中学后教育制度的设计——既做到宽松入学又保持教学与科研的优质（等）质量——不仅改变了加州几代人受教育的机会，而且因其他州的效仿而改变了整个美国的公立高等教育。”①

（二）社区学院的蓬勃发展

南北战争结束后，美国从农业国一跃成为工业国，需要大量的专业技术人员。在学习欧洲办学经验时美国发现，德国大学的成人实用技术教育模式适合美国当时的社会经济发展状况。为此，面向大众的两年制初级学院应时而生。初级学院既有利于缓解高中毕业生的就业压力，提升学习者的就业能力，也有利于大众教育与精英教育共同发展。二战结束之后，1947年，美国联邦政府发布了《为民主服务的高等教育》咨询报告，将此类两年制的高等教育机构称为“社区学院”。社区学院在这一时期得到奇迹般的发展，20世纪50年代之后还出现了“社区学院运动”。因为战后高中毕业生就业困难，加上普通家庭难以承担四年制大学昂贵的学费，国家也急需转移就业不济所带来的压力，因此初级学院与社区学院成为最好的选择。现在，初级学院与社区学院这两个名词在美国可同时使用，但初级学院一般指私人团体或教会创办的两年制学院，社区学院则指公立的两年制学院。②

美国初级学院（社区学院）的发展可以分为三个阶段：初步确立阶段（1860年至20世纪初）、蓬勃发展阶段（1930年至1969年）、完善与发展阶段（20世纪70年代至今）。

---

① 马崇刚．从加州高等教育总体规划看我国高校分类定位问题[D]．西安：西北大学，2008：20.

② 顾月琴．美国社区学院的发展历程及其未来趋势[J]．中国成人教育，2011（1）：122.

(1)初步确立阶段。1860年至20世纪初,美国社会变革与生产力的发展,使美国高等教育开始寻求创建服务于社会的新的高等教育机构,开始了精英教育向大众教育的过渡,赠地学院的建立也让两年制初级学院(社区学院)得到发展。最早的初级学院是1901年美国伊利诺伊州创办的初级学院,此后初级学院的数量不断扩大,主要承担着两种职能:一是两年制的通识教育;二是转学教育,为大学三、四年级的学习做铺垫。这里体现了教育的筛选功能,使没有继续深造能力的学生体面地结束学习,使能进入三、四年级的学生开始转入研究型学习。

(2)蓬勃发展阶段。1930年到1945年,美国经历了经济大萧条与第二次世界大战,但初级学院却得到奇迹般的发展。此时,初级学院的教育职能也发生了变化,从转学教育向职业教育过渡,不仅满足了国家对技术人才的需要,还促进了美国高等教育的结构调整,为大众化教育打下了基础。二战后到20世纪60年代,美国社区学院主要承担着以下职能:一是转学教育;二是职业技术教育,《军人权力法案》颁布后,美国大批退伍士兵纷纷涌入社区学院,其中很多人选修了职业教育课程,以强化自身的职业技术技能,并获得相应的职业技术证书,之后美国还颁布了一系列援助各州社区学院发展职业技术的法案,比如《1963年职业教育法》,这样社区学院便有了充足的资金进行职业技术教育,在内外动因的推动下,社区学院中接受职业技术教育的人数不断增加,使职业技术教育在社区学院中占据绝对优势;三是继续教育,美国社区学院实施开放入学,只要有意愿学习,就有进入高校深造的机会,特别是在20世纪50年代之后,新技术革命的兴起,使美国官员与民众认识到增长知识与提升自身职业素质的重要性,因此鼓励成人以及失业工人回到学校继续接受教育;四是社区服务,20世纪60年代初,许多社区学院的图书馆、体育场以及其他基础设施都免费向当地社区居民开放,并提供技术咨询、心理辅导等服务,为美国社会进步与经济发展做出了极大的贡献;五是补偿教育,为那些文化程度不高的学生(特别是少数民族学生和年龄较大的学生)开设数学、地理、历史等高中教育课程,为那些从第三世界各国到美国定居的移民补习英语等,以便使这些学生掌握在社区学院学习必须具备的科学文化基础知识,使他们不会因为感到学习困难而中途退学,能够坚持在规定的时间内读完所有课程而顺利毕业,拿到学士学位。[①]

(3)完善与发展阶段。20世纪70年代,美国财政紧张,减少了对大学的财政支持,各高校纷纷提高学费,以缓解自身压力,使美国高等教育面临着重大危机。为招收学生,社区学院降低入学标准。20世纪80年代,美国经济好转,同时也面临着激烈的国际竞争压力,急需提高劳动者的素质。在这种情况下,美国走上了教育改革的道路。1994年,《美国2000年教育目标法案》获得国会通过,其中明确规定了政府要向各州高等教育机构,尤其是两年制社区学院提供资助,以使更多的学生接受高等教育。

(三)集中精力发展研究型大学

美国研究型大学历史悠久,其发展源头可以分为三类。第一类可以追溯到殖民地时期,北美殖民地时期建立的9所学院中,有7所后来发展成为研究型大学,只有威廉·玛丽学院与达特茅斯学院沿用原名,并维持着文理学院式的教育传统。第二类是美国南北战争之后新建的州立大学与学院以及赠地学院,如佐治亚大学、弗吉尼亚大学、佛罗里达大学、麻省理工学院等。第三类是以"德国模式为基础"兴建的研究型大学。1876年,美国金融家约翰·霍普金斯(John Hopkins)投资创办了以"德国模式为基础"的美国第一所现代意义上的研究型大学——约翰·霍普金斯大学。

20世纪20—30年代是美国研究型大学发展史上的一个转折点,被称为美国研究型大学发展的黄金年代。20世纪20年代,美国大学主要是向欧洲大学学习,很多欧洲科学家在美国大学教学。到30年代,由于欧洲民族和政治矛盾激化,大量欧洲顶尖科学家来到美国,使美国的研究型大学得到了长足的发展,促进了科学研究的发展。二战到20世纪60年代末,美国研究型

① 冯建业.二战后至70年代初美国社区学院职能的变化[J].河南师范大学学报(哲学社会科学版),2000(5):103-105.

大学一直保持着良好的发展势头。二战结束后，美、苏两大对立阵营形成。1957年，苏联人造卫星上天，使美国的国际地位受到挑战，美国开始反思教育方面的不足。其出台的《国防教育法案》使联邦政府加大了对基础研究的投入，形成了"联邦拨款型大学"，使得研究型大学的规模不断壮大。1963—1969年被称为美国高等教育的"黄金时期"，这一时期，美国研究型大学作为一种日渐成熟的高等教育模式，其主要特征也逐渐呈现出来：(1)学科齐全，具有教学、科研和服务多种功能；(2)是国家基础研究的中心，拥有卓越的师资队伍；(3)特别重视研究生教育，研究生招生规模超过本科生；(4)国际化办学程度比较高，是世界科学文化学术交流的中心，能吸引大量外国优秀人才去留学，特别是在研究生教育阶段。①

五、20世纪70年代至今：各类型大学繁荣发展

(一)20世纪70年代：高等教育的危机与职业技术教育的兴起

美国人民对教育怀抱着极大的期待，人们在生活与工作中遇到的问题，都希望通过教育得到解决。但由于20世纪60年代的越南战争以及美国经济萎缩，美国联邦政府除了保持对社区学院的资助外，减少了对其他类型的高等教育机构的教育拨款。20世纪70年代，美国高等教育面临着严重的危机，政府与民众对高等教育的期待与信任度大大降低。研究型大学学费收入减少，经费拮据，同时，人才需求的减少也阻碍了研究型大学的发展。而社区学院则赢得了民众的极大信任，据哈里斯民意测验报告，其中55.9%的人认为社区学院应该继续办下去，20%的人愿意为社区学院缴纳更多的税。②而70年代的社区学院最主要的职能是职业技术教育。为了适应环境的变迁，美国高校在20世纪70年代还曾掀起过一场"职业教育运动"。除社区学院以外，很多文理学院也增设了职业性或技术性的系科，比如工商管

① 刘宝存.美国研究型大学的产生与发展[J].高教探索，2005(1)：26.

② 王廷芳.美国高等教育史[M].福州：福建教育出版社，1995：205.

理、工程、护理等,一些专门的职业技术学校与很多学术型学校之间的界限越来越模糊,甚至那些具有代表性的学术型学院、研究型大学、文理学院也认为发展职业技术教育的计划是重要的。

美国职业技术教育的快速发展与赠地学院息息相关,各州将联邦政府所赠公地出售,所得的资金用于建立新兴职业技术学院,为产业界培养高级技术人才。1862年,美国兴起了建立农工学院的运动,进一步促进了职业技术教育的发展,也为后来美国社会经济的发展提供了人才支持。19世纪末,美国成为当时世界上最发达的资本主义国家,工业化进程加快对发展职业教育提出了新要求,社会各个方面都倡导大力发展中等公立学校、发展职业教育,并讨论制定职业教育法案。美国"全国职业教育资助委员会"主席霍克·史密斯、委员都得雷·休士一起向国会提交了一项发展职业教育的提案,提出职业教育需要联邦政府的资助,强调发展职业教育的重大意义。为此,他们拟定了《促进职业教育,在促进农业、商业和工业的职业教育方面与州合作,在培训职业科目教师方面促进与州的合作,拨款并规定其用途的法案》,威尔逊总统在1917年2月23日签署,这就是著名的《史密斯—休士法》。[①]《史密斯—休士法》极大地提高了美国职业教育的地位,也奠定了美国职业教育立法的基础。二战期间,美国的职业技术教育依然如火如荼。在战争期间促进职业技术教育、国防职业教育的计划表明,战争的急需对某一产业的发展起到决定性的作用,美国职业技术教育的惊人发展,也正是美国在第二次世界大战中对人才急需的结果。二战之后,美国先后颁布了《职业教育法》及其修正案。《职业教育法》是美国职业教育发展史上的一个重要里程碑,它重新确立了美国职业教育的目标,打破了人们对职业技术教育的偏见,重构了职业教育体系,使其成为一种面向社会各阶层、各年龄段的教育。20世纪70年代,美国高等教育面临着财政危机、公众信任危机和学生来源危机,而职业教育的发展以及学院和大学在招生和教学方面的灵活性,使

① 郭健,张建党.美国职业教育发展的特点和启示[J].中国职业技术教育,2004(29):55.

职业技术教育持续发展，并成了这一时期高等教育的特征。

（二）20世纪80年代至今：研究型综合大学、文理学院、社区学院遍地开花

二战后，美国高等教育发展迅速，高等院校众多，特别在20世纪80年代以后，各类型的大学与学院不断发展扩大，目前美国高等院校常见的三种类型是研究型综合大学、文理学院、社区学院。每种类型的大学特点不一样，比如：研究型综合大学包括颁发学士、硕士、博士学位的四年制大学，规模较大，注重学术研究；文理学院一般是指以四年制本科教育为主，规模较小的大学；社区学院以两年制大学为主。不同类型的大学承载着不同的功能，共同构成多样化的美国高等教育体系。虽然战后的半个多世纪，美国的高等教育存在着各种问题，也面临着各种挑战，但总的来说取得了极大的成功，主要表现为各类型大学的蓬勃发展。1940年以前，研究型大学为16所，1963—1965年为81所，1976年为97所，1987年为104所，1994年发展到125所，2000年卡内基高等院校机构分类标准显示，美国研究型大学已达261所。①截至2013年秋季，美国共有社区学院1132所，其中政府举办的公立社区学院986所，其余为私立社区学院。其中，很多学院还在不同地区设有多个分校，如果把各个分校也算在内，美国社区学院的总校区数已有1700多个。②

第三节 美国高校分类发展的启示

一、多重力量协同作用，推进高校合理定位

多重力量协同作用是推进高校合理定位的切入点。引导高校进行合理定位的目的是让不同层次、不同类型的高校获得相应的发展空间，形成

① 曹赛先. 高等学校分类的理论与实践[D]. 武汉：华中科技大学，2004：40.

② 美国社区学院发展特征[J]. 职业技术教育，2014(12)：26.

特色。[①]

首先,政府要发挥主导作用。我国高校绝大多数是公立性质的高校。政府能够通过多种方式对公立高校的发展施加影响。高校的分类与定位发展是关系到高等教育体系和结构优化的重要工作,是政府应承担的重要职责。政府要在普通高校的发展定位上发挥主导性作用,通过政策引导和行政措施推进高校的差异化发展。

其次,市场力量要发挥引导作用。随着我国高校数量的增加,高校的发展空间日趋"拥挤",而且这种趋势近年越来越明显。如果高校定位不当,就会在市场竞争中逐步失去发展空间。从这个意义上说,高等教育领域竞争的不断加剧,正是市场力量的显现。积极的市场竞争,能够促进高校自觉地调整定位,寻求发展空间。

再次,高校要发挥自身的主体作用。对于高校而言,合理定位与其核心竞争力的形成密切相关。构成我国高校核心竞争力的教育要素主要包括人才素质、科研水平、师资队伍、学科建设等。而目前高校的趋同现象恰恰表现在这些方面。要扭转这种局面,需要高校发挥主体作用。高校定位归根结底是由高校综合各方利益主体的诉求而做出的自觉行为。因此,高校要自觉加强与政府、其他高校、人才市场之间的沟通协商,不断调整定位,努力形成特色,提升教育竞争力,逐步成为本领域、本层次、本类型高校中的佼佼者。

二、提升高校参与分类发展的内生动力

高校分类发展需要外推内拉共同发挥作用,是政府规划引导和内部发展演化相互作用的结果。当前,我国高等教育发展总体规模大,高校分类发展初步推进,学习借鉴模仿程度较高,高校发展特色不明显、同质化倾向比

① 蒋文昭.我国普通高校的分类发展:阻滞与策略[J].河南教育学院学报(哲学社会科学版),2015(1):72.

较严重，在短期内使用政府行政推动方式固然具有一定的效率，但从长远看，这种改革容易强化高校类型单一的特点，即学校内涵发展同质化。一方面，高等教育分类发展的顺利推进，离不开政府自上而下的规划、管理和监督，高校要积极响应政府提出的分类发展政策导向。另一方面，高校自身也应对自己的办学历史、办学现状、办学目标、办学特色等有清晰的认识，着力在不同发展类型上充分彰显特色、提高水平。

最根本是要建立健全高校自主发展机制。高校自主办学能力是提升高校内生动力的关键因素。大学应享有国家法律所赋予的自主办学权，政府应当依法保障大学自主办学，履行宏观管理职能，减少对大学的直接干预，在自主办学的环境下，大学才可能在办学与运行过程中回归自身的选择，大学的组织内生价值才会凸显出来。政府及教育相关行政部门应积极推动落实和扩大高校办学自主权，减少政府对学校的微观管理，通过政策和规则为支持高等教育机构的服务提供公共管理，帮助高校建立主动适应社会经济及教育规律的自我发展运行机制。同时，高校必须加强自主参与意识，由被动分类转变为主动选择，对自身定位及学校长远发展目标进行再认识，优化高校内部管理规则及运行模式，协调结构改革带来的内外部利益冲突，根据未来新型人才的需求调整人才培养模式。

办学特色是高校的核心竞争力，是高校赢得优质资源和长期竞争优势的战略基础和战略优势，具有不可模仿性。一是要坚持规划引领。发展战略规划是高校特色发展的整体设计和行动方案。高校要高度重视发展战略规划编制工作，通过规划明确高校发展战略定位、学科布局、办学特色、发展模式和资源配置等战略性问题。二是要坚持特色引领。始终要以办学特色求生存、求发展、创一流，秉承学校深厚办学历史、悠久办学传统，整合学校特色办学资源、优势办学资源，凝练出学科发展方向。三是要坚持内涵引领。质量和特色是高校办学的两个方面。高水平的特色才是真正的特色，才是支撑学校发展的核心资源。要注重提高学校发展质量和学校水平，实现学校学科建设等高质量发展。四是要坚持特色文化浸润。办学特色蕴含在大学精神文化、制度文化、行为文化等方方面面，潜移默化地影响着所有师生员工，进而决定着大学的发展质量。

三、积极发展社会服务型高校

“我们应该加强研究如何促进社会服务型大学的研究，再结合我国的实际情况，采取有效措施推动社会服务型大学的发展。”[①]经济社会发展多元化，要求高校也逐步走向多元多样。特别是在深度融入经济社会发展，深度参与经济社会发展，逐步从边缘走向中心的情况下，高校如何服务经济发展的问题就显得更加突出，解决如何建设社会服务型高校的问题亦尤为紧迫。各高校也在向着多元化、多类型的方向发展，主要表现在办学方向、办学格局、办学类型等方面。社会服务型高校建设不仅需要从理论上深化研究，更需要积极实践探索，找出可以复制的建设模式和建设样板。当前，我国的服务型院校主要在社会边缘，应该将其向社会中心推动，这样，它们才能够更好地进行社会服务，同时为自身的进步和发展创造机会。社会服务型大学通过充分发挥自身的优势，能够对相关专业的发展起到引导作用，进而获得较高的地位。建设社会服务型高校，要着重统筹好四个关系：一是政府和高校的关系，要赋予高校办学自主权；二是市场和高校的关系，要提高高校的社会适应性；三是学生和教师的关系，以教师的发展支撑学生的发展；四是水平和质量的关系，要提高高校发展的整体性。

扎根中国大地办学教育是新时代我国高等教育发展的价值遵循，也是高校实现内涵式发展的战略抉择。须始终坚持扎根中国大地办大学，坚持走中国特色的分类发展道路。高校分类发展要面向现代化、面向未来、面向国家战略需求。高校在进行分类时也要适度超越国际社会的发展需要，在

① 钱亮.我国高校分类发展存在的问题及对策探析[J].科教文汇(上旬刊),2018(3):128.

借鉴国外分类模式的同时，要充分考虑文化差异，采取同一做法可能会在不同“场域”产生功能异化。因此，必须积极构建中国特色高校分类发展标准体系、建设体系、评价体系。

四、鼓励民办高校发展，形成竞争格局

经济学家认为公共部门在缺乏竞争的情况下，容易形成垄断，所提供的产品成本高、质量低，且较少顾及消费者偏好。加州高等教育公立部门和私立部门力量相当，公立高校、私立高校相互竞争、共同发展，这对我们有很好的借鉴作用。20世纪末期以来，我国民办高校在北京、陕西、江西、浙江等地发展势头很好，形成了民办高等教育发展的中心，其中陕西西安被称为民办高等教育发展的“硅谷”。在民办高等教育发展的过程中，地方政府的支持起着非常关键的作用。[①]

民办学校一直是我国教育体系的重要组成部分，它满足了受教育群体多样化的教育需求，促进了多元化教育格局的形成，减轻了政府教育投入的资金压力，带动了教育教学水平的提升，为国家培养了大量人才。当今世界，各国之间激烈的经济竞争和科技竞争，归根到底是教育的竞争。放眼国际，以美国教育为例，2020年QS世界大学排名前100名的学校中，美国有29所学校入围，其中私立学校多达18所，占62.07%。而中国入围的12所院校均为公办大学。除此以外，国际上许多重要科研成果都出自民办大学和企业。我们应该看到，民办教育有着天然的灵活机制、创新基因和竞争优势，有利于培养学生的创新思维与能力，能够帮助学生在激烈的竞争中脱颖而出。民办教育理应成为推动我国教育体制创新发展的重要力量，为我国教育事业的改革与创新保驾护航。提升民办教育的国际竞争力，有利于优化学校管理与人才培养机制，从而更好地迎接未来的挑战。民办高校转型发

① 彭红玉.美国加州高等教育发展经验及其对深圳的启示[J]深圳职业技术学院学报，2012(6)：60.

展既可以指一般意义上从规模扩张到内涵建设，实现办学质量的提升，也可以指民办高校在办学模式上转向产教融合、校企合作，更有利于培养应用型人才。在产教融合的改革背景下，面对外部环境的动态变化，民办高校也需要进一步挖掘自身在机制、资源及文化等方面的优势，更好地推动自身转型发展。

第二章　英国高校分类发展的实践历程和基本经验

在高等教育大众化蓬勃发展的时代，世界各国对高等学校的类型和层次的多样化日益重视，高等教育发展结构也越发复杂。在促进高等院校的合理分工和实现人才培养的多样化、专门化问题上，英国高等学校分类发展的实践历程是具有代表性的。英国高校的分类发展经历了古典大学建立与分类发展的酝酿时期，以涌现“新大学”为代表的分类发展起步阶段，二元制结构下划分大学与非大学的分类发展高潮时期，以及替代二元制的一元制背景下高校多样化开放发展的分类发展稳定期。英国高等学校分类发展保持了良好的历史延续性，研究其历史，有利于梳理英国高校及其高等教育的沿革。英国政府在英国高校分类发展中发挥了宏观指导的作用，通过建立高等学校评估准则和质量保障体系，促进了英国高等学校的分类发展、学校办学质量的提高和人才培养目标的具体化。探讨和分析英国高校分类发展的实践历程，归纳总结其基本经验，可为我国建设高等学校分类体系以及各类型高校办学定位提供一些参考。

一、英国高校分类发展的基本理念

英国高等学校发展历程遵循历史发展规律，依照英国社会发展而变革，受不同时期的政治、经济、文化、科技、人口等因素影响。在从精英化教育走向大众化教育，再到普及化教育的高等教育发展历程中，英国建立了底蕴深厚的古典大学，特色鲜明的新大学，以及培养应用型、职业化人才的一系列科技学院。英国高等学校在创立、分化、改革的进程中，经历了高等教育体制“一元 — 二元 — 一元”的变化，其高等教育政策始终表现出为人才培养、社会发展服务的基本理念。

（一）以社会发展进程为主线

英国大学很多具有悠久的历史，牛津大学和剑桥大学距今已有八百多年的发展历程。与社会政治、经济、文化、科技等的发展与变迁相适应，英国高等教育政策和高校的设置与发展等，呈现出顺应时代需求的特点。英国高等教育承担着服务社会和培育人才的双重使命，因此，其高等学校的分类发展问题，随着高等教育的大众化、普及化日益凸显。

1.社会发展因素的影响

社会政治、经济、文化、科技、人口等因素影响着社会发展和转型的方向，也制约着高等教育的结构、目的和内容等。也就是说，高等教育的转型与整个社会的转型有着紧密的联系，把握好英国社会历史发展的进程，就能从此角度解释英国高等教育从精英教育阶段向大众化教育阶段、普及化教育阶段的转变，也就能厘清影响高等学校分类发展的社会因素。

资产阶级革命之前，大学基本是英国高等教育机构的唯一组织形式。西欧地区发达的工商业，促进了近代大学的产生。英国于1168年和1209年先后创办牛津大学、剑桥大学，二者成为满足当时高等教育的标志性传统大学。鉴于当时社会对高等教育的需求基本上还是单一的政治功能，即培养政治和思想精英，因此，牛津大学和剑桥大学的职能就是“培养神职人员、为教会国家服务”；大学主要是为统治阶级探究治世之法服务的一种特殊存在机构。英国在政治体制上属于源发内生型国家，其高等教育机构的逐渐多样化依赖于高等教育系统的自然分化，例如英国高等教育的“双重制”（Binary System）和“科研评估”（Research Assessment Exercise，简称RAE）就是通过法律和行政手段干预高等教育分类发展的证明。文化传统往往也发挥着潜移默化的间接影响作用。英国是重视人文主义传统的国家，高度重视人文教育和社会科学，在高等教育上以学术型高等教育为焦点和重心，传统的精英型大学占有比较绝对的优势地位。1959年，英国著名科学家查尔斯·珀西·思诺（Charles Percy Snow）就文理之争发表了题为《两种文化》（“Two Cultures”）的演讲稿，在强调知识专门化会带来危险的同时流露了对理科偏爱。[①]与之相对，英国著名文学批评家弗·阿·李维斯（F.R.Leavis）于1962年发表了题为《两种文化？查·珀·思诺的意义》（“Two Cultures? The Significance of C.P. Snow”）的演说，他指出，名副其实的大学，“不仅仅是一些不同专业系科的搭配——它也应该成为人类意识的中心：洞察力、知识、判断力和责任感都构成了人类的意识”[②]。两种文化之争，即文理教育的分裂与冲突也成为影响大学分类的因素之一。此外，英国先后经历了四次科技革命，第一次科技革命促进了大学分科教育的形成，第二次科技革命推动了研究型大学的形成，第三次科技革命推动了创业型大学的形成，第四次科技革命则涌现了一批开放大学。[③]

2.高等教育政策沿革

19世纪前，英国仍然以古典大学为载体开展高等教育，大学拥有较大的自治权力。19世纪，英国资本主义迅速发展，在“新大学运动”（New University Movement）中诞生了伦敦大学和达勒姆大学，改变了英格兰地区大学教育的单一结构，为城市学院的建立创造了条件，产生了英国高校分类发展的雏

① 殷企平．两种文化和英国高等教育（上）[J]．高等教育研究，1994（2）：91.

② 殷企平．两种文化和英国高等教育（上）[J]．高等教育研究，1994（2）：92.

③ 陈厚丰．高等教育分类的理论逻辑与制度框架研究[M]．广州：广东高等教育出版社，2011：114.

形。19世纪后半期,"大学推广运动"推动了成人教育、高等教育大众化和民主化的发展,加强了大学与社会的联系。而事实上,有延续性和针对性的英国高等教育政策始于第二次世界大战后的英国重建,并在高等教育扩展、调整和改革中不断表现出有关高校分类发展的思想。

19世纪后半叶,英国就开始注重高等科技教育发展,具有强职业性的技术学院成为技术中学毕业生的继续教育机构(后被视为高等教育机构)。二战后,发展高等科技教育成为英国社会重建的关键所在。1945年《珀西报告》(The Percy Report)问世,该报告认为要区分大学与技术学院各自的职能,扩大技术学院的职能以满足本地区产业经济发展的需要。[①]英国教授罗伊·洛(Roy Lowe)曾评价这份报告:"它所阐明的二元制原则比人们认可的还要早二十年,为战后英国高等教育扩展设计了蓝图。"[②]1946年,英国政府发布《巴洛报告》(Barlow Report),进一步建议在有大学的城市创办一些技术学院,以培养更多的技术专家。[③]1956年,英国政府颁布了《技术教育》白皮书,将当时所有技术学院分为四大类:地方学院(Local Colleges)、区域学院(Area Colleges)、地区学院(Regional Colleges)和高级技术学院(Colleges of Advanced Technology)。[④]

20世纪50年代起,英国高等教育迎来了历史发展上的辉煌时期。1963年,罗宾斯委员会发表了《高等教育委员会报告》,即《罗宾斯报告》(The Robbins Report),在结构优化上主张建立统一的大学系统,大学与地区高级技术学院、教育学院在横向上相应分工;在纵向上将高级技术学院、教育学院升格为技术大学。[⑤]1965年,英国教育和科学大臣克罗斯兰德(Anthony Crosland)提出"双重制"分层政策,主张英国统一的高等教育制度应按照阶

① 易红郡.战后英国高等教育政策研究[M].长沙:湖南师范大学出版社,2012:32-33.

② LOWE R. Education in the post-war years:a social history[M]. London and New York: Routledge,1988:58.

③ 贺国庆,王保星,朱文富,等.外国高等教育史[M].北京:人民教育出版社,2003:398.

④ 易红郡.战后英国高等教育政策研究[M].长沙:湖南师范大学出版社,2012:38-40.

⑤ 陈厚丰.高等教育分类的理论逻辑与制度框架研究[M].广州:广东高等教育出版社,2011:130.

梯原则实行分层。①1966年,《关于多科技术学院和其他学院的计划》白皮书颁布,标志着英国高等教育领域实行“双重制”的启动,白皮书成了英国高校分为“两种高等教育”的分层分类方案。1972年颁布的《教育:一个扩展的框架》白皮书是“过去十年两个重要决议的最强有力的宣言:高等教育入学的罗宾斯主义与伍尔维奇演说的‘双重主义’”②。1986年,通过高等教育基金委员会(Higher Education Funding Councils,简称HEFC),英国对所有高校实行“科研评估”的分层政策。1987年英国高等教育政策开始转向,《高等教育——迎接新的挑战》白皮书建议统一高等教育规划与管理。

20世纪90年代,随着英国社会的发展,高等教育改革站在了新的起点。1991年,《高等教育:一个新的框架》白皮书描绘了走向21世纪的高等教育新蓝图。该“框架”建议废除“双重制”,建立单一的高等教育框架,并允许多科技术学院及其他合格学院升格为大学。1992年,英国政府颁布了《继续教育和高等教育法》,标志着英国高等教育“双重制”的废止。步入21世纪,英国高等教育政策集中在经费、质量和管理方面,其高等院校结构呈现多元、多层次和多规格的分类特征,高等教育的整个改革进入相对平缓的发展时期。

(二)以高等教育体制为依据

高等教育体制(higher education system)指一个国家或地区高等教育体系与制度的综合体。体系反映高等教育系统的总体构成状况,包括各构成要素及其相互关系;制度则调整各构成要素之间关系的规则,监控着系统的运作过程,保障其功能的顺利实现。③当论及高等教育体制类型时,美国教授伯顿·克拉克认为:“高等教育的任务和其中之权力的主导结构两个因素决定着我们协调什么。”英国著名高等教育学者斯科特(P. Scott)从不同教育文化传统的角度出发,从办学主体维度将高等教育体制分为五类:大学主导制、双轨制、二元制、一元制和分层制。其总体趋势是从一元制走向二元制、

① 陈厚丰.英国高等教育“双重制”分层政策案例分析[J].比较教育研究,2006(7):47-51.

② John Carswell. Government and the Universities in Britain: programme and performance 1960-1980[M]. Cambridge: Cambridge University Press, 1985: 144.

③ 项贤明.大众化与高等教育体制变革的理论观察[J].北京师范大学学报(社会科学版),2003(3):40.

多元制或分层制。

自20世纪60年代起，欧洲不同国家在不同时期，其高等教育体制产生了不同程度的变化。英国高等教育体制是一个独特的存在，秉承着英国政府自上而下且不干预的传统原则，大学拥有自治权，英国高等教育体制基本上经历了从统一到二元制建立，再到废止二元制走向一元制，后到一元制下多样化的演变过程。

1.英国高等教育的二元制

英国高等教育的二元制，亦称为“双重制”。其纵向结构上指大学和非大学两种机构，理解为其机构类型、层次、办学主体和服务方向等；其横向结构指大学与非大学两种管理或组织，由不同需求和学习者个体差异所带来的科类专业、培养目标、教育要求、教学方法、管理制度和师资等组成。①

1963年的《罗宾斯报告》拟定了集中于大学范围内的英国高等教育大扩充计划，设想建立单一的大学体制。然而，英国政府认为此种一元化的高等教育体制未对不同大学进行区分，仍然只面向少数精英学生，不能引导不同大学朝着不同方向和需求发展。1964年，托贝·维佛爵士(Sir Toby Weaver)在批评《罗宾斯报告》的报告中，提出“在大学系统之外发展一类新型的应用性学院，以满足广大学生的需要”②。如此看来，最初的二元制虽然肯定了非大学对高等教育的重要作用，但依旧是保守的，为的是实现存在于大学、教育学院和继续教育中的整个高等教育的平衡性。1965年，在伦敦伍尔维奇多科技术学院，教育和科学大臣克罗斯兰德发表演说，“所有这些院校大致可分两类。一类由大学为代表……另一类由主要的技术学院和教育学院为代表”③，掀开了高等教育“双重制”(二元制)的序幕。1966年由工党政府颁布的《关于多科技术学院和其他学院的计划》正式宣告英国高等教育结构二元制的形成。斯科特曾评价二元制说，“二元政策是我们的最接近于体现高

---

① 张建新.高等教育体制变迁研究：英国高等教育从二元制向一元制转变探析[M].北京：教育科学出版社，2006：60.

② 易红郡.战后英国高等教育政策研究[M].长沙：湖南师范大学出版社，2012：109.

③ 般企平.英国高等科技教育[M].杭州：杭州大学出版社，1995：88.

等教育宗旨的权威性表述”,“这样的划分不但确立了政治上的、行政管理上的和财政上的结构(有关教育和资源的优先顺序是在这样的结构内被具体地决定的),而且还是预示高等教育系统未来发展轮廓和方向的一种有影响的隐喻”。①

二元制的形成使得英国高等教育被划分为“自治部门”(Autonomous Sector)的大学和“公共部门”(Public Sector)的非大学。这两部分在管理、学术、经费、学制、职能和生源上存在很大不同。大学享有较大的办学自主权,特别是以牛津大学和剑桥大学为首的古典大学。在19世纪20年代“新大学运动”中,英国最大的综合性大学伦敦大学和地方性的“大学学院”也具有授予学位的权力。除此以外,大学以学术型教育为主,兼顾科研和教学,具有综合性和全面性。例如二战后创办的新大学、新新大学、升格大学以及开放大学等不同程度地采用了新的教学组织模式,注重文理学术之间的交流。与之相对,非大学范围内的多科技术学院、高等教育学院和继续教育学院等,虽然在地位上具有与大学相等的地位,但在管理上受到地方教育当局等部门的控制,不具有授予学位的权力,侧重的是技术、应用学科的教学,往往被定义为有面向地方和地区的性质。

2.英国高等教育的一元制

二元制背景下的英国高等教育极大促进了多科技术学院的发展。到1987年,多科技术学院在校学生人数已经超过大学在校生人数,多科技术学院全日制学生达到28.2万人,大学全日制学生为27.3万人。②同年,《高等教育——迎接新的挑战》白皮书提出了将多科技术学院等主要地方院校与政府脱离的建议。多科技术学院开始脱离地方政府控制,拥有与大学同等的法人地位。随着“大学基金委员会”和“多科技术学院与其他学院基金委员会”的正式确立,多科技术学院及规模较大的其他学院脱离地方教育当局,意味着高等教育二元制的基础开始动摇。1991年,英国首相约翰·梅杰

① 夏托克.高等教育的结构和管理[M].王义端,译.上海:华东师范大学出版社,1987:184.

② 易红郡.战后英国高等教育政策研究[M].长沙:湖南师范大学出版社,2012:119.

(John Major)认为,在高等教育方面的改革应该主要结束大学与多科技术学院和其他学院之间日益严重的人为区分。因此,《高等教育:一个新的框架》建议废除二元制,建立一个单一的高等教育框架。1992年,英国议会通过了《继续教育和高等教育法》。法案规定,任何提供高等教育的机构都有资格授予学位,并且可以使用"大学"这个名称。二元制高等教育体制的瓦解使得大学释放出更大的创造力,追求超越传统的发展,促成更具有竞争性的市场。正如易红郡在其2012年出版的《战英国高等教育政策研究》一书中所说:"1992年以后,34所多科技术学院以及部分其他学院改称为'大学',至此统一的一元制高等教育结构取代了运行20多年的双重制(二元制)。"①

英国在1992年以后的整个高等教育,由"1992年前大学"和"1992年后大学"两个部分组成,其框架被称作英国高等教育一元制。一元制的典型特征是"在一个机构中把具有不同目标和教育背景的学生集中在一起,在同一个起点上学习,提供最终能获得不同学位的课程"②。事实上,一元制的框架并不等同于每所大学办相同的事情,一元制并非只有一元,它是在同一组织结构下体现内部分类的体制类型。以英国高等教育一元制为支撑,英国高等院校出现了新的分类,表现出一元制里包含多元化、多层次和多规格的特点。也就是说,尽管取代二元制而存在的一元制是要消除大学与非大学之间的分界,但英国高等教育长期呈现的统一性与多样性并存的特点并未消失,反而促成了一元和二元、多元之间的融合。

英国高等教育的二元制是政府通过行政手段直接进行规划性分类的典型案例,其功绩是调节了精英型与大众型高等教育之间的矛盾。但二元制使非大学部分处于不利地位,被认为是一种教育机会不平等的教育体制。实际上,20世纪90年代以后,英国高等教育走上了一条从横向划分等级到统一机构内纵向分化的发展道路,最终呈现的是一元制下的多元制体制形态。

① 易红郡.战后英国高等教育政策研究[M].长沙:湖南师范大学出版社,2012:123.

② 张建新.高等教育体制变迁研究:英国高等教育从二元制向一元制转变探析[M].北京:教育科学出版社,2006:109-110.

从宏观角度看来，英国高等教育“从一元到二元再到一元”的循环过程是理解高等学校分类的重要依据和参照。

（三）以人才培养类型为导向

“高等学校的职能，一般认为有三个。第一，培养人才。体现在学校的主要活动——教育活动和教学活动之中。第二，发展科学。体现在学校的科研活动里面。第三，直接为社会服务。”[①]从历史出发，随着社会政治经济的不断进步，对于人才的需求从单一走向多元，从普遍走向专门，从低级走向高级，这就要求培养人才的机构不断分化和分类，以满足培养不同类型和不同层次的人才需求。高等教育是培养高素质、高质量、多样化人才的载体，其本质和最根本的任务就是要落实人才培养问题，因此，高等学校肩负着培养不同类型人才的责任。人才分类理论和实践证明：人才类型的变化在很大程度上决定着教育类型的分化，人才类型及人才培养目标是高等教育类型划分的基本依据。联合国教科文组织根据高等学校培养不同类型人才的要求，制定了《国际教育标准分类法》（1997年），参照学术型人才、应用型人才和职业技术人才的分类将高等学校分为与之相对应的三类。英国高等教育人才培养的类型是随着英国经济社会需求和高等教育的历史发展逐渐多样化、丰富化、专门化的。从宏观意义来看，英国高等学校的建立与分类发展符合从培养理论型人才到实用技术人才的变化。

中世纪早期，英国牛津大学和剑桥大学两所古典大学在经济复苏、城市发展、宗教力量主导的背景下应运而生。二者作为英国两大重要的人才培养阵地，非常注重学术水平，开展的是一种传统且古典的精英教育。培养的人才为教会和统治阶级服务，属于上层“绅士”式的人才，可被视为学术型人才的雏形。古典大学注重学术研究与人类社会发展之间的联系，为英国的政治和经济领域输送了稳定且大量的优秀理论型人才。即使在中世纪晚期英法百年战争影响下，教会与大学发生冲突，牛津和剑桥大学也依然守护着

① 潘懋元.潘懋元论高等教育[M].福州：福建教育出版社，2000：242.

学术自由的传统。16世纪到18世纪，英国手工工场的迅速发展促使许多新的工业部门兴起，资产阶级革命和工业革命使得英国在政治、经济和社会发展中重新分配了国家权力，对于人才培养的需求也逐渐发生变化。资产阶级激进派抨击当时的英国大学，要求根据新的原则创立新的大学制度以适应新的需要。

进入19世纪，工业技术的迅猛发展需要大量的技术性人才，而以牛津和剑桥为首的各古典大学，如果仍然强调纯学术的传统人才培养类型，就不能满足社会发展的需求。资产阶级政治和经济的繁荣，使英国成为当时世界上最先进和最强大的工业国，极大地推动了高等教育领域的改革。1809年，R. L. 艾其华绥（Edgeworth）在其《专业教育论文集》中提出“知识是否有用，要看其使用价值”，引发了一批评论家对牛津、剑桥大学教育的批评。这场辩论的实质是讨论大学的办学目的和方向：是为教会和统治者培养接班人，还是为社会经济发展培养人才。[①]1874年，赫胥黎（Thomas Henry Huxley）论述了科学与教育的关系，主张应该在每一所大学中适时地建立理科学院，提出“科学本身就是通才教育的不可缺少的组成部分”[②]，这场论说提高并确立了理科在大学中的地位，使大学不单单是教学中心，而且是科研的中心。于是，19世纪后半叶，英格兰北部、威尔士涌现出了大批培养工业人才的新型大学，通过数学、化学等理科课程加强学生在实用科技上的训练，同时加强了大学科研与社会发展的联系。可以说，这类学校在一定程度上契合了社会对实用型、应用型人才的需求，在培养专门人才方面发挥了重要作用。20世纪初，一些地方大学学院获得了独立大学的地位，大学主要为工业发展培养人才，职业性教育成为新大学教学和课程的特点。并且这类大学增强了学生就业的对口性，建立起了与企业、工业界之间的联系。

20世纪60年代起，英国高等教育经历了系列扩张和改革，是二战后高等教育发展的重要分水岭和蓬勃时期。从社会要求的原则来看，人力资本理

① 张泰金.英国的高等教育历史·现状[M].上海：上海外语教育出版社，1995：20-21.

② 张泰金.英国的高等教育历史·现状[M].上海：上海外语教育出版社，1995：32.

论在很大程度上影响和指导了这一时期的英国高等教育。二战后，英国的实业界人士认为英国高等技术教育落后，极度缺乏科技人才。曼彻斯特大学董事长呼吁立即着手（制订）一个巨大的大学建设计划，大力加强科技人才的培养。[①]1963年的《罗宾斯报告》阐述了英国高等教育的目的，主要有四点：一是传授工作技能，增强人们的生存竞争力；二是发展一般智力，不仅要培养专家，还要提高人的素质；三是增加学问知识；四是提高全民文化与修养。[②]该报告将高级技术学院升格为具有学位授予权的大学的建议，使培养科技人才的平台得到了保障和扩张。部分高级技术学院升格成为工科大学，旨在吸引更多高质量的生源，提高培养高级工程师、技术专家等应用型人才的水平。在英国二元制确立后，英国高等教育分为由大学构成的"自治部分"和由大学以外的各种学院构成的"公共部分"，人才培养也相应被划分为理论型和实用技术型两个大类。一方面，综合性较强的大学在保留学术传统的同时也加强了科技实用性专业、课程的设置；另一方面，非大学的多科技术学院等高等教育机构以技术和师资培训为主，重点是培养职业性应用人才。

英国高等教育经过60年代的扩张，70—80年代的调整，到20世纪末已经建成结构多元、系统开放的高等教育体制。1992年《继续教育和高等教育法》的颁布，废除了大学与非大学机构之间的界限，英国开始建立统一的高等教育体系。事实上，基于世界各国对于人才多样化的需求建立多样化、多元化的高等教育体系成为各国所共同关注的问题。1998年，联合国教科文组织第一届世界高等教育大会提出的《关于高等教育的变革与发展的政策性文件》指出，"几乎世界各地的高等教育都趋向多样化，虽然有些学校，尤其是具有理论传统的大学对变革有一定程度的抵触，但从总体上说，高等教育已经在较短时期内进行了意义深远的改革"，"许多国家的高等教育制度，出现了二元的但未必是两极的分化现象——大学类型及非大学类型的高等院校……多样化是当今高等教育中值得欢迎的趋势，定当全力支持"。[③]即

① 王承绪.英国高等教育发展的历史和现行体制述略[J].教育论丛，1983(2)：54-66.

② 贺国庆，王保星，朱文富，等.外国高等教育史[M].2版.北京：人民教育出版社，2006：443.

③ 潘懋元，董立平.关于高等学校分类、定位、特色发展的探讨[J].教育研究，2009(2)：35.

使英国高等教育从二元制演变至建立统一发展的一元制体制，其社会对研究型、应用型人才的需求仍然是多样化的，这是影响其高等教育机构分类的重要导向。

二、英国高校分类发展的实践历程

"英国高校"或"英国大学"概念的内涵是随着高等教育体制的改革不断丰富和变化的。广义的高校包括大学（university）、高等教育学院（higher education institution）及专科学院（institution）等，即包括一切类型的高等教育机构（higher education institutions，HEIs）；而狭义的高校则特指历史悠久的老大学。[①]英国高等学校历史发展，在特定时期按照社会要求和高等教育改革建设了不同类型的大学和高等教育机构。从实践历程来看，英国高等院校的发展大致经历了四个时期。英国高等院校拥有比较复杂的分类发展历程，从建立到管理再到评价的横向和纵向维度中都表现出与特定历史时期和高等教育政策改革相适应的特点。

（一）酝酿阶段：古典大学的建立与发展（12世纪—18世纪末）

有人认为中世纪最伟大的发明就是建立了大学。英国初期大学出现在12世纪，以牛津大学和剑桥大学著称。15世纪，苏格兰异军突起，先后建立了3所大学，超过了英格兰大学的数量。17、18世纪，受英国资产阶级革命和工业革命的影响，在延续传统大学的基础上，在"学徒制"模式的引导下，英国高等教育出现了以培养产业类人才为目的的高等专业学校。直到18世纪末，英国以本国各地区为分类维度，根据不同需求建立了不同的大学和学院，这一时期可以看作是英国高校分类发展史上最简单的分类酝酿时期。

① 李漫红，赵哲．质量与绩效：英国大学科研评估制度[M]．北京：科学出版社，2017：23.

1.牛津大学和剑桥大学

牛津大学和剑桥大学都是英国最古老的大学，普遍认为二者分别于1168年和1209年先后创立。牛津大学和剑桥大学的产生受到当时英国政治和学者迁移的影响。也因为牛津城和剑桥城的优越地理条件和相对发达的商业，这两所大学成为当时传授知识、培养人才的中心。初期的牛津大学和剑桥大学在管理体制、教学内容、财政收支和学生来源等各方面基本相同，都实行独立的学院制。大学的创办和学院的建立主要依靠教会的资助，形成了学院为主，大学为辅的管理体制。有学者根据英国高校的发展历史，将牛津大学、剑桥大学的管理模式归入古老的传统管理模式，其特征就是“学院”治理模式。这种模式受文化系统主导，属于松散的内部自治，政府关注但不干涉大学内部事务。此外，教授治校是牛津和剑桥“学院制”的基本特点，大学教授享有崇高的地位和自治权利，而这种权利源自获取和传递新知识的学术权利。即使牛津大学和剑桥大学在建立时期在管理模式上同属于一类，但在教授的专业上各有侧重点。牛津大学偏重社会科学，特别是政治、哲学和历史，被称为“政治家的摇篮”；剑桥大学广泛地教授自然科学，偏重理工专业，先后培养了90多名诺贝尔奖获得者。牛津大学和剑桥大学作为英国最具盛名且文化底蕴最深的两所高等学府，为英国乃至世界培养了很多名人学者和政界精英，为社会文明的发展做出了贡献。它们以其自治性、导师制、学院式办学方式和高深的学问追求登上英国高等教育系统的金字塔顶端，亦是英国高等教育和高校多元化发展进程中的代表。

2.苏格兰大学

牛津大学与剑桥大学建立后两百多年，到15世纪宗教改革以前，大不列颠岛北部的苏格兰才建立了大学。中世纪的苏格兰，人口居住分散。追求大学教育的人主要是为了求得神职，他们通常去牛津和剑桥上学，或者去法国就读。1378年，由于苏格兰和英格兰在政治上的对立和宗教上的分歧，苏格兰既不能依赖英格兰，又不能和法国合作，这就促使它不得不考虑成立自己的大学。[1]1412年，亨利·沃德劳主教承认了原巴黎毕业生在圣安德鲁斯大学（University of St. Andrews）的执教。于是，苏格兰的第一所大学就这样宣告成立。1451年和1495年，苏格兰先后又成立了两所大学：格拉斯哥大学（University of Glasgow）和阿伯丁大学（University of Aberdeen）。如此一来，苏格兰就先后成立了3所大学，在数量上超过了英格兰，独树一帜，推动了英国高等教育在地域上的分类发展。苏格兰大学在管理结构上偏向欧洲，模仿了巴黎的大学体系。每所苏格兰大学内部按照学生的来源分为苏格兰、英格兰、爱尔兰和威尔士共四个学院，分别进行管理。苏格兰大学的校长是通过全体师生投票直接产生，而其名誉校长通常是本教区的主教，可见，苏格兰大学仍然受教会影响和控制。1583年，爱丁堡大学（The University of Edinburgh）成立，这是苏格兰百余年来建立的第四所大学，也是唯一一所不受教会控制的大学。17世纪初，教会与国王对大学权力的争夺变得激烈，国家开始插手大学的内部治理，主要表现在为四所大学拨款上。爱丁堡大学及其余三所苏格兰古典大学在学校治理上与牛津、剑桥不同，属于“官僚—寡头”治理模式，受到国家行政部门对大学程序性事务的控制和约束。[2]

到18世纪末，英国一共建立起了7所大学，以苏格兰大学和牛津大学、剑桥大学为不同类别的代表发展高等教育，是英国中世纪大学的两种传统。相比牛津大学、剑桥大学的宗教性、贵族性，苏格兰大学更世俗化和平民化，但高校的类型主要为学术理论型且教育层次单一。总之，英国中世纪大学教育传统为19世纪英国近代大学的兴起提供了宝贵经验，其具有五大特点：一是具有授予学位的权力；二是享有充分的自治权；三是具有私人捐资兴学的传统；四是受到教会的控制；五是具有保守性。[3]

（二）起步阶段：近代大学的涌现与改革（19世纪—20世纪中叶）

18世纪60年代开始的工业革命促成了关于大学革命教育一场又一场的大辩论。教育思想的变化为教育改革提供了理论支撑。进入19世纪前，苏

① 张泰金.英国的高等教育历史·现状[M].上海：上海外语教育出版社，1995：12.

② 王梦然，李立国.英国研究型大学治理变迁与模式分析[J].复旦教育论坛，2019(5)：43.

③ 王承绪.英国高等教育发展的历史和现行体制述略[J].教育论丛，1983(2)：55.

格兰的4所大学已经具备了一些区别于古典大学的特征，为英国新大学的创建做了预设和铺垫。随着英国从农业社会向工业社会转向，时代发展对高等教育提出了新的要求，在传统大学不能满足需求的条件下，一批新大学拔地而起，也促使传统大学进行改革，使英国大学教育进入了一个新的时期，走上了兴办近代新型大学的发展道路，这一时期可被视为英国大学分类发展的开端时期。

1.新大学运动

在工业革命深入发展的背景下，英国经济的增长为新大学运动的爆发提供了强有力的物质基础；工业化城市的迅速崛起使新大学运动中的高校集中在主要城市，尤其引导了城市学院的兴起。19世纪上半叶的两场教育大辩论引发了人们对传统大学受教会控制、理念保守、不注重自然科学教育等的不满，提出了改革古典大学创办新大学的想法。19世纪20年代，英国正式掀起了开办近代大学的"新大学运动"。在早期，这些大学主要是由地方创办的，招生对象分散在各地，但明显有别于受教会或皇家控制的"旧大学"。其特点有：一是实行走读制；二是不受宗教信仰限制，与地方联系密切；三是重视科学技术；四是从学院发展成为大学。[①]1826年，伦敦大学成立，标志着在这场"新大学运动"中出现了一种不同于牛津大学和剑桥大学的新型大学。至此，英国高等学校被划分为两大阵营：一类是以传统大学牛津大学和剑桥大学为代表的综合类高校，另一类则是以新型大学伦敦大学为代表的专业类高校。英国高等教育系统进入分化为理论型和技术应用型的阶段。

19世纪50年代起，"新大学运动"迎来了发展的高潮时期，城市学院开始大规模地涌现。随着工业的大发展，一大批热心办大学的工业家为新大学的创办提供了资金。以斯宾塞和纽曼为代表的教育大辩论进入第二阶段，探讨了科学教育和自由教育的同等重要性，涉及了科学教育、职业教育、科

① 张建新.高等教育体制变迁研究：英国高等教育从二元制向一元制转变探析[M].北京：教育科学出版社，2006:62.

学研究等多个话题。教育大辩论深入高校内部，使英国端正了办学方向，明确了办学目的，因此，19世纪下半叶在英格兰北部和威尔士出现了大批新型的城市学院。1851年曼彻斯特欧文斯学院(Owens College, Manchester)的创立，标志着新大学运动进入高潮时期。19世纪80年代后期该学院被批准成为独立大学，即曼彻斯特大学(The University of Manchester)。随后，一大批城市学院随之建立等。城市学院新增数量多、增长速度快且分布地域广，成为英国涌现的新型高等教育机构，它们设置的专业和课程多以科技为主，毕业生集中流向城市工商业领域，展现了学院为城市服务的特点，促使古典大学进行改革，从根本上丰富了英国高等学校的类型，改变了英国高等教育的格局。

2.伦敦大学

伦敦大学(University of London)是"新大学运动"中创办的最具有代表性的一所学校，也是英国规模最大的综合性大学。实际上，伦敦大学是1836年才正式被命名的，它是由多所管理方法各不相同的院校联合组成的。在最初建校时，伦敦大学学院(University College London)和伦敦国王学院(King's College)是组成伦敦大学最完备和核心的部分。伦敦大学承载着社会各界的期盼和关注，它以一种崭新的大学姿态为英国高校注入了与众不同的力量。

从类型学上来分析，与伦敦国王学院合并前的伦敦大学拥有与牛津大学、剑桥大学等古典大学不同的性质；在办学目标上，它的出现是为了契合工业革命带来的时代要求，是为社会经济的向前发展培养人才，培养的是能在工商业领域发挥才能的专门化技术人才，带有明显的世俗性质；在办学资金的筹备上，合并前的伦敦大学采用的是集资的形式，是一所私立学校；在课程设置上，伦敦大学在继承古典大学古典课程的同时大量引入了自然科学，并且开设了独属于伦敦大学的课程。伦敦大学的出现，打破了牛津大学、剑桥大学等古典大学独霸高等教育的局面，它是新一类大学的代表。

伦敦大学等新型大学的涌现，一方面受到广大中产阶级的欢迎，另一方面也受到保守势力的反对，其结果就是伦敦国王学院的创立。伦敦国王学院，与伦敦大学最直接的对立点在于，反对伦敦大学摒弃与基督教的关联的做法。但二者在课程设置上却表现出鲜明的共性，即将科学教育正式纳入大学的教学中。在政府的主导下，最终两校于1836年合并，新的伦敦大学诞生。合并后的伦敦大学才真正拥有了英国大学的内涵，而其性质也从私立转变为国立。除此之外，新的伦敦大学也不再拥有合并前高度自治和管理的权力，只负责注册、考试和学位的授予。直到1900年，伦敦大学开始成为从事教学和科研的联合大学，才有了第三种模式结构。[①]虽然新合并成立的伦敦大学在院校的组织结构上发生了变化，但作为与牛津、剑桥大学相对的新型学校，其实质并没有发生根本性的改变，它仍然是近代英国高等教育发展中最具特色的一所高校。

（三）高潮阶段：二元制下高校的分化重组（20世纪60年代—20世纪90年代前）

两次世界大战期间，英国高等教育基本维持平稳发展，高校在校人数有所增加，但规模不大，而且并未出现新类型大学。第二次世界大战结束后，教育重建是英国面临的重大课题。1945年至1960年是英国战后优先发展高等教育的十五年，高等教育结构有了突破。诺丁汉、南安普敦、埃克塞特、赫尔、莱特斯等学院在1948至1957年间成为独立的大学。[②]1945年发布的《珀西报告》认为要明确大学和技术学院各自的职能，建议允许基础较好的技术学院开设与大学学位课程同等水平的高级技术课程，为整个国家和地区服务。珀西勋爵希望使这些技术学院成为授予学士学位资格的皇家院校，至此，二元制的思想和原则已经显现。1966年，《关于多科技术学院和其他学院的计划》白皮书正式确立了二元制，经过二十多年的发展，1992年《继续教育和高等教育法》颁布，改多科技术学院为“大学”，意味着英国二元结构下高等学校分类发展和分化重组时代的过去。英国二元教育体制，即“自治部

① 王承绪.伦敦大学[M].长沙：湖南教育出版社，1995：36.

② 张泰金.英国的高等教育历史·现状[M].上海：上海外语教育出版社，1995：59.

门"的大学部分和"公共部门"的非大学部分，成为英国高校分类高潮时期的象征。而这一时期的高等教育和高等教育机构经历了复杂的分化与重组，在管理和评价上亦呈现出横、纵两个维度上的不同类型和时代特征。

1.大学部分

(1)"红砖大学"(Red Brick University)与"平板玻璃大学"(Glass-cement University)。

二战后英国出现了新大学，例如：诺丁汉大学、南安普敦大学、赫尔大学、埃克塞特大学等，因它们的校舍外墙以红砖为主，区别于古典大学以石头、青砖为墙的灰暗色彩，具有鲜明的现代色彩，所以被赋予了"红砖大学"的称号。20世纪60年代《罗宾斯报告》发布后，英国出现了又一批由拨款委员会批准成立的新新大学，例如：萨塞克斯大学、约克大学、东安格利亚大学、埃塞克斯大学、兰卡斯特大学、华威大学、肯特大学、阿斯顿大学等。这些大学具有鲜明的现代大学建筑风格，在钢材或混凝土结构中广泛使用平板玻璃，与古老的以石头、青砖为墙的古典大学形成鲜明对比，所以被称为"平板玻璃大学"。这些新大学和新新大学实行寄宿制，有学位授予权，利用公共资金大力发展高等教育，改变了由私人或民间团体兴办大学的传统，为现代大学办学提供了新的思路。这些大学在教学组织形式和课程设置方面具有创新性。例如萨塞克斯大学设立了跨学科的新型结构，大学由自然科学学院、分子科学学院、生物学学院、欧洲研究学院、英美研究学院、文化和社会研究学院组成，后又逐渐增加分部。同时，该学校还实行了大文科和大理科制度，将专业课程分为主修专业课、背景课和预备课三个部分。①从学校内部管理和设置来看，已经初步具备了分层分类发展的思想。

(2)升格高级技术学院。

《罗宾斯报告》充分肯定了《珀西报告》、《巴洛报告》和《技术教育》白皮书的成绩，但指出了英国高等科技教育仍然落后的事实，建议把当时的10所

① 易红郡.战后英国高等教育政策研究[M].长沙：湖南师范大学出版社，2012：71.

高级技术学院升格为大学。1966年英国二元制正式确立后，原来的高级技术学院获得了皇家特许状正式成为新大学，它们是：萨里大学、巴斯大学、伯明翰的阿斯顿大学、布拉德福德大学、布鲁内尔大学、伦敦城市大学、拉夫伯勒大学、索尔福德大学、爱丁堡的赫里奥特-瓦特大学、威尔士大学理工学院。这些升格的大学使高等教育结构趋于合理，在地域分布上，改变了以往大学集中在英格兰中南部的状况；从大学类型上，除了古典大学和城市大学外，增添了一批新型大学，使得大学类型呈现出多样化特征。[①]

（3）开放大学。

20世纪60年代广播电视技术的欣欣向荣为新一类大学——开放大学的出现奠定了技术基础。1963年，英国工党领袖威尔逊（James Harold Wilson）提出了以广播电视为教学手段创办“空中大学”，开创一所可以实现学生在家学习的成人大学的想法。1971年，开放大学正式开学。英国开放大学的问世为英国高等学校的类型又增添了一抹新的色彩，是英国高等教育办学模式的一种创举，也是英国教育史上的一次伟大革新。开放大学具有群众性，学生在规定科目考试合格后交纳学费就可以按等级入学，没有年龄、社会地位及学历的限制。

（4）私立大学。

20世纪70年代中期，英国高等教育不断扩展，建立了英国第一所也是迄今唯一一所完全独立的不受政府资助的大学，这就是白金汉大学（University of Buckingham）。斯科特评价这所学校时说，从某种意义上说，私立大学是最容易被忽视的一个类型，白金汉大学是英国私立高等教育的唯一典范。白金汉大学根据工商企业的需求和变化，随时调整教学内容，满足了当时英国社会发展对高等教育领域提出的部分要求，有效保证了英国高等教育的多样性。它的创办和存在无疑为英国高等学校的多样化和丰富性增加了特殊意义，也成为英国高等学校分类发展的一个典型案例。

① 易红郡.战后英国高等教育政策研究[M].长沙：湖南师范大学出版社，2012：75.

(5)创业型大学。

这类大学是介于传统大学和公司之间的一种特殊高等教育机构,既保留了传统学术管理模式,又具有现代企业管理的理念,可以说是一种集学术与创业于一体的大学。华威大学,又被称为沃里克大学,是英国创业型大学的典范。1979年,由于新保守党大量削减预算,英国华威大学便以"省一半、赚一半"的政策与企业合作,利用创收集中办学经费,走上一条独立自主创业的道路。它以学科发展为中心,发挥工程系学科的优势,以创业为导向,把大学与外部企业联结起来。华威大学商学院不断向外拓展,"开设了大量的工商管理硕士和行政官员训练课程"①。这一类大学利用创业行为促使自我转型,以知识传播、生产和应用为中心,代表了英国高等教育分类发展的一种新的模式和理念。

2.非大学部分

二元制被看作是一种比较理想的体制。到1973年,经过高校合并后保留的30所多科技术学院遍布全国,与其他学院组成了"公共部门"的非大学部分。根据斯科特的分类,英国非大学范围内的学校可以分为两大类共四种类型。

(1)多科技术学院。

多科技术学院是二元制体制下的典型代表,在非大学部分中发挥着举足轻重的作用。1965年,教育与科学大臣克罗斯兰德在伍利奇多科技术学院和兰卡斯特大学的演讲中宣布了"两种高等教育"原则,认为职业性、专业性和实用性的非学术课程只能由多科技术学院等非大学去承担。②多科技术学院与大学不同:在办学指导思想上,强调应用科学方面的发展,注重毕业生实际技术的运用能力;在学校管理上,采取多头管理的方法;在学制上,采取多学制、多层次的做法;在课程设置上灵活多样。总体上说,多科技术

① 易红郡.战后英国高等教育政策研究[M].长沙:湖南师范大学出版社,2012:245.

② 张建新.英国多科技术学院的"漂移"及其启示[J].深圳职业技术学院学报,2004(4):72-76.

学院的特点可以用“灵活多样”和“服务社会”来概括。[①]1969年，英国成立了第一所多科技术学院——哈特菲尔德(Hatfield)多科技术学院，到20世纪90年代，英国一共成立了34所多科技术学院。这些学院作为大学的对立层面，事实上并没有实现与大学处于同一的平等地位，但仍然不可否认多科技术学院在推动英国高等教育走向大众化过程中做出的贡献。

(2)其他学院。

除多科技术学院外，英国二元制结构下的非大学部分还包含了其他类型的学院。第一类是苏格兰中央学院，这类学院的经费来自苏格兰教育部，但与英格兰和威尔士的多科技术学院有所分别。这类学院有一些与部分多科技术学院相似，但另一些则是专门的单科技术学院，其结构比较复杂。第二类是高等教育学院，属于师资训练机构，共有64所。罗宾斯委员会建议将培养小学教师的师范学院改为教育学院并归入公立的高等教育部分。1975年起，教育学院除培养师资的任务外，兼培养其他职业人才。[②]这部分院校又被分为四类：初期的多科技术学院、文科学院、教育学院以及萌芽状态的社区学院。[③]第三类是300多所继续教育学院，提供某些高级课程。这部分学校有时候被看作一种“畸形的残余结构”，但继续教育学院在丰富英国高等院校类型中依旧发挥了巨大作用，特别是在部分时间制教育和高等技术员课程的领域范围内。

这一时期是英国高等教育和高校发展的重要时期，从二元制的结构和政策上看，英国高校在形式上被划分为大学与非大学两大类别，但实质上这是将高校划分为两个等级并辅之以相应的政策分层与定位的一种综合方案。大学属于高等教育的上层，经费源于国家，拥有自治权和学位授予权；非大学的多科技术学院、教育学院等属于高等教育的下层，经费源于地方，没有自治权和学位授予权。另外，这一时期内，英国高等教育还经历了教育

---

① 张建新.英国多科技术学院的“漂移”及其启示[J].深圳职业技术学院学报，2004(4)：72-76.

② 王承绪.英国高等教育发展的历史和现行体制述略[J].教育论丛，1983(2)：54-66.

③ 张建新.高等教育体制变迁研究：英国高等教育从二元制向一元制转变探析[M].北京：教育科学出版社，2006：69.

层次的分化，高校由两年制、三年制，本科生教育、研究生教育组成。至此，英国高等教育类型包含以下几种：以传统古典大学为首的理论型学术教育，以工业大学、专门学院为主的应用型工程教育，以及以多科技术学院为代表的实用型技术教育。

（四）稳定阶段：一元制下的高校多元开放（20世纪90年代至今）

1991年的教育白皮书《高等教育：一个新的框架》提出废除二元制，建立一个单一的高等教育框架的思想。其重要特征是要建立一个统一的经费机构给高等院校拨款。其目的在于消除大学与非大学机构之间的界限，建立起一个单一且稳定的高等教育体系。1992年的《继续教育和高等教育法》采纳了1991年的教育白皮书中的建议，该法案的正式发布结束了英国高等教育的二元制时代，成为英国高等教育体制机构发展的一个分水岭，也标志着一个一元制结构下多元化、多层次、稳定的英国高校发展时期的到来。

一元制代替二元制存在，使以下四个目标更容易实现：一是鼓励高等教育的职业性和实用型课程，消除大学与非大学之间教学职能的完全割裂性；二是防止大学垄断高等教育和因二元结构造成大学与非大学的等级性；三是使高等教育能够与社会接轨，置于“社会控制”之下，有利于改变大学轻视社会需求的问题；四是发挥非大学吸收学生的潜力，有助于正视非大学的作用与地位。创立二元制的初衷是要实现“平等存异”，但现实是使英国高校形成一分为二的对立阵营，造成了高等教育系统的割裂。英国高等教育一元制的确立，将割裂的两类机构并入统一、单一的一类机构下，但这种统一并不等于唯一，它要实现的是一种机构内的多元、分化与开放的新局面。

在一元制这张巨大的网下，英国高等学校的分类呈现出多维度、多层次、多元化的特点。而这一阶段的高校分类发展形成了一个相对平稳且多元的模式，出现的现代大学被统一划分为“1992年后大学”（post-1992 universities）。1966年，泰特（Tight）根据规模、收入、学科、学习水平、学习模式和校龄把大学分为了16类。索恩与丘伯特（Thorne and Cuthbert）根据学术自治、科层效率和市场竞争把大学分为4类：A1、A2、B1、B2。其中“B2类型”是市场科层大学，是以教学为主的1992年后的大学构成的。[①]斯科特把英国一元制下的大学分为12类：牛津大学与剑桥大学、伦敦大学、维多利亚市立大学、红砖大学、达勒姆和基尔大学、技术大学（巴斯大学和阿斯顿大学）、苏格兰大学、威尔士大学、北爱尔兰大学、开放大学、老的“新”大学、新的“老”大学。[②]

20世纪90年代以来的英国高校分类是多元化的，一元制破除了体制系统上的绝对分割，但在文化、标准、维度、培养目标、学科设置等方面存在实际差异和分类现象。今天英国的高校分类发展，可以从横向、纵向两个宏观维度进行考察。在横向维度上：以办学经费的来源为标准，可将高校分为国立和私立高校；以人才培养目标为标准，可将高校分为学术型（研究型或理论型）、专业型（应用型或科技型）、职业型高校；以学科设置覆盖为标准，可将高校分为单科性、多科性和综合性高校。在纵向维度上：按照学位授予的等级，可将高校分为博士授予高校、硕士授予高校、学士授予高校；按照履行的社会职能，则可将高校分为研究型高校、教学科研型高校和教学型高校。总之，英国高等教育和高校实践历程是沿着历史发展的自然轨迹，具有延续性和继承性地进行分层、分类、分化的。

三、英国高校分类发展的经验借鉴

从中世纪大学产生以来，英国高等学校经历了由简单到复杂，由单一到多元，由统一到分化再到统一的过程。英国高等学校类型多样且有特色，分析其高等学校的分类发展，按照历史沿革的维度，可以连贯地理解英国高等教育的悠久历史和传统。英国高等学校的发展阶段性明显，在办学取向、管

① 张建新．高等教育体制变迁研究：英国高等教育从二元制向一元制转变探析[M]．北京：教育科学出版社，2006：126.

② 张建新．高等教育体制变迁研究：英国高等教育从二元制向一元制转变探析[M]．北京：教育科学出版社，2006：126.

理和评价等方面，根据不同需要和目的，依据不同时代的政治、经济、文化、科技发展水平，产生了不同类型的大学和机构。高等学校分类与发展相互影响，既是学术理论要研究的问题，又是具有动态性的“常做常新”的实践问题。归纳和总结英国高等学校分类发展的历史经验，可以为我国新时代背景下调整和更新高等学校分类和定位发展提供些许参考和建议。

（一）准确把握高等教育发展阶段

英国高等教育机构的诞生、分类与定位充分考虑了英国不同时期高等教育发展和社会发展的需求。英国高等教育发展基本上经历了从精英化走向大众化的发展过程。19世纪前建立的英国高等学校主要是具有宗教性、贵族性和保守性的古典大学，如牛津大学和剑桥大学，以及相对具有世俗化、平民化特点的苏格兰大学。这一时期不存在“高等教育”这个概念，但培养高等人才和发展高等教育的任务基本是由这类精英化的大学承担。克拉克曾说道：“英国高等教育的历史，是一部大学集中的历史，因为仅仅牛津和剑桥两所大学就垄断了英格兰的高等教育达6个世纪。”[①]15世纪到19世纪初的英国高等教育都处在精英教育阶段，这一特征直接导致了英国高等教育机构的分类结果，在高等院校数量较少的条件下，教育对象是有选择性且比较单一的，高等教育的精英化决定了高等学校的办学是为社会上层阶级服务的。直到伦敦大学建立，才使得大学摆脱了宗教的束缚，英国高等教育机构开始注重专业课程设置，培养面向社会和经济发展要求的实用性人才。这所崭新大学的出现，不仅丰富了英国大学的类型，也拉开了英国高等教育近代化的序幕。随着城市学院的大批兴起，英国高等教育开始为广大民众提供带有职业性质的教育，成为英国高等教育走向大众化教育的肇端。

从20世纪初到第二次世界大战结束之时，英国高等教育因为受到战争影响，没有取得质的飞跃。直到20世纪50年代后期，战后迅速的恢复重建才使得英国高等教育有了比较重大的突破。20世纪60年代起，英国高等教育大众化进入了加速转型的阶段。随着经济、科技和劳动力结构的变化，社

① 克拉克．探究的场所：现代大学的科研和研究生教育[M]．王承绪，译．杭州：浙江教育出版社，2001：63-64.

会对多规格、多层次人才的需求与英国高等教育贵族性、精英型传统的矛盾日益凸显，古典大学长期以来注重学术性、理论性的培养模式已经无法满足社会对职业性、应用型人才的需要。所以，创办新型高等院校成为助力英国高等教育大众化走向的有力支撑。英国加强了高等院校的科技教育，兴办了一批高级技术学院、多科技术学院等来承载起培养职业性、应用型人才的重任。二元制政策实践使英国高等教育获得了一种大学和学院的大众教育体系，亦是英国高等教育从精英型向大众型转变的主要特征。

英国高等教育源远流长，是高等教育大众化发展历程中典型的实践案例，走的是一条循序渐进的发展道路。准确把握英国高等教育的发展阶段，有利于清晰梳理英国高校分类发展背后的原因和历史依据。中国高等教育大众化起步较晚，但在21世纪有了重要突破和发展。"高等教育分类的需求及相关研究，伴随着高等教育大众化、普及化而不断凸显，特别是与高等教育发展阶段的转型具有高度的相关性。"[①]参考英国在高等教育发展阶段的关键变革，我国高等教育应从自身国情出发，结合本国高等教育发展历史，避免高等学校分类发展的等级性和割裂性，走一条真正平等且符合中国特色社会主义教育理念的发展道路。

（二）合理发挥政府指导管理作用

在英国，高等教育机构基本上比较自由且拥有一定的自治权力，尤其是在18世纪以前，政府几乎不干涉大学的发展。工业革命使英国资本主义经济得到迅速发展，而精英培养模式和自治权力过大则使得英国高等教育发展比较滞后，跟不上社会发展的需求和变化，政府逐渐介入对高等教育的引导和管理，对高等教育发展的制度建设进行了一系列的改革。20世纪以来，英国政府不断加大对高等教育系统的干预，但在对高等学校的管理、组织、机构设置等方面赋予了英国特色。总的来说，在英国高等学校丰富、分化、分类和重组的过程中，政府从宏观上发挥了极大的作用，主要是以政策制定和

① 陈厚丰．高等教育分类的理论逻辑与制度框架研究[M]．广州：广东高等教育出版社，2011：401.

经费支持的形式对大学和非大学的发展进行了引导。“科学合理地(进行)高等学校分类有利于实现政府的宏观管理与分类指导,有利于高等学校自身的准确定位、面向社会自主办学、培育和发展自己的特色,避免趋同发展。”①

“根据高等学校分类的目的以及政府在分类中的作用,可以将高等学校分类法分为描述性分类和规划性分类。”②而英国高等教育二元制是规划性分类的典型代表。在高等教育二元制下,英国政府直接对英国不同高等学校的类型和定位给予规定,并制定相关政策,以此手段自上而下地使各类高等学校按规定办学,以实现平衡大学与非大学二者的目的。英国政府在二元制的背景下,以一种强制性的方式对不同类型、不同层次的高等院校的管理权限、经费拨款、学位授予、质量评价等内容做出严格的规定,从而推进英国高等教育大众化的发展进程,契合社会、政治、经济、科技、文化等方面的需求。然而,英国高等教育二元制的发展并没有遵循英国政府预设的发展轨迹,仅存在了二十六年就走向了终结,其原因之一就是英国高等教育利益相关者对二元制没有达成共识,政府对大学和非大学在结构上做了绝对区分,特别是限制了非大学内部的自治活动和管理。所以在进行类似英国的高等教育规划性分类时,要注意合理运用政府等权力机构在高等学校分类发展中的引导性作用,避免对高等学校分类发展的绝对性控制。以各类高校的自主权为基础,发挥各个类型高校的优势与特色,使其承担起培养不同人才的责任,维护高等教育内部的真正平衡与多样化发展。

(三)灵活适应社会职能分工需求

英国著名经济学家亚当·斯密(Adam Smith)提出了劳动分工理论,认为“劳动生产力上最大的增进,以及运用劳动时所表现的更大的熟练、技巧和判断力,似乎都是分工的结果”③。而根据社会分工理论,教育领域的专业化使高等教育系统分化、赋予高校不同职能,是符合和适应社会职能分工的一

① 宋中英,周慧.高等学校规划性分类研究:基于美国与英国的比较[J].高教发展与评估,2012(1):77.

② 宋中英,周慧.高等学校规划性分类研究——基于美国与英国的比较[J].高教发展与评估,2012(1):77.

③ 亚当·斯密.国民财富的性质和原因的研究:上卷[M].郭大力,王亚楠,译.北京:商务印书馆,1972:5.

种必然趋势。英国的牛津大学和剑桥大学在创立之初主要的职能就是培养服务上层社会和教会的人才，其培养的人才类型根据社会分工也呈现出单一性。两次工业革命的兴起，使英国社会对专门人才和科技人才的需求量加大。19世纪起，高等教育的主要内容除人文教育外，增加了科学教育的维度，促使高校从只开设纯理论的课程转为开始增设有关科学技术的教学内容和课程。同时，高等学校也逐渐分为学科类和专业类两种，培养专门人才和进行科学研究成为这一时期英国高等学校的主要职能。19世纪后期，受美国《莫雷尔法案》和创办赠地学院的影响，国际上一些大学开始为当地经济服务，因此，直接为社会服务作为又一个高校职能被提出来。人才培养、科学研究和为社会服务被认为是高等学校的三大社会职能。英国也出现了一部分工业大学、专门学院，作为工程教育的类型分支。同时，一批以实用性、职业技能性教育为主要任务的新型高校也逐渐实现了契合社会职能分工的人才培养目标。20世纪60年代后，人文教育、科学教育和素质教育是高等学校的主要内容，高校为适应更新的时代需求，分化出学科类、专业类、职业类三种主要类型，与社会职能分工需要的人才类型是基本吻合的。

纵观英国高等学校分类发展的实践历程和理念演进，高等学校的类型分化与重组影响着人才培养的类型。党的十八大报告明确了要“努力办好人民满意的教育”，这就要求高等学校要认真研究经济社会对于人才需求的变化，根据社会分工和人才培养理论，不断增强应对新时代挑战的能力，不断调整高等教育模式和高等学校人才培养方式，以适应时代的发展。随着需求结构和产业结构的调整，社会职业的变化必然带来就业市场的变化。我国高等学校要在符合产业结构、社会职业分工需求的基础上，为高校的分类和定位发展拟定新的实践方案，及时调整各类高校的人才培养规格，优化和提高专业和职业之间的匹配度。

（四）科学建立高校分类评价体系

在英国高等教育的实践历程中，高等学校经历了由单一走向多元、分类重组的变化，而英国一直秉承着"学术自治"的高校治理传统，对高等学校的办学质量和定位则一直强调教学和科研的分类评估，在高等教育系统外部和教育内容方面都建立了比较科学合理的评价体系和制度。英国高等学校的质量保障和评估，在尊重高校自治传统的基础上发挥了教育管理部门的指导作用，实现了内外部质量保障机制的有机结合。英国教育管理部门为高校质量评价提供了事实准则，如：高等教育学术资格框架（Framework for Higher Education Qualifications，FHEQ）根据学术标准和准则，明确英国各高校采用规定的学历和学位名称；学科基准（Subject Benchmark）设定了高校学科设置的标准或基本条件；专业规格（Program Specification）是学校里某一专业的学术标准和质量准则，有助于提高专业结构与社会和科技的匹配度，实现高等学校分类发展的办学特色。

有学者指出："不同类型的大学，目标不一，道路不一，评价标准也不一；先自我定位，再找寻相关的榜样，比起笼而统之的'接轨'说，要实在得多。"①目前，我国高校分类评价的体系有待完善，每一类别的高校应该具有不同的评价标准和指标，我们只有将同一类型且同一层次的高等学校进行比较，才能有更直观、信度高、效果好的评价结果。这样的评价体系才能有助于引导不同类型、不同级别、不同层次的高校在自身定位内发挥最大效能，实现每个学校的特色发展。借鉴世界各国在高校质量保障和绩效评估上的做法，可以帮助我国实现高等学校走向现代化、国际化的目标。正如施一公教授和饶毅教授所说："在我国建设世界一流大学，必须参照国际标准，而不是国内标准。"②

① 陈平原．大学三问[M]//蔡元培，等．大学精神．长春：吉林出版集团有限责任公司，2012:253.

② 施一公，饶毅．靠什么创建世界一流大学[N]．光明日报，2008-04-02(10).

第三章　德国高校分类发展的实践历程和基本经验

一、德国高校分类发展的基本理念

德国作为当前学子首选的留学地之一，有着十分发达的高等教育体系和众多的世界顶尖名校，这不仅证明了德国高等教育所走的道路是成功之路，同时也证明了德国高校分类发展的理念和实践经得起时间的检验。研究德国高校分类发展，也要先对德国高校分类发展的现状有所了解，才能进一步挖掘其发展理念。

（一）德国高校分类发展的现状

德国的高等教育萌芽于14世纪，发展于19世纪，在21世纪也有着绝对的话语权。经过长期的发展，德国的高等教育经过历史的积淀，由传统转向了现代，并迈入了国际舞台。德国高等教育的不断发展，使得德国的高等院校分类发展在世界高等教育领域有着重要地位。到目前为止，德国的高等院校数量已经达到了300多所，依据不同的维度进行分类，高校之间体现出相应的差别。主要的分类维度有以下几种：

1.院校等级

德国的传统大学分类发展都是以“均质”为理念，但随着国际环境的日益变化和国内经济增长的需要，德国高等教育的等级划分逐渐显现出来。近代德国高等教育单位主要有两大类型：一是大学机构，主要是传统大学，如哈勒大学、格丁根大学、柏林大学等，这些传统大学一般是由数个学部组成的综合性大学；二是非大学机构，主要包括工科大学、专门学院及19世纪20至30年代创办的师范和音乐学院等。①

2.院校学术导向和人才培养

德国高校根据学术导向和人才培养取向的不同，划分为两大类型：学术型大学和非学术型院校。学术型大学是规模很大的综合性大学，该类院校除了未设置工程专业，其他专业几乎都有设置。该类大学根据颁发博士学位的资格、人才培养规格以及课程设置等又细分为传统型大学、工科大学、综合制大学、神学大学、艺术大学和其他大学。非学术型院校基本上是由各类商业、农业、职业和专业技术学院升格而成的高等专科学校，该类院校以学生的职业实践为导向，注重培养实用型人才。根据设置形态和培养目标的不同，还可将非学术型院校分为高等专科学校和行政高等专科学校。②

3.院校职能

高等院校的创建不仅是学术研究的需要，同时也是社会发展的需要。随着时间的推移，高校的职能也在不断发生改变，由以前的纯学术研究到现在的集教学、科研与服务三项职能于一身。根据职能的不同，德国高校可以分为三大类：学术型高校、专业型高校和职业型高校。③

4.教师流动

该项分类维度仅存在于德国统一前的邦国普鲁士当中，由于当时普鲁士大学教师聘任机制和现在有所不同，优秀的教师都会选择声望较好的著

① 陈厚丰.高等教育分类的理论逻辑与制度框架研究[M].广州：广东高等教育出版社，2011:62.

② 宋尚桂，宋柏林.高等学校分类管理政策研究[M].济南：山东人民出版社，2015:76.

③ 牛金成.德国高等教育结构的特点及其启示：以巴登—符腾堡州为例[J].应用型高等教育研究，2020(3):71.

名大学任教，进而导致各院校之间的师资水平差异明显，拉大了各类院校之间的差距。当时，普鲁士的著名大学有柏林大学、波恩大学、哈勒大学等，几乎所有的教师都想到这些大学任教，所以教师之间的竞争凸显。从普鲁士文科大学教授的交流体制来看，当时的大学可以划分为四类：入门型大学、一般上升型大学、著名上升型大学以及终点型大学。此外，上述院校的类型划分也在某种程度上显现出德国高校之间的等级之分，且层次由低到高，终点型大学几乎是所有教师的理想任教之地。

5.院校任务和定位

该项分类维度得到大多数学者的认同，同时该项分类维度也将大学紧密地和社会联系起来。以高等院校的任务和定位为划分维度，可将德国高校主要分为四类：综合性大学（University）、应用科学大学（University of Applied Sciences）、高等艺术与音乐学院（College of Art and Music）、职业学院（Career College）。综合性大学是德国高等教育的主体，代表着德国高等教育的水平和实力。此类大学重视教学与科研均衡发展，通常学科门类丰富、专业设置完善。应用科学大学一直以培养应用型人才为目标，逐渐形成了针对应用型人才的特定教学理念和课程设置，构成了德国高等教育体制中的第二大类高等教育机构。高等艺术与音乐学院主要负责培养艺术和音乐领域的人才以及中小学的艺术和音乐教师。职业学院最初是从德国巴登—符腾堡州校企“双元制”培养项目发展而来，任务是培养高度适应企业的高级技术实践型人才。①

除了上述几个维度之外，德国高校的分类还有许多其他维度。比如，根据院校的治理方式，可以划分为三类，分别是自治大学、应用科学大学和职业学院。自治大学包括古典综合性大学、行业特色大学和综合性大学。②根据历史的作用来划分，德国的高等院校可以划分为老大学和新大学。根据德国分裂时期复杂的政权关系，可以划分为东部大学和西部大学。根据经

① 时凯，刘钧.德国高校分类与办学模式的研究[J].黑龙江高教研究，2015(7)：62.

② 史秋衡，杨玉婷.均质与分化：德国高校分类发展的战略选择[J].江苏高教，2021(2)：9.

济水平的差异,可以将德国高等院校划分为南方的大学和北方的大学等。又如,根据是否具有博士学位的授予权可以将德国的高校划分为学术型高校和非学术型高校。德国高校的分类发展将在后文中进行更为详细的论述。

(二)德国高校分类发展的理念

高等院校在其分类发展过程中会受到诸多方面的影响。德国高校的分类也有着不同的划分维度,其划分维度反映出德国高校分类发展的基本理念。在世界各国对高校分类发展进行研究的过程中,高等教育分类发展的理论基础成为众多学者研究的重点。到目前为止,高等教育分类发展的理论基础主要有:教育内外部关系规律理论、经济结构多样化理论、社会分工理论、人才分类理论、学位分类理论、科学技术与学科分化理论和高等教育大众化理论等。

纵观德国整个高等教育的分类发展,再结合德国高等院校分类的影响因素和上述高等教育分类发展的理论基础,笔者整理出德国高校分类发展的基本理念,主要有以下几条,即:以政治为导向,以社会经济建设为导向,以教育思潮和教育家为导向,以经济全球化和教育国际化为导向。

1.以政治为导向

在德国高等教育的发展中,其国家政权的更替先后经历了封建君主制、联邦制、帝国时期、分裂时期以及德国统一时期。德国的教育和政治的关系十分紧密,其政治不仅决定教育对象、教育内容,同时还制约着教育的层次和类型。德国高等教育院校的创办与重组同样与该时期的政治关系密不可分。比如说,在德国分裂时期,联邦德国和民主德国的教育模式完全不同,联邦德国仍然坚守着传统大学的办学模式,民主德国则遵循苏联教育体系,兴办各类与政治、马列主义相关的专业和院校。

德国高校分类发展过程中所体现的以政治为导向,更多的是体现在具体某一时期当权者对高等教育的支持程度上以及颁布的相关教育法令和条例中。在高等院校分类发展的过程中,各类院校的建立会以当权者要培养怎样的人为总目标，进一步落实到院校内部的专业分布和课程设置，从而影响高校分类发展。

2.以社会经济建设为导向

随着高校职能的多样化发展，各类高校不断向社会输送各类人才，同时各类高校和社会之间的联系也愈加紧密。各类高校的发展会随着社会对于人才要求的变化而相应做出调整。德国的工业化时期比英美两国都来得晚，但其发展速度却十分惊人，这与各类新兴院校的建立有很大的关系。德国工业化时期，由于经济发展的需求，社会急需具备实践技能的人才，比如工程科学类专业人才，因此当时的德国新建了诸多高等专业学院。该类院校具有学习时间短、注重应用技能培养的优势，极大地带动了德国的经济发展。

教育本身就和经济有着双向促进作用，经济的快速发展为教育的发展提供了物质基础，反过来教育也为经济增长提供了其所需的人力资源和商业化的科研成果。在德国高校分类发展过程中，有不少院校的建立都是以社会经济建设为导向的，尤其是当前在德国高等教育体系中占有重要地位的应用科学大学。

3.以教育思潮和教育家为导向

教育思潮中的核心主旨和思想家们的核心思想都可能极大地推动各类高校的改革，某些思潮还可能影响一代人。著名教育家的教育思想往往会影响各大教育群体，尤其是他们所提出的某些教育改革措施，甚至可能颠覆整个高等教育系统。在德国高校分类发展过程中，最为重要的思潮是实用主义思潮和人文主义思潮，而不得不提的教育家是施莱尔马赫（Friedrich Schleiermacher）、费希特（Johann Gottlieb Fichte）和威廉·冯·洪堡（Wilhelm von Humboldt）。

施莱尔马赫在《关于德国式大学的断想。附：论将要建立的大学》一文中提出了自己的大学观。他主张大学完全独立于国家，哲学是大学的核心，思想自由和思想独立。[①]费希特在大学中引入了科学认识类课程。洪堡作为德国高等教育史上里程碑式的教育家，其最大的成就便是根据新人文主义思想，确立了新大学的主旨和思想以及大学的科学研究职能，并参与筹办了柏林大学，书写了德国现代大学的新篇章。

德国高校分类发展以教育思潮和教育家为主导最典型的例子是德国柏林大学的建立以及后续其他类型的高校对柏林大学的模仿。

4.以经济全球化和教育国际化为导向

随着科技的发展、社会的进步，各国之间的联系日益密切，高等教育作为人才培养的核心部分，无疑也走上了国际大舞台。21世纪，教育国际化成为各国高等教育讨论的重点。各国为了加强国际地位和国际话语权，将提升各类高校的竞争力和影响力作为高等教育发展的重中之重，各类高等教育联盟和国际高校改革计划层出不穷，尤其是在各类世界性的高校排名榜出来之后，各国都在不断改革自身的高等教育，以求在排行榜上占有一席之地。虽说德国近年来在各类排行榜上的大学数量不少，但和其他发达国家相比还存在着较大差距。因此，德国对欧洲教育联盟的积极态度以及卓越战略的提出，都是为了提升自身高校的知名度，争创世界性的一流大学。

二、德国高校分类发展的实践历程

德国教育在世界教育史上有着极其重要的地位。德国不仅是首个施行义务教育的国家，更是开创了现代大学的先河，并使德国成功跃入世界学术中心。德国高等教育产生于中世纪晚期，第一所大学诞生于14世纪。[②]18世纪，德国高等教育已经有了现代大学的雏形。发展至19世纪时，德国高等教育迎来了黄金时代，打造出了众多的一流高等学府。德国高等教育在战争、政治、经济、科技文化等多因素的影响之下，其发展过程也是颇有起伏，

① 贺国庆.德国和美国大学发达史[M].北京：人民教育出版社，1998：41.

② 宋尚桂，宋柏宁，等.高等学校分类管理政策研究[M].济南：山东人民出版社，2015：71.

经历过低谷，也有过辉煌，一度安于现状，后又力求突破。结合德国高等教育史，可将德国高校分类发展的实践历程主要分为四个时期，即：1945年以前德国的高校分类发展；德国分裂时期的高校分类发展（1945—1990）；德国统一后至20世纪末的高校分类发展（1991—1999）；2000年至今德国的高校分类发展。

（一）1945年以前德国的高校分类发展

1945年以前，德国高等教育的发展受到宗教、政治和社会三方面的极大制约，该时期的德国大学大部分都秉承传统，但随着德国教育运动的兴起和社会的进步，其大学也在不断地变革。德国高等教育的发展少不了其背后的推动力，中世纪德国大学产生的推动力量主要由三部分构成，分别是教会、文化教育运动和城市发展。基督教为中世纪德国大学的产生奠定了文化基础，文化教育运动为中世纪德国大学的产生提供了文化氛围，城市发展则为中世纪德国大学的产生奠定了物质、组织和教学基础。①

1945年以前，德国先后经历了文艺复兴、宗教改革、启蒙运动以及工业革命，它们无一不对德国的高等教育产生了极大影响，皆在某种程度上加速了德国高等教育的分化与分层。文艺复兴对传统大学中经院哲学的冲击，使得德国的旧教育体系瓦解；宗教改革使得教派之间的竞争和较量日益激烈，德国大学呈现出了地区性特征；德国的工业发展对于人才培养所提出的新要求迫使部分大学转型，同时也催生了德国新型大学的创建。

17世纪，德国的高等教育和其他欧洲国家一样，处于持续衰退之中。当时的德国也意识到了情况的严重性，在很多思想家的带领之下，德国在17世纪末到18世纪间兴起了两次大学改革运动，逐渐恢复并巩固了德国大学在学术与科学上的地位。第一次大学改革运动以哈勒大学、格丁根大学和埃朗根大学为代表，由新教主办，邦政府资助和控制。哈勒大学发起了课程现代化运动，设置功利主义课程，为国家培养了大批文职人才，使其成为当时

① 张雪．19世纪德国现代大学及其与社会、国家关系研究[M]．武汉：华中师范大学出版社，2018：29–31．

欧洲大陆最为严格的研究机构和高等教育机构。[①]哈勒大学抨击当时占主导地位的经院哲学，倡导以理性主义为基础改革大学设置的科目及教学方法，认为大学应该由单纯保存和传授知识的场所转变为研究和发展知识的场所，为德国学术性大学的建立奠定了很好的思想基础。[②]哈勒大学不仅发起了现代化运动，同时在大学内还创办和增设了多门学科和下属教育机构，废弃了传统大学遗留下来的经院主义课程，开创了德国大学的学术自由之风。之后，哈勒大学成了德国其他大学争相模仿的对象，其后的格丁根大学在哈勒大学的引领之下取得了极大的成就，在短时间内便成了中欧的学术与科学中心。

18世纪中叶，第一次大学改革运动结束，第二次大学改革运动可以说是第一次大学改革运动的继续。此次改革运动加强了邦对大学的控制，削弱了宗教的正统地位，引进了现代课程，对世俗学生进行专业训练。[③]在第二次大学改革运动当中，由于传统势力和改革愿望形成了对抗，大学的改革进行得异常艰难，且改革措施也较为激进，受到了功利主义思想的极大影响。

在18世纪末到19世纪初，德国大学改革思想主要体现于三种主张。第一种主张认为教育的目的是通过运用传统的教学方法传递具有正确信仰的传统知识；第二种主张以源于启蒙运动的功利主义思想为代表，强调用对职业、邦和教会有用的技能训练青年，强调大学应满足社会需求；第三种主张称为新人文主义思想。[④]随着新人文主义思想逐渐取得支配地位，在洪堡等人的引领之下，德国于19世纪初创办了柏林大学，开创了现代大学的模式，使得德国高等教育迎来了黄金时代。柏林大学的创办也成为德国高等教育的转折点，为整个欧洲大学体系注入了新生命。洪堡主张大学的第一任务是追求真理，进行科学研究，柏林大学创办以后，形成了与传统大学完全不同的新风貌，尊重自由的学术研究成为柏林大学的精神主旨，“为科学而生

① 陈厚丰.高等教育分类的理论逻辑与制度框架研究[M].广州：广东高等教育出版社，2011:61.

② 宋尚桂，宋柏宁，等.高等学校分类管理政策研究[M].济南：山东人民出版社，2015:72.

③ 陈厚丰.高等教育分类的理论逻辑与制度框架研究[M].广州：广东高等教育出版社，2011:61.

④ 贺国庆.德国和美国大学发达史[M].北京：人民教育出版社，1998:36.

活”成为新大学的理想。[①]在柏林大学的办学指南中，自由是前提，无论是教师的科研学术自由还是学生的学习自由，都有利于科学研究的开展，柏林大学因此成为德国的学术中心，并确立了大学的科学研究职能。在随后的半个世纪里，德国大学的科学研究职能得到了进一步确立，国家对于大学的重视程度也逐渐提升，并随着科技的发展，新建了很多研究所，以习明纳尔研究所最为著名，将科学研究向前推进了一大步。

19世纪30年代到19世纪末，在工业革命的推动下，德国工业快速发展，社会阶级状况日益复杂，不仅为大学的发展提供了物质基础，同时还对大学的发展提出了新要求，在满足工业化社会发展的需求方面，新兴的技术学院发挥了重要作用。19世纪60年代前的技术学校升格为技术学院或大学，摆脱了纯粹的“职业”中心的性质，而从事更加注重理论水平的应用科学教育。[②]

随后在1923年，“魏玛共和国”政府制定《大学制度改革的基本原则》，德国高等教育进一步分化为工科大学、单科大学和传统综合大学、师范学院、地方政府或公共团体创办的新的综合大学，1949年还成立了由综合大学、工科大学和单科大学校长组成的西德大学校长联席会议。[③]德国作为两次世界大战的战败国，社会各方面千疮百孔，高等教育受创严重，而纳粹政权引入的教育一元化政策，给德国大学带来了毁灭性破坏。[④]直到1945年第二次世界大战结束，德国的高等院校经历了多次战乱、多次重组和多次改革。就整体趋势而言，根据高校所提供的毕业文凭的等级差异，德国高等学校可以分为三大类别：大学、高等技术学校、师范学院。

1.大学

德国大学最早起源于中世纪，最开始大学的职责便是兴国安邦。该类学校学科专业宽泛，一般都设有四大学院，分别是：医学院、法学院、神学院

① 贺国庆.德国和美国大学发达史[M].北京：人民教育出版社，1998:49.

② 贺国庆.德国和美国大学发达史[M].北京：人民教育出版社，1998:77.

③ 陈厚丰.高等教育分类的理论逻辑与制度框架研究[M].广州：广东高等教育出版社，2011:69.

④ 陈厚丰.高等教育分类的理论逻辑与制度框架研究[M].广州：广东高等教育出版社，2011:70.

和哲学院。起初，德国的各类传统大学并没有纵向分类，各类院校之间追求的是均质发展，并无明显等级之分，主要就是为了培养各邦的公务和神职人员，其影响力也较为有限。

哈勒大学的创办使德国大学逐步走向现代化，之后柏林大学的建立更是开创了全新的大学理念，奠定了德国大学的学术科研基础，增强了德国大学的影响力。随着工业化社会的发展，德国大学不仅内部结构发生了质的变化（主要变化为大学内部院系课程的设置以及规模的调整），而且还新建了各类高等商业学校和高等技术学校。至1945年，德国共有大学21所，分别是基尔大学、汉堡大学、格丁根大学、明斯特大学、科隆大学、波恩大学、马堡大学、吉森大学、法兰克福大学、海德堡大学、图宾根大学、维尔茨堡大学、埃尔朗根—纽伦堡大学、慕尼黑大学、弗赖堡大学、柏林大学、哈勒—维滕堡大学、罗斯托克大学、耶拿大学、莱比锡大学、格赖夫斯瓦尔德大学。

2.高等技术学校

德国技术学校的建立最早参考了1794年建立的法国巴黎综合技术学校，德国仿照这一学校在德国诸多地方建立了培训工厂主和工程师的专门学校。高等技术学校是德国工业化的产物，其兴起主要是源于工业革命对各类技术人才的需求，但当时的大学又墨守成规，坚持大学的主要职能是学术科研，将大学的社会服务职能排除在外，为适应科技进步和社会发展的需要，德意志帝国时期的高等教育结构发生了变化，技术学校升级为高等技术学校，成为德国新型的高等院校。到19世纪中叶，该类学校逐渐学术化，渐渐形成了应用科学的办学特色。①德国的高等技术学校大多数是从综合技术大学、技术专科学校、工商业研究院和建筑研究院发展而来。随着该类学校地位的提升，学校的学位授予和教师聘任制度日益严格。至1899年前后，高等技术学校全部获得博士学位授予权，在学术上与大学有着基本同等的地位。高等技术学校与大学有着十分明显的区别，大学当时的主要职能是

① 张帆.德国高等学校的兴衰与等级形成[M].北京：北京师范大学出版社，2012：55.

学术与科学研究，高等技术学校则是将学习者和未来职业相联系，着重培养学习者的实践技能，其专业设置较为偏重理科和工科。该类学校还包括多科学校和单科学校，单科学校是指学校只涉及一门或几门专业，比如农学校和兽医学校等，其学校的培养模式和层次都较为单一，很明显，其规模和影响力都不及多科技术学校。

至1945年，高等技术学校总共有23所，大多分布在德国西部，主要分布在以下地方：汉诺威、亚琛、不伦瑞克、达姆施塔特、斯图加特、柏林、慕尼黑、卡尔斯鲁厄、克劳斯塔尔、德累斯顿、弗赖堡和魏玛。

3.师范学院

德国教育事业的国家化、义务教育的推行以及社会对学校教育的更高要求，促进了师范学院的发展。德国师范学院的源起可追溯到中世纪时期的师徒制教育形式。早在17世纪末，德国就已经有了师范学校的雏形，1696年虔敬派信徒A.H.弗兰克所创办的师范学校，就可以称为德国最早的师范学校。[①]师范学院的主要任务便是为国家的教育事业输送各类人才，以及为全国各地提供优秀的教师，助力国家教育事业的发展。

19世纪初，洪堡带领下的德国教育改革将教师培养视作教育改革成功的关键，极大地推动了师范学校的发展。

二战结束后，德国百废待兴，教育事业千疮百孔，各地急需中小学教师。要想重建教育事业，教师培养是首要的事情，所以在二战结束后，德国师范学院的数量是其高等学校中最多的。

（二）德国分裂时期的高校分类发展（1945—1990）

第二次世界大战结束后，德国在1949年分裂为东西两个板块，分别是民主德国和联邦德国，直到1989年柏林墙倒塌。在长达四十年的分裂时期，联邦德国和民主德国的发展道路不同，高等教育事业的发展相差也较大，高校分类发展呈现出不同的态势。

① 张帆.德国高等学校的兴衰与等级形成[M].北京：北京师范大学出版社，2012：60.

1.联邦德国的高校分类发展

二战结束后,很多国家经济、科技等发展迅速,德国也是如此。战后初期,德国教育改革和发展的首要任务是:重建学校、改造纳粹教育以及形成新学制和新教育结构。①二战期间,德国高等学校经历了物资设备和人力资源短缺两大困境,许多大学遭到了严重破坏,比如说基尔大学、维尔茨堡大学、弗赖堡大学等。在重建学校的过程中,联邦德国在各地新建了一批大学,主要有弗伦斯堡大学等。联邦德国大学重建的主旨就是恢复洪堡传统,即强调教学与科研的自由,实现教学与科研的统一。②

20世纪60年代,美苏争霸,第三世界崛起,发达国家迎来经济增长的黄金时期,联邦德国的高等教育事业也处于稳步增长状态。在其后的高等教育改革中,为了适应社会经济发展和学习者的需求,联邦德国各州州长会议通过决议,决定把以前的工程师学校、中等专业学校及相应的教育机构改建为高等专业学院,学制为三年,凡修完三年的学生还想继续深造,则可以升入大学,选修相应专业。该类学校以培养应用型人才为目的。③

20世纪70年代,随着经济危机的爆发,国内经济的衰退,联邦德国于1971年颁布了《联邦教育促进法》,于1976年颁布了《高等教育总纲法》,其重心便是创建综合高等学校。

20世纪80年代,联邦德国在1985年第三次修订了《高等教育总纲法》,取消了将综合大学作为统一的办学模式的规定,但仍然坚持高等学校多层次、多样化办学原则。④

在这段时期,联邦德国的高等教育先是经历回归传统的"复辟时期",并在新建大学的基础上对高等教育进行了变革,建立了大量的校外科研机构,如:马普学会、弗劳恩霍夫应用研究促进协会等。在经历恢复与巩固时期后,联邦德国高等教育开始有所创新,尤其是新型高等院校的创建,更加贴

① 杨明,赵凌.德国教育战略研究[M].杭州:浙江教育出版社,2014:31.

② 杨明,赵凌.德国教育战略研究[M].杭州:浙江教育出版社,2014:38-39.

③ 杨明,赵凌.德国教育战略研究[M].杭州:浙江教育出版社,2014:46.

④ 杨明,赵凌.德国教育战略研究[M].杭州:浙江教育出版社,2014:54.

合社会经济发展需要，增强了高等院校的社会服务职能。就其类型而言，联邦德国的高校主要可分为两类：大学和师范学院。其中大学的构成较为复杂。

(1)大学。

此时的大学和1945年的大学相比，无论是在规模还是在种类和层次上都有着很大的差别。该时期的大学种类复杂，主要包括两大类——老大学和新大学。老大学主要是指建立于二战前并在战后保留下来的大学；新大学的构成则较为复杂，有些由原来学校重组而来，也有一部分是战后新建立的。新大学按照各自不同的专业特色和使命可以分为新建的综合性大学、新建的一般地区性大学、合并或升格而来的大学。

①老大学。

1965年以前，联邦德国共有大学18所，其中的9所都是建于19世纪的高等技术学校，由于二战后该类大学的培养目标发生转变，所以在此期间升格成为理工大学，其地位和大学一样。比如，汉诺威和斯图加特的两所高等技术学校更名为大学，其专业比之前的传统大学范围更广，成为具有工科特色的大学，但是该类大学的学科专业建设重心还是在于技术和自然科学。在实用主义和商业化的影响之下，该类学校的重要性逐年提升，而原来的传统大学和研究机构由于缺乏社会职能，其重要性和地位反而逐年下降。

在该时期内，传统大学中的综合制大学属于学术理论型高校，其主要任务要兼顾学术和非学术两大板块，其形式主要有两种，分别是一体化形式和合作化形式。联邦德国在建立了第一所综合制大学之后，又相继建立了10所该类大学，但由于该类大学墨守成规，坚持传统办学，并且未能调和学术与非学术两个矛盾体之间的关系，最终走向没落。

②新大学。

第二次世界大战使德国的大学受到了严重的损害，因此战后重建学校也是联邦德国教育事业的任务之一。在这段时间里，联邦德国除了建设大量的高等专科学校和技术学校之外，还建立了不少新型大学和理工大学。新大学和老大学在各个层面都有很大差别。在专业层面，老大学大多数都是综合制大学，专业设置较齐全，新大学设置的专业类别不及老大学丰富；在科类设置上，二者也有较大差别，新大学更加偏重文科，且规模不大。

首先，新建的综合性大学主要有4所，分别是：波鸿大学、康斯坦茨大学、不来梅大学和比勒费尔德大学。该类大学最大的特征就是在专业设置上具有各自的特色，比如波鸿大学的目标是打造出一所综合大学和理工大学相融合的新型大学，所以该校规模较大，专业较为丰富。又比如不来梅大学的办学特色是专业之间的融合，它将自然学科、技术专业和其他经济社会类学科相互结合，形成了“跨学科”办学的特色。

其次，新建的一般地区性大学主要有6所，分别是：雷根斯堡大学、乌尔姆大学、拜罗伊特大学、汉堡理工大学、凯撒斯劳滕理工大学和特里尔大学。该类大学的地区性影响力较大，如：建于1967年的雷根斯堡大学，主要解决本地区的升学问题，其办学定位就是巴伐利亚州区域性大学。①

再次，改革扩建的大学主要有8所，分别是：奥登堡大学、奥斯纳布吕克大学、奥格斯堡大学、班贝格大学、多特蒙德理工大学、帕绍大学、杜塞尔多夫大学以及艾希施泰特天主教大学。这类大学很多都是由原来的师范学院或神学院升格扩建而成，所以该类学校和上述各类大学的办学差别非常明显，带有较重的宗教色彩。

在这一时期内，联邦德国不仅原有的高等教育层次得到了丰富，结构与规模也发生了变化，还出现了两种全新的高等学校类型：强调差异化、重视应用的应用科学大学，试图实现高校完全平等、无差异化的总和高等学校。②20世纪60年代中期以后，联邦德国的高等教育系统渐渐不能满足入学者的需求，不适应社会对于未来职业者需求的变化，培养的人才和社会的需求脱节。1968年，联邦德国通过《联邦共和国各州统一应用科学大学的协

① 张帆.德国高等学校的兴衰与等级形成[M].北京：北京师范大学出版社，2012：75.

② 张帆.德国高等学校的兴衰与等级形成[M].北京：北京师范大学出版社，2012：77.

定》,决定成立三年制的应用科学大学。[①]最开始的应用科学大学大多数都是由已存在的高级技术学校、高等专科学校合并升格而来,该类大学更为强调学科与课程的实用性。

应用科学大学和其他大学有着极大的差别,其他大学基本都是国立的,但有相当部分的应用科学大学是由教会主办的或者是私立学校。此外,应用科学大学的规模较小,学生数量不及其他大学,并且授课时间是其他大学的两倍,在入学、学制、培养方向和教师聘任等方面都与其他大学有明显差别。两者最主要的差距便是承担的职能不同,其他大学注重学术研究,而应用科学大学更加偏重于实践技能的培养,很少承担科研工作。该类大学在联邦德国的发展十分迅速,到1990年,联邦德国就已经建立了122所应用科学大学,此后还有部分应用科学大学取代了德国的师范学院。1976年,德国颁布的《高等教育总纲法》正式明确了应用科学大学的地位。比如,成立于1992年的安哈尔特应用科学大学,其前身是以著名的包豪斯学院为代表的建筑设计学院,该学校的专业主要是建筑、经济、设计、生物医学和食品科学等,该校这些专业不仅确保了安哈尔特州在德国生物化学工业领域的地位,同时还位于世界领先水平,学校为各类企业的发展提供了强有力的技术支持。[②]

在设立大批应用科学大学之后,高等教育改革的产物总和高等学校也出现在德国高等教育史上。总和高等学校的建立选择了同一机构内的差异化模式,此类学校力图在同一学校内实现不同的培养目标,实现“一树结多果”。由于该类学校未能适应德国社会的变化,尤其是经济生活的需要,不久后就改名并入其他大学之中。该类大学在德国高等教育史上出现的时间较短,以至于很少有专著对其加以论述。但总体来说,总和高等学校是联邦德国为了消除各类大学之间差异的一次尝试。应用科学大学也是联邦德国消除各类大学之间差异的尝试,不过应用科学大学的尝试成功了,而总和高

① 张帆.德国高等学校的兴衰与等级形成[M].北京:北京师范大学出版社,2012:77.

② 邓泽明,董慧超.德国应用科学大学研究[M].北京:科学出版社,2017:6.

等学校则在历史的选择中遭到了淘汰。

(2)师范学院。

第二次世界大战使得德国各地都面临师资短缺的问题,所以师范学院在前期有了较快发展。此时,有部分师范学院是新建的,也有部分是由战争之前的师范学校升格而来。从20世纪70年代开始,师范学院的地位逐渐下降,有部分师范学院陆续并入了周边的大学,或者以师范学院为主体扩建成新的大学。以巴伐利亚州为例,原来的7所师范学校当中就有4所升格成了大学,它们分别是:奥格斯堡、班贝格、艾希施泰特和雷根斯堡师范学院。而另外的3所师范学院则被并入了当地大学。①在这一时期,师范学院的学术地位也得到了提升,但随着学校规模和人数的递减,其重要性逐渐下降,最终被其他各类大学取代了。

2.民主德国的高校分类发展

民主德国成立于1949年,其高等教育发展主要经历了以下几个阶段:苏联占领区的教育改革阶段、全盘苏化阶段、高等教育扩张阶段以及高等教育停滞阶段。②

在苏联占领区的教育改革阶段,"苏联占领区的高等教育事业,按照马克思列宁主义的指导思想进行了改造。高等教育政策的目标是培养新的社会主义知识分子。在大学里建立了社会科学系"③。

民主德国还在1951年成立了负责高等教育的国务秘书处,并在这一时期对高等教育做出了以下变革:第一,在所有高等教育学校和机构中开设马列主义课程;第二,在高校课程中增设职业实习环节;第三,在大学和其他高等教育机构开设远距离教学的课程;第四,设立10所高等工程师学校;第五,高等学校与企业签订科研合同,实行了"合作制研究"的合作方式。④随后,1965年,民主德国部长会议颁布《关于统一社会主义教育体制法》,同年,统

① 张帆.德国高等学校的兴衰与等级形成[M].北京:北京师范大学出版社,2012:77.

② 张帆.德国高等学校的兴衰与等级形成[M].北京:北京师范大学出版社,2012:82-83.

③ 杨明,赵凌.德国教育战略研究[M].杭州:浙江教育出版社,2014:58.

④ 杨明,赵凌.德国教育战略研究[M].杭州:浙江教育出版社,2014:61.

一社会党颁布《关于发展高等教育的决定》,实行了硕士学位的授予。随着高等教育的扩张,民主德国由1951年的21所高等教育机构,发展到1989年的44所。大学和其他高校的宗旨在于保证人格教育和学术训练的结合、教学和科研的结合、理论和实践的结合。①

民主德国成立后,德国东部的6所大学维持原来的规模。由于分布在德国东部的工程师训练机构较少,因此民主德国修建了不少单科专门大学,之后部分专门高等学校升级成为工科高等学校,如设有11个专业方向的德累斯顿工科高等学校于1961年改为工科大学。民主德国的大学仍以教育任务为主,而科研任务则由研究所担任。②民主德国高等院校的分类发展水平不及联邦德国高校,不论是规模还是质量,两者之间都有较大差距。其高等院校主要有以下几类:大学、师范学院、艺术学院、各类专门高等学校以及高等工程学校。

(三)德国统一后至20世纪末的高校分类发展(1990—1999)

1990年,德国统一。德国高等教育在东西合并的过程中,院校数量、种类和层次都有了迅速增加。德国统一后,各类教育管理机构和部门纷纷设立,国家加强了对高等教育的管理和治理,使得德国大学的办学质量更有保障。此外,各州还出台了学校法,对各类学校的经费、办学、管理、课程、教学和结构都做出了相应规定,加强了各州高等教育的自治权。

德国统一后,由于西部高等教育存在着明显优势,所以东部的高等教育发展模式转向西部学习。这一时期,高等教育机构主要有三大类七小类。分别是:学科型高等教育,包括综合大学(含工科大学)、综合制大学;专业型高等教育,包括师范学院、艺术学院、教会大学;职业型高等教育,包括高等专科学院和行政管理专科学院。③在这一时期,德国高等教育发展出现了两股新兴势力,分别是东部高校和私立高校。

① 杨明,赵凌.德国教育战略研究[M].杭州:浙江教育出版社,2014:66.

② 张帆.德国高等学校的兴衰与等级形成[M].北京:北京师范大学出版社,2012:82.

③ 陈厚丰.高等教育分类的理论逻辑与制度框架研究[M].广州:广东高等教育出版社,2011:96.

1.东部高校

东部高校是指那些存在于原民主德国地区的高等院校，德国统一后，对该类高校进行了很大程度的改造，在各个层面都进行了变革，使德国东西两部分的高等教育基本处于同一水平。改造之后，东西两部分的高等院校类型相同，都由三部分构成，分别是：大学、应用科学大学、艺术及音乐类学院。

2.私立高校

就德国大学的办学传统而言，"国家化"是其显著特征，所以私立高校在德国高等教育史上起步时间较晚，一直到20世纪90年代才逐渐进入人们的眼帘。德国私立高校主要是在德国公立大学面临诸多困境的背景下，应高等教育变革所需而建立的。首先，第二次世界大战后，德国政府各项财政支出压力较大，科技领域发展不足，不能带动国内经济增长，使得政府对于高等教育的经费投入不足。此外，由于德国大学的社会职能不明显，所承担的社会责任较少，且其学术研究未能转化为具有经济效益的产品，所以德国政府对于高等教育的态度也发生了相应转变。其次，二战后，美国的快速腾飞引起了世界各国的注意，美国的大学也成为世界各国争相模仿的对象。德国在反思其大学发展的过程中，逐渐意识到教育先行的重要性，向美国学习成为德国高等教育改革的中心议题，私立高校的筹建便是德国对高等教育做出的变革。

为培养适应21世纪知识经济时代发展的高层次创新人才，越来越多的德国以及跨国私营企业公司，或独资，或与德国国立高校、外国私立高校合作，开办私立高校。与普通高校相比，私立高校的课程设置以高等职业技术教育为主，密切联系实际，更加符合企业公司的需求，其教学形式亦更加灵活多样，将多媒体技术引入双语（即德语和英语）制教学课堂。①

德国私立高校经历了不同的发展阶段，一开始是作为公立高校的补充，20世纪90年代后，在商业化和市场竞争的导向之下，私立高校迅速发展，成

① 戴继强.面向21世纪的德国高等教育改革[J].中国高等教育，2000(9)：48.

为德国高等教育中的重要一环。政府希望私立高校带给公立高校竞争和借鉴，同时还可以减轻国家财政压力。在其后高等教育的发展过程中，德国公立大学的发展止步不前，私立高校却发展迅猛，至2009年，其数量已发展至83所，其学校学生数量的增长速度也较为惊人，在近二十年内数量翻了6倍。同时该类大学具备着非常明显的特征，比如说精英化、国际化、跨学科、互动性和独立性。①

私立高校也因办学灵活，联系生活实际、小班授课和拥有自治权等特征，成为各地高等学校改革的试验田。在众多的德国私立高校当中，极具代表性的是不来梅国际大学，它为德国私立高校的发展树立了新方向，同时也引导德国高校分类发展进入了新征程。私立高校的发展不仅打破了德国公立高校的垄断局面，还丰富了大学的办学主体，减轻了国家的财政压力，丰富了大学的种类，为学子增加了受教育的机会，推动了德国高等教育大众化进程。

（四）2000年至今德国的高校分类发展

截至2010年，德国共有394所高校，其中包括104所大学，6所师范学校，14所神学院，51所艺术学院，189所普通高等专业学院和30所行政管理高等专业学院。②在教育国际化、欧洲一体化和德国自身高等教育体系趋同化的影响之下，当代德国主要站在教育国际化的层面之上对高等教育进行改革，进而对高校进行分类，促进各类高校的分类发展。在当代德国高等教育史上，其中最重要的三项变革是：博洛尼亚进程（Bologna Process）、大学卓越计划（Exzellenzinitiative）和"欧洲大学"项目。

1.博洛尼亚进程

博洛尼亚进程是29个欧洲国家于1999年在意大利博洛尼亚提出的欧洲高等教育改革计划，其目标在于提升欧洲高等教育在全世界的吸引力，并确立欧洲范围内高等教育系统的共同框架。③当时，德国高等教育体系中的

① 张帆.德国高等学校的兴衰与等级形成[M].北京：北京师范大学出版社，2012：100-101.

② 杨明，赵凌.德国教育战略研究[M].杭州：浙江教育出版社，2014：263.

③ 姜峰，蒂斯.当代德国高等教育改革研究[M].上海：上海外语教育出版社，2015：10.

两级学位制度和国际上主流的三级学位制度不兼容，所以，德国高等教育最先做出的变革便是更换学位体系，将自身的学位制度与欧盟的学位制度接轨，即高校学制从硕士、博士两级学位体系转变为本科、硕士和博士三级学位体系，并在各类高校当中采用国际通用的学分制系统。

"博洛尼亚进程"结束后，德国综合大学基本都实行了三级学位教育，应用科学大学实行了学士和硕士学制，在双元制的职业教育中实行本科学士学位教育，也可与应用科学大学联合开办硕士教育。[①]此时德国高校主要分为三类：综合性大学及同等级的高等院校、应用科学大学、艺术和音乐学院。

2. 大学卓越计划

21世纪初，德国高等教育发展呈现平衡态势，科研与学术也存在着很多不足，大学声望和地位不及从前，国际影响力虽在"博洛尼亚进程"后有一定改善，但未达到联邦政府的期望值。同时，由于学位制度的变革，博士生的培养质量存在着较大问题。"大学卓越计划"2005年由德国科学基金会主导，其目的在于通过资助在专业和研究领域表现优秀的高校，促进科学技术创新和学术创新。

"大学卓越计划"的资助内容分为三大板块，分别是研究生院、卓越集群和未来构想。对于研究生院的资助，重心在于博士生培养项目，旨在为德国培养更多优秀的青年科研人员，提高德国的科研水平；对于卓越集群的资助，主要是支持大学建立具备国际竞争力的卓越研究机构，加强大学和校外研究机构、应用科学大学和经济界的合作，为德国大学的转型奠定基础；所谓未来构想，就是资助顶尖大学的尖端科研，帮助大学扩展各自优势学科的国际竞争力，提升德国大学的国际影响力和竞争力。[②]

在推行过程中，"卓越计划"由最初的精英大学打造计划逐渐扩充为对大学科研的整体性资助。各类高校和研究机构首先要提交相应的材料，再通过基金会的层层选拔与评估，进入资助名单，才能列入"卓越计划"中。在

① 邓泽明，董慧超. 德国应用科学大学研究[M]. 北京：科学出版社，2017：13.

② 张帆. 德国高等学校的兴衰与等级形成[M]. 北京：北京师范大学出版社，2012：135.

参与评选的过程中，各类高校会更加注重自身的招生规模、研究经费和研究成果，自然而然地形成良性竞争，顶端大学会脱颖而出，其他高校会被淘汰，所以“卓越计划”促进了德国高校的分类发展。

随着“卓越计划”的推行，资助资金的倾斜，高校发展的不平衡，德国高校的分类发展逐渐明晰。“卓越计划”与“博洛尼亚进程”有所差别，“卓越计划”是德国针对自身大学影响力和竞争力不足所提出的主动变革计划，而“博洛尼亚进程”，德国只是作为参与方，按照欧洲教育框架来对自身的教育体系做出变革，其行动较为被动。但不可否认的是，两项计划都对德国高等教育体系产生了积极影响，将德国高校推向了国际舞台。

由于取得了良好的效益，“卓越计划”在德国高等教育发展中延续了较长时间，实施了两个阶段的资助，第一阶段为2006—2011年，第二阶段为2012—2017年。在“卓越计划”的基础上，2019年，德国开始实施“卓越战略”。“卓越战略”较“卓越计划”有所不同，但仍然延续了“精英大学”的理念，只是在资助内容中取消了研究生院，同时对于大学的资助年限和金额都有很大程度的提升。[①]“卓越计划”在德国高等院校内引入了竞争机制，激发了院校发展变革的动力，打破了德国高校的均质化结构，对于德国高等教育的发展有着重要意义。

3.欧洲大学

2017年，法国总统马克龙在巴黎索邦大学发表《欧洲倡议》演说，提出截至2024年（含）至少设立20所“欧洲大学”的构想：“欧洲大学”应是“一个覆盖欧洲多国的高校网络，不仅能够为学生提供跨国完成学业的机会”，而且将成为“教育创新与尖端科研的摇篮”。[②]该项倡议于同年发展成“欧洲教育联区”中的“欧洲大学”计划。该项计划的目标在于整体提升欧洲高校的国际影响力和竞争力，同时促进“欧洲教育联区”的教育认同感，为欧洲地区培

① 朱莲莲.德国卓越大学建设:“卓越计划”到“卓越战略”的异同对比分析[J].教育教学论坛，2020(39):145-146.

② 步沂珊，陈正.“欧洲大学”项目及其进展：以德国为例[J].世界教育信息，2019(19):24.

养跨学科、跨语言、跨地区的综合型人才。

德国对此项计划持支持和积极参与的态度。德意志学术交流中心为该项目的策划提供了不少建议,以保障该项计划的顺利推行。德国高校还积极参与试点工作,并在几轮测试中表现优秀,赢得了不少资助金额,获得资助的有柏林自由大学、海德堡大学、慕尼黑大学、汉堡工业大学、弗赖堡大学、卡尔斯鲁厄理工学院、德累斯顿造型艺术学院等。该项计划使德国大学的层级划分体现得更加明显,高校分类发展也走向了国际化和全球化。

在德国高校分类发展的实践历程当中,最为明显的变化便是各类高校的职能分化。18世纪以前,教学是德国高校的主要工作,人才培养是其主要职能,其类型为学术理论型,且教育层次单一;19世纪初到19世纪中叶,教学和研究是德国高校的主要工作,人才培养和科学研究是其两大社会职能,学术理论型高校初步分化为学科类和专业类两种类型;19世纪中叶到二战结束,教学和研究是德国高校的主要工作,人才培养、科学研究和直接为社会服务是其社会职能;20世纪60年代至今,教学、研究和服务是德国高校的主要工作,人才培养、科学研究和为社会服务是德国高校的三大社会职能,高校逐渐分化出学科类、专业类、职业类三种主要类型。[①]

高校职能的逐级分化推动了德国的高校分类发展,政治、经济、科技、社会以及高校自身发展等各方面的因素都促使德国高校呈现出不同的分类态势,进而影响到其各自的发展。德国高等教育在发展过程中,有过成功,也有过失败,多方面的尝试使得德国高校分类发展由传统走向了现代,由德国走向了欧洲、走向了世界。其在发展过程中积累的经验为后续高校分类发展提供了很好的借鉴。

① 陈厚丰.高等教育分类的理论逻辑与制度框架研究[M].广州:广东高等教育出版社,2011:105-106.

三、德国高校分类发展的经验借鉴

德国高等教育体系经过几百年的发展，逐渐走向成熟，探索出了一条适合本国实际情况的、具有特色的高校分类发展的道路。德国的大学治理由国家化演变为当前的各州自治，且各类高校都恪守自己的办学理念，展现出自身的办学特色。

德国高校分类发展，主要呈现出以下几点特征：

(1)类型简单，但又层次分明。德国高等教育在分类发展过程中，其学校类型主要包括综合类、理工科类、艺术类、师范类等，各类院校之间的教育职能和社会职能分工明显。

(2)院校结构和类型稳步发展，无大的改变和波动，在德国高等教育分类发展史上，高校的类型少有更替，除了在工业化时期为促进社会经济发展而新创的高等专科院校以及后来合并而成的应用科学大学之外，德国高校的种类一直未发生大的改变，同时各层级高校都具有自己的办学特色，保持着平稳发展的步伐。

(3)德国高校大都坚守科研和教学的统一，但又各有偏重，从早期的哈勒大学到后来的柏林大学，其现代化的办学理念不断得以明确，柏林大学提倡的"大学自治"、"教学与科研相统一"以及"学术自由"成为德国各类高校分类发展的理论基础。非学术型高校的定位和使命有着明显区别，它们更加注重对应用科学的研究，对学生实践技能的培养。随着科研重要程度的提升，近年来，非学术型高校更加注重和社会企业之间的合作研究，以求转化更多的研究成果，助力社会科技发展之需。

在教育国际化进程中，我国对高校分类发展的探索还处于不成熟阶段，且教育大众化发展速度较为缓慢，我国的精英大学模式也存在着较多的发展问题，发展态势还不够良好。德国是世界上的教育强国，其高等教育发展模式很有特色，在国际教育界享有盛誉。我国在高校分类发展过程中，有效借鉴他国的成功发展经验显得尤其重要，他国的成功经验可以为我国高校分类发展提供很好的思路和解决发展问题的方法。从德国高校分类发展的实践历程和发展特征来总结，以下几个方面值得我们学习借鉴。

（1）高等教育系统不能乱，院校分类需明确。

随着教育大众化的推进，为了给学子提供更多的受教育机会，近年来，我国有很多专科院校升级为本科院校。这种“专升本”虽然扩大了这些院校的办学规模和招生人数，也在一定程度上抹杀了各类院校的办学特色。许多专科院校在升级后失去了其原有的特色，转向综合发展，虽说其院校层级得到了提升，但其办学质量和发展理念逐渐模糊化，未能体现出较好的发展前景。

1990年德国统一后，对其高等院校进行了重组、升级以及更名，但在其后的发展道路中，德国高校一直都是相当稳定的，没有太多更改，各类院校更是坚守自己的办学特色，更加追求质量的提升。此外，在其后几十年的发展中，德国从教育大众化走向教育国际化，但其院校分类并未发生改变，高等教育均衡优质发展，精英大学则选拔自优质发展的各类院校，其高校分类发展体现出的理念是“让好的更好，让不好的追求更好”。

（2）就业和院校等级挂钩须弱化，保证毕业生的平等就业机会。

在中国就业市场，学历一直都是第一道门槛，也就是说，毕业生想找好工作，简历上“名校毕业生”这一标签非常重要，学历成了当前年轻人找工作的“敲门砖”。若没有这块砖，就算你非常优秀，也容易在简历的初级筛选过程中被淘汰，无法进入面试。因此，国内就业市场的这一现状也迫使高校更加注重自身的等级和声望。高中学子为了能够进入更好的大学而埋头苦读，却忽视了自身的兴趣和职业生涯期望。虽说当前国内各行业对于各类院校的态度相较于以前有了一些转变，但仍有很多家长对于职业教育和专科教育持消极态度，认为该类学校不能保障孩子以后的工作。究其原因，主要在于毕业生就业和学校等级之间过度挂钩，形成了恶性循环。

在德国，高等专科学院的就业率往往更高，因为该类院校的毕业生实践技能更强，其薪资待遇也在招聘方的可接受范围内，所以该类院校的毕业生在德国的人才招聘市场往往更受欢迎。著名院校的毕业证只是学生受过正式教育和培训的证明，却不是就业的必要条件。此外，各类院校之间的等级差异只是因为各类院校的培养目标和任务不同，其区别在于培养人才的种类不同，不会造成毕业生之间的社会地位差距和不平等待遇。

当前，我国存在着对于名校盲目追捧等问题，而德国高校分类发展中并无此现象，这主要是因为德国就业制度的合理性。鉴于此，我国应该更加注重就业制度的改善，倘若各类院校毕业生在就业市场有相同待遇，各类院校的等级差异就不会如此明显，而且各类院校也会更加注重人才能力的培养，而不是院校名利的追逐。

(3)注重高校内部治理，推进权力下放。

德国大学的管理由"国家化"演变到了当前的"联邦统筹，各州自治"的发展模式，明晰地划分了高校和政府双方的权责，有助于推进各类高校的管理和发展。首先，联邦统筹有助于推进德国高校整体发展，给各类高校的分类发展提供指南，同时也给予保障。其次，德国高校拥有充分的内部治理权，能有效结合自身的办学特色，更好地促进自身发展。注重高校自身的内部治理，使德国高校在联邦统筹的前提下呈现出百花齐放的繁荣发展，也有效加强了各类高校的民主管理。

我国高校分类发展可借鉴德国的成功经验，一是通过立法明确各类院校办学自主权和政府管理权，二是政府要对高校管理起到宏观调控的作用，但切忌干预太多，三是应寻求第三方(如社会各界的各类中介组织)来加强对高校分类发展管理的监督作用。

(4)注重高校的社会职能，明确界定各类高校的人才培养类型。

随着德国高校分类发展的不断推进，其高校的社会职能不断增强，德国高校的社会职能从无到有，从与社会接轨到为社会服务，体现出了德国高校分类发展与社会之间的联系日益密切。

高校的社会职能很大程度上体现在其人才类型的培养方面，亦即体现在高校为社会输送怎样的人才方面。当前，德国高校培养的主要有学术型、应用型以及技术型人才，这些人才培养的任务分属不同类型和层次的院校，并且各高校对院系和专业也进行分类管理，都有助于各类院校培养目标的实现。同时，社会对于人才类型需求的变化也会相应反映在各类院校的培养模式上，各类院校的培养模式会跟随着社会需求的变化而发生改变，以求毕业生所学的技能能够很好地契合社会的需要，进而助力社会的发展。

我国高校有部分专业存在着和社会需要脱节的现象，导致社会企业招聘不到想要的人才，毕业生也找不到满意的工作，加剧了就业市场的压力，极大地降低了就业率。目前采取的“产学研”相结合、“校企合作”、“企业进校”等措施虽然有效缓解了供需脱节的问题，但是未从根本上解决问题。各类高校的分类发展方向应该更加明晰，必须明确各类院校所承担的社会职能以及所要培养的人才类型，然后再具体落实到各个院系、专业和课程设置层面，才能从根本上解决问题。

第四章　日本高校分类发展的实践历程和基本经验

第一节　日本高校分类发展的基本理念

一、以国家政策和市场需求为导向

日本高校分类发展并不是完全以政府所制定的政策为导向，而是由国家政策与市场需求两者共同决定的。可以说，日本国立大学是为了顺应国家需要，从国家政策中孕育出来的产物，而私立大学则是为了满足大众需求从市场调节中孕育而生。两者相辅相成、共同发展，构成了日本高等教育的二元制结构。但国立大学和私立大学两者在日本高等教育体系中的位置完全不同，国立大学因受到政府的重点扶持，处于金字塔的顶端，而私立大学的运转则靠学生入学缴纳的费用支撑，可以说是处于金字塔的底层。但两者的重要性都不言而喻，在日本高等教育体系的分类发展中都不可或缺，尤其是私立大学，占据着日本高等教育体系的主体地位。

（一）国家政策引导国立高校分类发展

1886年，《帝国大学令》（下文也简称《大学令》）颁布，这是近代日本颁布的第一部高等教育法。《大学令》规定，“国家是开办大学的唯一主体，国学为国家所需，培养国家需要之人才，探索学问之深奥”，表明了国家是唯一的大学办学主体。[①]帝国大学的创办就是为了顺应国家的需要，为了培养国家发展所需的高精尖人才，即国家是受益主体。因此，帝国大学从诞生之初就以保障质量，追求“卓越”为办学宗旨，并且以十分缓慢的速度进行规模化的扩建。1886年至1918年的三十二年间，日本仅仅开办了5所帝国大学，包括现在我们所熟知的东京大学（东京大学创立于1877年，1886年改称帝国大学，1897年改称东京帝国大学，1947年改现名）、京都大学、东北大学等，可见帝国大学在日本的地位是很高的。直到现在，日本国立大学的数量依旧远远低于私立大学的数量，但是它们是日本最高科研水平的研究型大学的代表，其中的东京大学、京都大学等均位于世界一流大学前列，这主要是得益于日本政府一直以来将国立大学定位于可以与英国、法国、德国、美国等发达国家的学校并驾齐驱的一流综合性研究型大学，使其承担培养高层次、高质量人才培养和探索学术奥秘等的传统使命。日本政府对国立大学一直采取重点扶持政策，即使在二战后初期，美国要求日本政府将国立大学的权力下放至地方，实现国立大学地方化的目标，日本政府也极力反对，不肯放弃对国立大学的控制权。但日本也通过颁布的一系列国家政策对国立大学进行了改革，使其在类型结构上发生了较大的变化。受美国高等教育平等化理念和州立大学办学模式的影响，日本政府制定了《新制国立大学实施纲要》，提出了一府县一大学的原则，从而出现了一大批由高等学校、专门学校和高等师范学校合并重组而成的地方性国立大学，形成了从中央到地方的国立大学分类形式。之后，因为国家经济转型需要大批中高端技术人才，日本政府又通过《高等专门学校法》，恢复了高等专门学校制度。从此，国立大学的分类从二战前的两种类型变为了中央国立大学、地方性国立大学、高等专门学校三大类型。

随着21世纪的到来，日本社会经济、科技得到了迅猛发展，国家对高层

① 张玉琴.日本高等教育均衡发展研究[M].保定：河北大学出版社，2014：82.

次人才的需求量激增。在此背景下,日本出台了"科学技术创造立国"的基本国策,有效促进了国立大学的分类发展,尤其体现在研究生教育层面上。随着该基本国策的出台,日本在21世纪提出了一系列战略决策,包括"建设研究据点、国际一流、世界一流大学等教育发展计划(21世纪COE计划指),以便不断追求在教育研究领域的'卓越性'"①,由此奠定了国立大学在日本高等教育体系中的学术地位和科研实力。可以说,日本国立大学的精英教育和分类发展是由日本政府精心策划,服务于国家发展战略需要的。

(二)市场需求推动私立高校分类发展

日本私立大学并非从一开始就存在于日本高等教育体系之中,这种局面一直到《大学令》的颁布才彻底改变。《大学令》规定:"私立学校的设置主体必须是具有维持学校正常经营活动的资金和具有获得足够收入的基本财产的财团法人"②,明确了私立大学受益主体为个人。由此赋予了地方政府和民间团体创办大学的权力,承认了私立大学在高等教育制度中的法律地位,进而出现了庆应大学、早稻田大学、法政大学、明治大学等一系列的巨型私立大学。但私立大学从成立之初就与国立大学的定位不同,在日本高等教育的分类发展过程中,私立大学被定位于满足"庶民所需"。为了满足民众对高等教育的需求和市场对人才需求的多样化,私立高等教育机构也向着多层次、多类型、多样化功能定位的方向发展。

20世纪50年代,日本经济逐渐复苏,经济结构也面临着转型,开始从农业经济向工业经济转变。在此背景下,社会市场对工程技术和技能人才的需求量加大,而文部省(2001年合并为文部科学省)为了弥补理工科毕业生市场人才需求量的缺口,加大了对理工科的扶持力度,增加理工科在大学中的比例。私立大学在其中发挥了举足轻重的作用,学校对内部专业结构进行了调整,增设了大量的管理、理工、生产等工科学部。20世纪60年代后,日

① 张玉琴.日本高等教育均衡发展研究[M].保定:河北大学出版社,2014:91.

② 张玉琴.试论日本高等教育均衡发展的重要途径:二元结构与数量、质量的关系[J].日本学刊,2005(5):128.

本高等教育适龄人口达到高峰，高等教育开始从精英教育阶段向大众化教育阶段过渡。在这一时期，政府放宽了对私立大学的招生限制，加大了对私立大学的财政经费补助，以提高私立大学的办学质量，并设置了一批新型学校，如放送大学、上越教育大学和兵库教育大学等。之后依赖市场机制运作的专门学校的建立更是标志着私立高等学校的类型向着多样化方向发展，私立高等学校因其自身办学和课程设置的灵活性和机动性，教育内容和方法的实用性和多样性，更能满足市场对多样化人才的需求。可以说，私立高等学校的分类发展是受经济高速发展、市场需求变动的影响而形成的。

二、尊重大学办学自主权，鼓励特色化办学

（一）国立大学自主权的发展

日本学者山本真一曾把美国学者伯顿·克拉克提出的平衡高等教育制度的力量之源包括政府、学术和市场的理论进一步与日本的高等教育制度联系起来，将日本社会中制约高等教育机构发展的力量分为政府、民间和教授会三种。①前文我们已经论述了政府、民间对大学分类发展的影响，这里进一步论述大学自身对分类发展的影响。

虽然国立大学属于文部科学省管辖，但是政府并不掌握大学的决策权。也就是说，文部科学省只是管理国立大学的一些事务性工作，比如检查财政拨款的使用是否符合法律规定之类。②因此，“大学自治”一直被认为是日本大学的主要特征之一，而“大学自治”在国立大学“法人化”改革之前实际代表着教授会自治。

日本大学教授会的产生与发展可追溯到1877年创立的东京大学，它模仿德国柏林大学的治理模式，强调大学自治、学术自由、教授治校的原则。1881年，东京大学设立了咨询会，即评议会和学部教授会的前身。1886年，

① 徐国兴．日本高等教育评价制度研究[M].合肥：安徽教育出版社，2007：46.

② 徐国兴．日本高等教育评价制度研究[M]合肥：.安徽教育出版社，2007：32.

日本政府颁布《帝国大学令》,评议会附设于帝国大学或文部省,“评议官”由文部大臣从大学各分科学部的教授中“特选”两人担任。评议会实行议长负责制,总长(校长)任议长,主持会议并将议事始末汇报给文部大臣。1898年,日本政府修改《帝国大学令》,设立分科大学教授会,规定分科大学教授会也是大学的管理机构,改变了1886年的《帝国大学令》中只承认评议会为大学管理机构的局面,[①]从此确定了教授会的权力,教授会可通过讨论决定课程设置、教学内容、教师任职、学生入学、退学、转学等相关事宜。此后,日本增设的国立大学都纷纷参照此种内部治理模式,在学部一级设立教授会。日本国立大学便形成了由校长、评议会以及教授会组成的内部治理结构。

但是,随着日本“少子化”问题的凸显,社会经济的停滞,日本政府逐渐意识到要应对教育国际化所带来的激烈竞争,必须充分发挥各个高等教育机构的办学积极性,实行个性化办学,完善现有学校内部治理体系。日本大学审议会在1991年提出了《关于改善大学教育》咨询报告,报告指出:“每所大学应该根据各自的教育理念与目的,并且适应学术、社会发展的要求,制定并实施具有特色的课程,充实大学教育,为社会培养各种优秀人才。”[②]在此背景下,日本国会通过了《国立大学法人法》,进行国立大学法人化改革。国立大学脱离了国家机关的控制,真正实现了独立行政的愿望。而教授会的权力受到了一定程度的消减和分化,进一步集中于与学术相关的事务上,相应地,作为国立大学法人的校长对大学人事权、行政权的掌控得到了强化。此次改革给予了国立大学充足的办学空间,各个国立大学可根据自身的特点定位,明确自身的办学特色,有效解决了高校办学同质化的问题。

(二)私立大学自主权的发展

日本私立大学虽然由文部科学省高等教育局中的私学部管理,但文部科学省主要是对私立大学的设置、废止和变更进行审批且通过财政补助方式对其进行间接管理,并不直接干涉私立大学的事务。所以私立大学一旦

---

① 金龙哲,王东杰.东京大学[M].长沙:湖南教育出版社,1992:54.

② 胡建华.大学审议会与日本高等教育改革[J].中国高等教育,2001(12):42.

达到了办学标准，通过了文部科学省的审批后，便拥有较大的自主权。私立大学虽然也根据法律规定设有教授会，但教授会在私立学校的地位却完全不同于国立大学。私立大学是由学校法人设置的，学校法人通过设立理事会对学校实施管理，学校校长和教师的选聘都由理事会来决定，校长负责学校全面的日常管理工作。而教授会在其中虽不受其理事会的制约，但也不具有根本的决策权力。[①] 1949年颁布的《私立学校法》中明确提出了尊重私立学校的自主性、实现私立学校的公共性和政府资助私立学校这三条私立学校发展的基本原则。《私立学校法》的第一章第一条即为："本法律考虑到私立学校的特性，以尊重私立学校的自主性、提高私立学校的公共性、使私立学校得以健康发展为目的。"给予了大学在招生方法、学费标准以及课程体系设置等方面更大的管理权。因此，私立大学受政府干涉和控制少，办学具有灵活性和多样性，可灵活地根据市场变化及需求主体进行及时调整、转变办学方向和培养目标。如在日本资本主义工业化时期，为应对社会需求，调整学科规划，大量法律、政经、工业、农业、商业、水产等以职业技能培训为特色的实业学校纷纷涌现。日本出台"技术立国"的基本国策后，社会急需科技人才，私立大学便承担了培养科技人才的重任。为了适应社会对理工类人才的需求，私立大学及时调整专业结构，增设理工科类的专业和学部，扩招相关专业的学生、教员，并完善相应的设施设备，极大地发挥了私立大学的作用。

（三）注重普通教育与职业教育协调发展

在经济高速增长的社会，大学必须培养大量能够适应社会需要的专业人才和职业人才，为大多数学生传授就业所需的知识和技能。因此，教学必须更多地服从教学的法则而不是科学研究的逻辑，教学与学习的组织化程度在不断加强，高等教育表现出很强的职业取向。[②]在社会拥抱多样化人才的时代，大学教育和课程学习的多样化是必然趋势，高等教育必须采取多层

① 徐国兴.日本高等教育评价制度研究[M].合肥：安徽教育出版社，2007：33.

② 宋尚桂，宋伯宁，等.高校学校分类管理政策研究[M].济南：山东人民出版社，2015：76.

次、多类型的人才培养模式，从而确保在保持高质量学术教育的同时，满足多数大学生就业所需的知识与技能学习需求。这就要求高等学校向着普通教育和职业教育两个方向分类发展，并注重两者之间的有序运行与协调发展。日本政府在支持普通教育的同时也大力发展高等职业教育，在实现高等职业教育规模化扩展的同时注重提升教育质量。高等职业教育与普通教育一样具有三方办学主体：中央政府、地方政府和民间团体。然而，中央政府创办的国立专门学校与私人创办的私立专门学校的定位又有所不同，“国立偏重实用科学、实用专科学校占主流，而私立专门学校则侧重于人文科学，宗教、文化和教养学科专业，并成为其主流”①。20世纪70年代，单一的四年制大学所培养的毕业生已无法满足社会多样化的人才需求以及民众日渐增加的对高等教育的多样化需求，在这种情况下，日本政府开始重视专门学校的建设，不仅恢复了国立职业教育机构——高等专门学校，还设立了私立职业教育机构——专修学校。日本的职业院校也由此呈现出分类化发展趋势，一类是国立高等专门学校，一类是专修学校和短期大学。两者办学定位的分别与国立和私立普通高等教育的区别相似，前者追求卓越和实学，培养国家需要的高质量专业人才，后者满足大众需要，培养一般技能型人才。

为了推动普通教育和职业教育的协调发展，应对高等教育适龄人口不断减少的困境，20世纪80年代，日本政府还推出了学分互换制度，规定短期大学与四年制大学可进行学分互换，在两年制短期大学修得的学分数可与（四年制）大学二年级互认，短期大学毕业生可插入大学三年级等。这加强了短期大学与四年制大学之间的衔接，为二者的合作发展铺平了道路。②

日本普通教育和职业教育的协调发展还表现在研究生教育阶段。日本研究生教育的独特之处在于，它除了承担学术研究的任务以外，还承担职业教育的任务。1955年，日本中央教育审议会修改了1949年制定的《研究生院基准》，修改后的《研究生院基准》明确提出“将硕士专业一词改为专门（专门

① 张玉琴.日本高等教育均衡发展研究[M].保定：河北大学出版社，2014：167.

② 张玉琴.日本高等教育均衡发展研究[M].保定：河北大学出版社，2014：194.

职业)”[①]。从此,硕士课程包含了理论型课程和职业教育课程,以培养理论与应用能力兼备的人才。21世纪,世界各国科学技术快速发展,日本社会面临重大变革,教育体制改革使其教育向着高层次和个性化的方向发展。在这种背景下,日本政府于2003年正式出台了《专业职业研究生院设置标准》,标志着专业职业研究生院制度的产生。职业研究生院的创建旨在满足新兴职业及部分职业对人才在专业知识、技术和技能方面的要求,提升了职业教育的层次。日本职业研究生院采取内涵式发展方式,体现了公平竞争的理念。[②]修改之前的《学校教育法》规定:“研究生院以教授研究学术理论与应用、探究其深奥、推进文化发展为目的。”《学校教育法》修改后规定:“研究生院教授研究学术理论、探究其学术深奥,同时还要承担专业性强的职业知识和卓越能力的培养,推进文化的发展。”[③]可见,日本研究生教育开始由单一趋向二元化,其功能也从传统的研究生教育向职业研究生教育发展,使研究生教育从只培养理论型人才向既培养理论型人才也培养应用型人才的局面转变。

第二节　日本高校分类发展的实践历程

一、二元多层次发展期(1872—1945)

(一)日本高等教育机构的雏形——专门学校

日本高等教育机构的雏形可追溯到明治六年(1873)建立的一所官立(二战前称官立、二战后称国立)综合性专门学校——开成学校。它不是传统意义上的大学,而是一种过渡性质的学校。同年颁布的《学制二编追加》将其定义为由外国教师传授高深学问的学校。专门学校的产生是为了培养

① 张玉琴.日本高等教育均衡发展研究[M].保定:河北大学出版社,2014:88.

② 张玉琴.日本高等教育均衡发展研究[M].保定:河北大学出版社,2014:199.

③ 张玉琴.日本高等教育均衡发展研究[M].保定:河北大学出版社,2014:198.

创办大学所需人才，即能够传授西方学术和技艺的日本教师。当时，除了开成学校和东京医学校两所官立学校以外，还出现了医、法、农等单科性质的公立学校和私立学校，这两种学校与《学制二编追加》中所定义的专门学校在性质上有所差异。可见，那个时期便存在着两种不同类型的专门学校。

日本明治十年(1877)，东京开成学校与东京医学校合并成为东京大学，这是日本第一所近代大学。它是一所综合性质的大学，其中包含法、理、文、医四个学部，以培养国家所需的高精尖人才并能与西方大学媲美为目标。而专门学校便成了单科性质教育机构的泛称。

明治十二年(1879)颁布的《教育令》取代了之前的《学制二编追加》，进一步明确了专门学校的定义，即：大学是传授多科专门知识的场所，而专门学校是传授单科专门知识的场所，大学与专门学校的区别就在于其为综合性还是单科性高等教育机构这一点上。[①]但专门学校一直处在一种制度混乱且教育水平明显低于帝国大学的状况。为此，日本政府也曾实施过一些改革。

明治十九年(1886)，日本文部大臣森有礼颁布了一系列的教育法令，其中《帝国大学令》规定将东京大学改组成东京帝国大学，同时创办了五所高等中学校作为大学预科以保障帝国大学的优质生源，设置法、医、工、文、理、农、商等分科的专门学部。这一举措正式奠定了帝国大学在日本高等教育体系中的顶层位置。

1894年，文部大臣井上毅颁布《高等学校令》，把高等中学校改称为高等学校，并在每所高等学校中设立医学院。井上毅还提出了把帝国大学升格成为从事研究的大学院的构想，但未实现。同时，日本还推行了实业教育的振兴政策，明治三十二年(1899)颁布的《实业学校令》将实业专门学校从专门学校群体中划分出来。但专门学校在整个学校体系中的定位始终模糊不清，并没有得到制度化。直到明治三十四年(1901)该问题才最终得到解决。文部大臣菊池大麓将一切与法、政、经、医、药、文、理、美术、音乐、宗教有关

① 天野郁夫.高等教育的日本模式[M].陈武元，译.北京：教育科学出版社，2006:18.

的传授高等学术技艺的学校全部独立出去，划分为专门学校，高等学校就纯粹成了帝国大学的预备教育机构，即大学预科，年限缩短为两年；把实施工业、农业、商业、商船等高等教育的学校划分为实业专门学校，把医学部划分出去，并改为医学专门学校。

明治三十六年(1903)，文部省颁布《专门学校令》，以法律的形式正式确定了专门学校的地位，将其定位为接收中等学校毕业生、修业年限为三年的高等专门教育机构。①随着法令的颁布，专门学校的数量迅速增加，明治四十三年(1910)时，日本已有15所实业专门学校，9所专门学校。②此时，专门学校是日本高等教育的主体部分。

(二)私立大学的建立

从1877年东京大学成立至1917年的四十年间，由于日本政府强烈制止私立专门学校大学化的要求，官立大学一直维持着一统"天下"的局面。但是日本政府的财政无法支撑帝国大学的巨额开支，所以在此期间所建设的帝国大学也只有寥寥几所。随着私立学校数量的逐渐增加和师资力量的提升，私立专门学校要求升格为大学的现实需要越发迫切，大学升格运动和专门学校大学化在日本社会引发了热议，《大学令》正是在这种背景下出台的。大正七年(1918)颁布的《大学令》让一些私立专门学校正式升格成为私立大学，如著名的庆应大学、早稻田大学等。到大正末年(1926)，日本已建立了22所私立大学，公立和私立大学由此变成了由大学、大学预科、专门部三个部分构成的高等教育机构，官立大学一统"天下"的局面被彻底打破。

日本近代高等学校按学校类型分类，可分为大学、专门学校、高等学校以及昭和十八年(1943年)开始接收中学毕业生实施三年制教育的高等师范学校。按办学主体分类，可分为官立、公立和私立高等学校。按学科类别分类，大学可分为综合性院校和单科性院校，专门学校可分为医、牙、药科类(医学、牙学、药学)，法、商、经科类(法学、商学、经济学)，理工类，文学类，女

① 张玉琴.日本高等教育均衡发展研究[M].保定:河北大学出版社,2014:128.

② 天野郁夫.高等教育的日本模式[M].陈武元,译.北京:教育科学出版社,2006:29.

子学校等。这些不同类型、不同功能、不同水平的学校构成了日本二元多层次的高等教育结构。其中高等学校是最具日本特色且连接中等教育与高等教育两个阶段的教育机构。“高等学校直接招收小学毕业生，学习年限7年，前4年为普通科，实施中等教育，后3年为高等科，实施高等教育。高等学校的毕业生或升入大学，或升入设在高等学校内的专门学科。大学主要招收高等学校毕业生和预科学生（预科的学习年限与高等学校的高等科相同），学习年限3年（医科4年）。专门学校招收中学毕业生，学习年限3—4年。男子高等师范学校与女子高等师范学校分别招收普通中学与高等女学校毕业生，学习年限均为4年。”①

二、一元同质化发展期（1946—1960）

（一）新制大学的创办

第二次世界大战后，美国占领日本时期，对日本大学分类改革进行了指导，这对之后日本大学的分类发展产生了深远的影响。昭和二十一年（1946），美国教育使节团到达日本，对日本进行了为期一个月的教育考察后提交了美国教育使节报告书，其中针对日本政府对高等教育的中央集权和所倡导的精英主义进行了批判，并提出将国立高等教育机构下放至府、县管理以及高等教育民主化、平等化的教育理念，要求日本政府将现存所有类型的高等教育机构全部统一改组升级成同一种类型的四年制大学。昭和二十二年（1947），日本政府在此报告书的基础上制定了《教育基本法》。《教育基本法》不仅对日本旧学制进行了改革，废除了战前高等教育双轨制，实施单轨的“六、三、三、四”（小学六年、初中三年、高中三年、大学四年）新学制，还将日本帝国大学、官/公/私立大学、高等学校、专门学校、实业专门学校、高等师范学校、师范学校等各具特色的高等教育机构全部合并成统一的四年制

① 胡建华.百年回顾：20世纪的日本高等教育[J].南京大学学报（哲学·人文科学·社会科学），2001(4)：154.

大学，称为新制大学。此类大学的课程模式参照了美国式的二二分段课程模式，即前两年实施一般教育（普通教育），后两年实施专门教育。在高等教育机构的合并、整合过程中，日本政府在美占领军的建议下，按照各府县的人口分布合理配置学校数量，以保障民众享有同等接受高等教育的机会。昭和二十三年（1948），文部省以美国占领军所提出的《日本国立大学设立原则》为基础制定了《新制国立大学实施纲要》，在关于新制大学设立的十一条基本原则中，第一条原则就指出，“新制国立大学除特别的区域（北海道、东京、大阪、京都、福冈）以外，把同一地方的官立学校全部合并成一所大学，以谋求实现一府县一大学”①。在一府县一大学的原则下，除了帝国大学直接过渡到新制大学以外，各府县的国立院校进行了大规模的合并整改，师范学校、高等学校、专门学校合并成为地方国立大学。除北海道、东京、大阪、京都、福冈以外，同一县内的所有国立学校合并组成了新型国立大学；近80所公立专门学校也进行了大幅度的调整，一部分合并为新制国立大学，另一部分因办学质量过低而最终停办。合并历经了五年左右，最终组成了226所四年制的新制大学，其中国立大学72所，公立大学34所，私立大学120所。从学科分类来看，可分为综合性大学和医科大学、工科大学、农科大学、学艺大学等单科大学。②这种新制国立大学的创立正是美国州立大学办学模式的翻版，反映了美国所倡导的实现高等教育地方分权、保障教育机会均等的教育理念。

（二）短期大学的创办

在美占领军的要求下，日本借鉴美国大学设置认证的模式，成立了独立于政府之外的民间自发性团体——大学基准协会，此协会在昭和二十二年（1947）制定了《大学基准》。日本政府还设立了大学设置委员会，完全按照《大学基准》中的设置认定标准对私立专门学校升格新制私立大学的申请进行受理、审查和批准。在审查过程中，针对一些办学条件差、教育质量低、无

① 天野郁夫．高等教育的日本模式[M]．陈武元，译．北京：教育科学出版社，2006：95.

② 海后宗臣，等．大学教育[M]．东京：东京大学出版会，1969：133.

法达到《大学基准》中"最低标准"的私立专门学校，采取暂缓措施，将无法达到办学条件的私立专门学校设立为学制两年至三年的短期大学。并于昭和二十五年（1950）实施了《短期大学设置法案》，短期大学制度就这样暂时确立下来。截至1950年，短期大学的数量已达到149所。而之前的高等学校、专门学校以及师范学校的名称和制度均在此次高等教育改革中销声匿迹。因此，日本在第二次世界大战战败初期的高校类型可分为：新制国立大学、地方性国立大学以及短期大学。

三、多层次多类型发展期（1961—1989）

（一）再改革：恢复高等专门学校

20世纪50年代，日本社会经济逐渐复苏，步入高速发展的时期。美国的人力资本理论在日本社会兴起，该理论重视人才对国家经济增长的推动作用。当时，日本产业界急需大量的工程技术人才，但此时单一化的新制大学所培养出的毕业生却无法回应产业界对人才的需求。高校毕业生结构性失业和产业界技术型人才奇缺的问题以如此滑稽的形式在日本社会并存。这是因为私立大学在日本高等教育中占比最大，但私立大学由于办学经费紧张而不得不以办学成本低、见效快的文科专业为主，所以存在着文理科专业分布比例失调的问题。针对日本社会出现的这种状况，日本经营者团队联盟在1954年的《关于改革当前教育制度的要求》一文中呼吁对单一化的高等教育结构与社会经济制度结构不适应的矛盾进行改革："为了有效使用人才和将来产业的发展，再次希望文教当局重新加以研究，以满足当前产业界的要求。"提出"要使大学各有所长，排除全国性的划一性。同时，要改正增设在实质和内容上完全不符的学部及专攻部门的弊病"。[①]这时，日本政府终于意识到，高等教育人才培养结构与社会人才需求结构分离，正是高校分类

① 杨涛．日本战后高等教育"再改革"的策略及启示[J]．河南社会科学，2015(3)：111-118.

不明确而导致的，必须要充分发挥高校的社会化职能，通过高校分类发展来构建多样化的高等教育体系，以符合日本社会发展的需求。因此，文部省于1961年通过了《高等专门学校法》，恢复建设高等专门学校。在此基础上，日本政府又于1962年制定了《五年制专门教育机构设置纲要》，对高等专门学校进行了明确的定位：高等专门学校是适应企业对中级技术人才的要求，传授专门的科学知识和技艺，培养具有专业能力的职业技术人才的专门教育机构，其直接招收初中毕业生，学习年限为五年，前三年为中等教育阶段，后两年为高等教育阶段。①

（二）大学“种类化”设想

1963年，日本中央教育审议会提交了名为《改善大学教育》的审议报告，在报告开头便指出“大学一方面要为满足激烈的国际竞争和社会不断进步的需要，开展高深的学术研究，提高我国文化水平，发挥传统大学的功能作用，另一方面也要适应民主社会发展的教育民主化需要，肩负起为提高广大国民职业教育和市民教养教育提供教育机会的新型任务”②。中央教育审议会通过使用“传统使命”和“新型任务”，将两种不同类型的学校划分开来，一种是以培养高精尖人才为主的精英高等教育机构，一种是为大众提供教育机会的大众高等教育机构。③同时，报告中还提出，必须根据学术研究与职业教育，将大学分为两种“水平”，即设定“以高水平学术研究和培养研究人员为主”的“大学院大学”和“以培养高级职业人才为主”的“大学”两种类型，并根据各自特点，考虑“修业年限、教育内容、教育方法”。④根据这种设想，报告将日本高校分为五类：“研究生院大学（包括理论型和职业型）、普通本科和职业教育四年制本科大学、短期大学（专业职业型和生活技能型以及教养教育型）、高等专科（门）学校、音乐艺术型。”⑤。

① 张玉琴．日本高等教育均衡发展研究[M].保定：河北大学出版社，2014：62.

② 张玉琴．日本高等教育均衡发展研究[M].保定：河北大学出版社，2014:71.

③ 同上。

④ 天野郁夫．高等教育的日本模式[M].陈武夫，译．北京：教育科学出版社，2006：190-191.

⑤ 张玉琴．日本高等教育均衡发展研究[M].保定：河北大学出版社，2014:71.

（三）短期大学合法化

短期大学自创办以来一直因办学方向混乱、定位模糊而受到诟病。针对短期大学何去何从，如何在日本高等教育体系中立脚的问题，日本文部省与短期大学协会代表共同制定了短期大学制度“永久化法案”，对短期大学做出了明确定义：短期大学是以研究高深专业技术、培养掌握职业技能和实际生活能力为目的大学。1964年，日本国会通过了《部分修改学校教育法的法律案》，从此确立了短期大学的法律地位，使短期大学正式成为日本高等教育体系的重要组成部分。不仅如此，因为短期大学的建设满足了日本女性对高等教育的需求，因而在1971年中央教育审议会的审议报告中提出将短期大学分为教养型和职业型两种，分别对女性进行职业知识和技能的教育以及女性修养、贤妻良母等性别教育。虽然短期大学在研究高深专业技术这方面类似于本科四年制大学，但培养应用型人才才是短期大学的本质特征。

（四）高等教育第三次改革

20世纪70年代，日本高等教育升学率超过了30%，日本高等教育已然步入了大众化阶段。但当时的日本政府更加注重大学本科教育的发展，而忽视了大众对高等教育多样化日渐增强的需求。此时，单一的大学本科教育显然已经不适应日本高等教育的大众化发展进程。因此，日本政府展开了高等教育的第三次改革。在此次改革中，日本政府所提出的高校类型化、个性化发展的想法充分反映了日本高校分类发展的思想。1971年通过的《今后学校教育综合扩充整备的基本对策》（又称“四六审议”报告）指出，要根据学位授予资格和标准修业年限促进高校的分类发展，将现有的大学分为“大学”“大学院”“研究院”三种（三个层次），也就是现在的大学的学部、硕士课程大学院以及博士课程大学院。报告还根据学科设置提出了五种学校类型：(1)大学（综合型、专业型和单科型）；(2)短期大学（文化教养型和职业型）；(3)高等专门学校；(4)研究生院；(5)研究院。大学的课程体系则分为

“综合领域型”“专门体系型”“目的专修型”三类课程体系；短期大学的课程体系分为“职业型”和“教养型”两类；高等专门学校招收初中毕业生，实行五年一贯制教育；研究生院招收本科毕业生，实施两到三年的高等学术教育；研究院是培养博士研究生的机构。

（五）新型高等教育机构

在“四六审议”报告中也提到了大学升学率的目标，计划到1980年时，大学和短期大学的升学率可达到47%。为此，文部省制定了十年发展计划。该计划旨在实现广义的高等教育概念，使高校真正成为以高中毕业生为教育对象并进行一定年限的教育的高等教育机构。为此，日本政府鼓励创设高等教育新型机构，如专修学校、广播电视大学和函授大学等，以完善高等教育的整体结构，同时明确各高校的职能定位及协作关系。其中最具有代表性的就是筑波大学，它是在东京教育大学的基础上进行扩展和改组而成的一所新型大学。基于该计划的实施，日本国会又于1976年1月正式创设了专修学校并发布了有关法律法规。《专修学校设置标准》将专修学校定义为“以提高职业、生活所必须的能力和教养为目的，修业年限1年以上，年授课时数不少于800小时、班级40人以上、实施有组织的教育机构”①，它包含中等教育阶段和高等教育阶段。从此，日本建立起以短期大学、高等专门学校和专修学校为主体的职业教育制度体系。日本高等教育结构便由二战后初期单一的四年制大学变成了持有不同培养目标的高等教育机构，即研究生院、四年制大学、短期大学和高等专门学校（简称“三级一专”）。1976年，为培养适应技术革新进展，对现实课题具有实践的、创造的研究指导能力的高级技术人才，日本政府创设了长冈、丰桥等两所技术科学大学，设有学部和研究生院，实行二者一贯制。学部以高等专门学校毕业生和工业高中毕业生为招收对象，前者直接进入第三学年，后者进入第一学年。研究生院以本校学部毕业生为招收对象。1978年，以确保在职教员的研究、进修机会为

① 张玉琴. 日本高等教育均衡发展研究[M]. 保定：河北大学出版社，2014：65.

宗旨的研究生院和培养初等教育教员的学部组成了教育大学,如兵库教育大学、上越教育大学等,1981年,又成立了鸣门教育大学。①

这时,日本高等学校的分类层次已经臻齐全,结构趋于完美。从横向(类型)上分,可将日本高校分为国立高校、公立高校和私立高校三大类型;从纵向上分,可划分为研究生教育、本科教育和专科教育三个层次。每种类型的高校都分别包含了三个层次的教育,其中研究生教育的高校为大学院(即研究生院),本科教育的高校为大学,专科教育的高校为短期大学、高等专门学校、专修学校三种。

四、功能定位分化发展期(1990至今)

随着日本经济的快速增长,其高等教育机构的规模也在不断扩大。20世纪90年代,日本已然成为世界上少数的高等教育强国之一。此时,日本面临着18岁适龄人口不断减少和老龄化现象严重的问题,在此背景下,日本政府进行了高等教育的第四次改革。此次改革以1991年文部省修改《大学设置基准》(该基准是文部省于1956年制定并公布的)为开端,主要围绕着大学课程、研究生教育、大学管理制度这三个方面进行一系列改革。值得一提的是研究生教育改革。

(一)研究生教育发展

20世纪50年代日本的研究生教育制度才逐渐成形。1963年,中央教育审议会发表的《改善大学教育》细化了研究生教育培养目标,"强调了大学分为研究生院大学和本科大学、硕士课程与博士课程的分离、硕博课程并列型和硕博课程纵向累积型并存的研究生教育组织形态等",其中硕士课程以培养职业型人才为目的、博士课程以培养研究型人才为目的。②

随着日本高等教育进入大众化阶段,其研究生教育也在不断分类发展。

① 贺国庆,王保星,朱文富,等.外国高等教育史[M].2版.北京:人民教育出版社.2006:516-517.

② 张玉琴.日本高等教育均衡发展研究[M].保定:河北大学出版社,2014:87.

但当时的日本研究生教育在国际竞争中处于弱势地位，研究生数量远远低于欧美先进国家。因此，日本政府决定扩大研究生教育规模，降低研究生的准入门槛。随着一系列政策的实施，日本研究生教育的规模持续扩大，缩小了与发达国家的差距。为了进一步提高研究生教育质量，1991年日本政府实施了研究生院重点化建设项目，旨在建设一批高质量的研究型大学，实现研究生院的重点化和区别化发展。该项目主要包括三个部分：一是重点扶持具有较强研究能力的东京大学、京都大学、东北大学、北海道大学等中央国立大学，使其成为独立的研究生院大学；二是开办拥有尖端科学技术和以跨学科领域为中心的新型大学；三是设置联合研究生院和协作研究生院。该项目的实施，有力地促进了日本研究型大学的发展，提高了国家的科研竞争力。2001年，日本文部科学省又进一步推出了《为增强日本经济活力的大学结构改革计划》（又称为"远山计划"），该计划也包括了三个主要内容：一是将国立大学进行合并和重组；二是实施国立大学法人化制度；三是建立30所富有国际竞争力的世界一流大学（后改为"COE计划"）。2002年，日本政府启动了"COE计划"，该计划突破了"远山计划"重点建设30所大学的限制，提出了一系列的支持策略，并实施第三方评估制度，使竞争更具公平性。①"COE计划"的实施极大地提高了日本大学，尤其是日本国立大学的研究水平。为了延续"COE计划"的成果，文部科学省又于2007年和2014年分别启动了"全球COE计划"和"全球顶尖大学计划"，这两项计划的实施更是确立了国立大学在日本高等教育领域的顶尖地位，突出了东京大学、京都大学等国立大学在日本高等教育机构中的科研功能。

（二）国立大学功能分类

2003年，日本政府颁布了《国立大学法人法》，把"远山计划"中的国立大学法人化制度用法律的形式确立下来。随即，日本开始启动以六年为一个周期的国立大学法人化改革。当时日本社会面临着少子化和老龄化的严峻问题，而培养高质量的高等教育人才、拥有高水准研究能力的国立大学则肩

① 郭伟，崔佳，赵明媚，等．日本世界一流大学建设：变迁、特征与启示[J]．中国高教研究，2020(9)：91-97.

负重任。因此日本政府不得不重新审视对国立大学的功能定位。2005年,中央教育审议会在《日本高等教育未来展望》的报告中就明确指出,各个大学要根据自身的使命与功能进行合理定位,明确自身的办学特色。并提出了日本大学整体(包括国立、公立、私立)七个功能分类的方案,即“世界的研究、教育中心;高度专业化人才培养;多方面职业技能性人才培养;特定专门领域(艺术、体育等)的教育、研究;综合性的教养教育;地域终身学习机会的基地;社会贡献(地域贡献、产学官合作、国际交流等)等”。①

2009年,在国立大学法人化改革的第一个六年中期计划结束时,日本国立大学财务中心对国立大学群进行了分类,将86所国立大学细分为ABCDEFGH共8组,其中:A组是办学规模设置在1万人以上,学部构成数量等大约在10个学部以上的国立大学,共13所;B组是没有医科类的学部,学校设置以理工科类为主,且理工科的学生人数大约是文科系学生人数2倍以上的,共13所;C组是没有医科类的学部,学校设置以人文社科类为主且文科类的学生人数大约是理工科学生人数2倍以上的,共8所;D组是学校设置只有医科类学部构成的,共4所;E组是学校设置只有师范教育类学部构成的,共11所;F组是学校设置只有大学院(研究生院)构成的,共4所;G组是学校设置由医科类学部与其他的学部构成,但又不同于A~F组任何一种情况的,共25所;H组是学校设置没有医科类的学部,但又不同于A~F组任何一种情况的,共9所。②此次的分类主要以学科设置为主要指标,还没有依据功能定位对大学进行明确的划分。

2013年,文部科学省发布的《国立大学改革计划》进一步体现了对国立大学功能定位进行分类的设想,提议将国立大学分为世界性研究据点、全国性教育研究据点、地域发展核心据点三种类型,以回应高等教育全球化、特色化与地方多样化发展的需求。该计划的内容将在国立大学法人化改革的第三个周期(2016—2021)中得以完善。鉴于世界各国人才竞争激烈,2016

① 王晓燕.日本国立大学功能分类新动向[N].中国教育报,2016-07-15(005).

② 王晓燕.日本推进国立大学功能分类改革的动向研究[J].中国高教研究,2016(10):71.

年，日本政府在此背景下进行国立大学分类管理改革，以“世界一流水准的卓越教育研究”大学、“特色专业领域的优秀教育研究”大学、“地域发展贡献”大学的三种功能定位标准对86所国立大学进行划分。如今的日本正在逐步推进跨越国立大学、公立大学、私立大学设置形态的新合作框架，把超越设置形态共同合作创立新的教育研究组织视为高等教育改革的方向，从而以整体形象参与世界一流大学竞争。

第三节　日本高校分类发展的经验借鉴

日本大学在诞生之初可谓深受德国传统大学办学模式的影响，旨在建立能够与欧美国家比肩的研究型大学。二战后，因为被美国占领，又充分借鉴了美国州立大学的办学模式，将权力下放至各地方政府，建立了地方国立大学。经过一次次改革，日本高校分类经历了二元 — 一元 — 多元的发展历程，成功构建起私立高校、公立高校、国立高校并存，普通高校和职业高校并重，精英高校和大众高校并行的适应国家、地方和社会发展且具有国家特色的高等教育体系。

我国20世纪90年代启动了“211工程”“985工程”，之后又启动了“双一流”建设，但我国高校发展始终存在着分类不清、定位不明的问题，存在未建立起明确的高校分类标准，普通本科院校同质化现象严重，高职院校办学质量下滑等问题。而日本在高校分类发展过程中也曾经历过这一阶段，遭遇过类似问题，因此针对高校发展同质化、高职院校办学质量低的问题，日本的经验值得我国借鉴和学习。

一、协调高校自治与社会参与、行政管理之间的关系

伯顿·克拉克提出了政府、市场、大学的“三角协调模式”，认为大学的运行是围绕政府、市场、大学三个基本要素展开的。日本高校分类发展也是其

高校自身的办学使命、社会市场、国家行政管理三者共同影响的结果，在日本高校分类发展过程中，三者都发挥了相应的作用。在日本高校的发展历程中，日本中央政府颁布了一系列相关的分类管理政策及制度，制定了多元的分类评价方式，以引领日本高校的分类发展方向。如1963年日本中央教育审议会提交的《改善大学教育》的审议报告，就明确体现了日本政府高校分类发展的思想，一直影响着之后日本高校的分类发展。对国立大学进行功能分类改革时，日本政府建立了分类评估体系，实施多元化评估制度，引导国立大学内部进行院系重组和专业学科创新，同时对大学经费拨款补助进行了竞争性的“倾斜配给”。而社会市场参与又进一步推动日本高校分类发展。引入社会市场的力量，有利于填补政府分类管理制度的盲区，丰富高校多样化的内涵。除此之外，日本高校也充分发挥了内部治理的作用，尤其是日本的私立高校，采取灵活的办学方式以积极回应社会的要求，认真响应当今学术研究与社会发展的要求，对实现高校的特色化办学和发展做出了贡献。

随着高校数量的日益增长，我国高等教育也步入了大众化的教育阶段，高校分类发展是高校发展必由之路。我国针对高校分类发展颁布了相应的政策，1993年，中共中央、国务院印发《中国教育改革和发展纲要》，明确提出高等教育要分类发展：“制订高等学校分类标准和相应的政策措施，使各种类型的学校合理分工，在各自的层次上办出特色。”2010年，中共中央、国务院印发的《国家中长期教育改革和发展规划纲要（2010—2020年）》指出：“建立高校分类体系，实行分类管理。发挥政策指导和资源配置的作用，引导高校合理定位，克服同质化倾向，形成各自的办学理念和风格，在不同层次、不同领域办出特色，争创一流。”同时，确立了“在中央统一领导下以省级政府为主”的高等教育管理体制，要求省级教育行政部门要加强对区域高等教育的统筹管理，针对区域的经济发展状况制定适应该区域的高等教育未来发展规划，提出高校多类型发展的方向和目标，从而引导各类高校科学定位、特色发展。不过，一段时间以来，我国在办学形式、师资力量、招生政策、资源投入和课程设置等多方面实行单一的以学术标准为主的评估标准，导致高校一度面临大统一的局面，不利于各类高校的多元化发展。鉴于此，我国高校分类发展要坚持政府、社会和高校三者的有机统一。政府方面，要加强统筹规划并完善相应的分类标准，合理分配高等教育资源；社会参与方面，完善市场调节机制，发挥市场的资源配置功能，并鼓励第三方教育机构参与高等学校分类评估；高校方面，要自主选择办学定位、发展路径、发展目标和办学类型，激发办学的内生动力，增强社会责任。

二、落实高校分类发展自主权

实现高校分类发展的重要前提在于落实并保障高校的办学自主权。日本的高等教育一直遵循着高等教育个性化、教育研究高度化、经费管理活性化的方针。20世纪50年代中期，日本文部省就制定了《大学设置基准》，其中对大学的设立和办学做了详细的规定，以促进大学办学的模式化和规范化；20世纪80年代以后，日本文部省提出了关于大学教育、研究的高度化、个性化和活性化的要求，就高等教育行政管理、大学内部组织及管理、大学课程与教学、大学与社会协作、大学的国际化等一系列问题进行了研究和改革。当时的日本文部省、高校自身及社会都清楚地认识到了政府简化有关大学办学的具体规定是大学办出特色的前提，要使“每一所大学在独立地分析社会要求、评价大学办学现状、制定长期发展目标并实施目标的过程中，形成作为一独立组织必备的自立、自律能力”[①]。2004年，日本政府出台了《国立大学法人法》，要求国立大学建立由企业而非政府官员参与的大学管理体制，实行国立大学独立行政法人制度，给予了国立大学更多自主权。

相比之下，我国现代大学制度建设仍处于持续探索期，高校实质性的办

① 胡建华.大学审议会与日本高等教育改革[J].中国高等教育,2001(12):42.

学自主权还比较有限。对此，我国应在明确高校法人地位的同时，进一步落实高校在专业设置、教师聘任、资源配置、办学定位等方面的自主权，否则院校多样化发展只会流于形式。当然，落实高校办学自主权并不意味着高校就能自主地分化发展。受计划经济时代高等教育管理体制的影响，我国高校习惯于凡事"等靠要"，这种办学的惯性思维依然存在，分化发展的意识和主动性都不强。所以我国要落实高校办学自主权，一方面政府要对高校管理权力放手，与各大高校建立紧密的契约关系，充当高校分化的引导者、分类信息的提供者，另一方面还要充分地激发高校自主分化的能动性和办学潜能。这就要求高校自身在管理运营中改变过去的僵化模式，不把自己封闭在传统的高校治理模式中，主动根据社会进步和市场需求去实现内部的结构化调整，消除阻碍学术进步和社会变革的不利因素。与此同时，积极主动地建立全面自主的教师人事制度、大学内部管理体制和大学自我评价制度，确保大学办学的学术水平高度化、教育形式个性化和管理模式活性化。

三、重视职业院校的办学质量

（一）发挥政府在创办优质高职院校中的主导作用

日本著名学者矢野真曾对高等教育的需求主体和受益主体进行了研究，力求探究教育成本谁负担的问题，指出："高等教育可概括为公共收益高的国家必要型和个人收益高的个人需要型。国家必要型高等教育肩负着培养国家所需人才、承担着国家重大研究与开发的重任，它的存在直接关系着国家社会发展的前途与命运。"[①]而日本政府在承担着国家研究型院校的办学责任和教育成本的同时也包揽了职业院校的办学责任和教育成本，注重职业院校与普通院校的共同发展，以此形成了日本优质普通教育与优质职业教育并存的高等教育体系。这既满足了社会对高级人才多元化、高层次

① 张玉琴.日本高等教育均衡发展研究[M].保定：河北大学出版社，2014:208.

的需求，也符合优质教育多元化发展方向。在私立学校在高等教育机构中占比近80%的情况下，日本中央政府还是通过对高职院校进行财政拨款的形式实行着对高职院校的管理权力，设立了一批高质量的且具有品牌特色的日本高等职业院校，以培养出适应社会经济发展，促进日本科技进步和技术创新的应用型精英。

有学者指出，与日本相比，我国2014年已有1300多所高职院校，年招生总规模1000万人，在校生近3000万人，高职院校的数目是地方本科院校的2倍以上，我国拥有世界上规模最大的职业教育体系。[①]我国赋予高等职业教育的使命为“高等职业学校要服务国家‘走出去’的战略，服务大型跨国集团和企业的境外合作，开展技术培训，满足企业发展需要和高技能劳务输出需要”，这表明我国高职教育的需求主体和受益主体均为国家或全社会，属于国家必要型。[②]因此，由国家承担高职教育成本是合情合理的。但是现实并不是如此。20世纪90年代末期，我国进行了高等教育结构调整，重组初期，一方面对普通高校进行分类发展，将普通高校分为研究型、教育研究型和教育型三类，以使其适应经济社会多元化发展要求。另一方面，职业院校仍采取整齐划一的粗放型发展方式，扩大院校规模、满足大众需求，从而出现了许多民间团体创办的职业院校，且管理权呈现出重心下移的趋势，造成了我国职业院校办学质量严重下滑的问题。对此，政府应该发挥创办优质高职院校的主导作用，承担起高职院校的办学责任，从内涵上提高高职院校的办学质量。

（二）集中培养优质工程技术和技能型职业院校

日本高职院校的任务在于培养高级技术和技能型人才，以适应国家战略发展的需要，这要求院校主要以工业、农业等领域的专业为主，这些专业属于高投入、高配置的教育领域，需要拥有充足的、先进的教学仪器、实验室等实训的设施设备。因此，日本政府在教育财政资金极其匮乏的明治时期，

① 杨涛.日本战后高等教育“再改革”的策略及启示[J].河南社会科学，2015(3)：116.

② 张玉琴.日本高等教育均衡发展研究[M].保定：河北大学出版社，2014：208.

也大力支持职业教育，出资创办与国立大学数目不相上下的实业学校，学科专业重点集中在工业、农业、医疗等领域。二战后，日本产业结构从农业向工业转型，日本政府支持大量高等专门学校开设以工业、信息、船舶为主的专业，并支持部分短期大学开设医疗卫生专业，使它们为当时日本的国家支柱产业输送了大量的技术人才。可以说，日本在重视高精尖人才培养的同时，也从未放弃对工程技能型人才的培养，因此才有现在日本的优质职业教育体系。

近年来，我国高职院校规模扩展速度惊人，但是在大规模发展的同时出现了文多工少的同质化现象以及教育质量差的问题，无法满足我国对工业、制造业、农业现代化人才的需求。因此，应将高级工程技术和技能型教育纳入我国优质高等职业教育领域，打造一批高质量、高水平的工科职业院校，填补优质高职教育资源的缺位。

第五章　澳大利亚高校分类发展的实践历程和基本经验

澳大利亚位于南太平洋和印度洋之间，四面环海，其领土面积约769.2万平方公里，包括新南威尔士州、昆士兰州、南澳大利亚州、塔斯马尼亚州、维多利亚州、西澳大利亚州六个州和北部地区、澳大利亚首都直辖区两个领地。1788年，澳大利亚沦为英国的殖民地，1901年组成澳大利亚联邦，成为英国的自治领，1931年成为英联邦内的独立国家。从1850年创立第一所大学至今，澳大利亚的高等教育已经发展了170余年，经历了政治、经济、文化的复杂变化，澳大利亚的高等教育在对英国和美国的高等教育制度进行模仿的过程中实现了本土的改革和创新，这使其成功跻身全球高等教育强国的行列。在2018年的QS世界大学排名中，澳大利亚共有5所大学进入前50名，分别是澳大利亚国立大学、墨尔本大学、新南威尔士大学、昆士兰大学和悉尼大学。澳大利亚的高等教育以后起之秀的姿态在国际上打响了名声，与其卓越、创新和多样性的高等教育体系有着密切的关系。

一、澳大利亚高校分类发展的基本理念

（一）澳大利亚的高等教育体系

1.中后学教育、第三级教育和高等教育

在早期的澳大利亚高等教育系统中存在三种比较相近的概念，即中学后教育、第三级教育和高等教育。中学后教育是指“中等教育以上程度的各级各类教育”，在实际使用中，这一概念侧重于成人继续教育，往往指非全日制的技术与继续教育。第三级教育最初包括了大学教育、高级教育学院教育、技术教育及继续教育，1988年道金森改革后，大学与高级教育学院合并，第三级教育系统由大学或学院提供的高等教育和技术学院提供的各种技术、技能教育组成。“高等教育”在我国《教育大辞典》中的解释是“中等教育以上程度的各种专业教育及少量高等教育机构设置的一般教育课程计划所提供的教育”[①]。高等教育按教育程度分为专科教育、本科教育、研究生教育等不同层次。但是澳大利亚“高等教育”一词的外延随其国家高等教育体制的改革而略有变化，1988年的高等教育一体化改革之后，综合性大学与高级教育学院并存的“双轨制”被废除，高级教育学院并入或是升格为大学，社会上认同的高等教育一般指的就是大学教育。这期间传授技术、技能的非大学教育机构自由发展，但并没有受到政府的太多关注。

如今澳大利亚的高等教育一般由大学和非大学高等教育提供者共同承担，虽然大学吸纳了大多数高等教育学习者，但澳大利亚的大学数量较少，非大学高等教育提供者则以专业技能的教育与实践为主，其数量较多，但规模通常不大，所提供的学科各不相同，从教授非常小的冷门专业的机构到提供广泛服务的大型机构都有。

2.澳大利亚高等教育第三方质量保障体系

澳大利亚高等教育的繁荣发展和在国际上的声望离不开澳大利亚联邦

---

① 教育大辞典编纂委员会.教育大辞典(第3卷)：高等教育 职业技术教育 成人教育 军事教育[M].上海：上海教育出版社，1991：38.

政府对质量保障体系的不断探索和改革。澳大利亚政府对高等教育质量的关注始于20世纪80年代，那时，人们开始关心如何提高高等教育的办学效益，保证人才质量。由于缺乏国家层面的统一质量标准和监管部门，各州的高等教育机构均使用自己的一套质量标准体系，质量标准的多样性导致高校办学效益和人才培养质量难以评估、学生择校困难等各种问题的出现。1992年，澳大利亚成立了高等教育质量保障委员会（the Committee for Quality Assurance in Higher Education，CQAHE），对高等教育机构内部保证质量的制度和程序进行审核。2000年，澳大利亚成立了澳大利亚大学质量保障总署（Australian Universities Quality Agency，AUQA），颁布了《国家高等教育批准程序协议》（简称“国家协议”），加强对高等教育机构的认证标准和程序的统一管理，并且委托AUQA每五年对全国高等教育机构进行一次质量评估，以回应社会对于国家高等教育办学质量的质疑。[①]2011年，高等教育质量与标准署（Tertiary Education Quality and Standards Agency，简称TEQSA）应运而生，接替AUQA的工作。为加强TEQSA管理的权威性和统一性，澳大利亚发布了《高等教育标准框架2011》，作为TEQSA对高等教育机构的课程认证、登记注册以及风险监督等进行统一管理的根本依据和指导。TEQSA整合了各州和领地政府原有的监管条约和AUQA负责的质量保障管理办法，承担起过去九个质量保障机构的职能，负责高等教育机构资格注册、评估、专业及课程认证、咨询和建议、信息发布、培训等工作，此外还拥有注销不合格高等教育机构等方面的行政处罚权。[②]TEQSA的成立保证了澳大利亚高等教育机构运营的合法性和透明度，同时也保障了学生接受高质量教育的权利，促进澳大利亚教育向着优质和多样化发展。

《高等教育标准框架》规定，澳大利亚大学拥有自我认证课程的权力，其他非大学高等教育提供者则需要寻求TEQSA的批准，以获得自我认证部分或全部课程的权力。根据TEQSA授予的自我认证权，澳大利亚高等教育机

---

① 张微雨.澳大利亚高等教育质量保障体系研究[D].桂林：广西师范大学，2019：14.

② 马燕超.澳大利亚高等教育质量与标准署(TEQSA)研究[D].重庆：西南大学，2016：8.

构被分为无限自我认证权、有限自我认证权以及无自我认证权的高等教育机构三类。高等教育机构出于各种原因向TEQSA申请自我认证权，拥有自我认证权便代表着TEQSA对其机构成熟度、办学质量的认可，证明机构具有在不依赖TEQSA课程认证流程的情况下将课程推向市场的能力，可以更快、更灵活、更具创新性地进行课程建设，更好地跟上行业的需求。

3.澳大利亚资格框架

澳大利亚资格框架（Australian Qualifications Framework，AQF）是澳大利亚联邦政府在全国范围内实施的国家性制度，它通过澳大利亚政府教育、技能和就业部与各州协商，将不同教育和培训部门（学校教育、高等教育、职业教育与培训）的资格纳入一个单一的综合国家资格框架，它们之间既相互联系，又是相互分离的独立个体。这里的"资格"既包括职业资格，也包括学历和学位资格，是一种资格证书的完整体系。AQF于1995年推出，2000年全面实施。此后为了服务国家政策和提高公众认可度多次修订，在2019年完成了最新一轮的审查。

授予特定类型学历资格的权力是高等教育提供者最重要的特征。不同的学校类型，授予学历的资格不相同。在2019年修订版的AQF中，根据学生成功完成学业所需的知识和技能将学历资格分为1～10级，包含14种资格类型。每一级证书的标准不同，但不同级别资格在内容上又是相互衔接的，呈现一种递进的关系。通常，1～4级资格证书归类为职业教育，而专科学位到博士学位（6～10级）归类为高等教育。5级和6级证书（文凭）可以由职业教育或高等教育部门颁发，但实际上大多数是职业教育部门颁发的。资格之间的主要区别包括所需的理论知识水平，以及学生分析信息、独立思考和设计问题解决方案的能力。1级和2级证书持有者应将技术、技能应用于日常任务或可预见的问题，而博士学位毕业生需要具备创造新知识的能力。大学和职业教育机构TAFE的区别不仅在于课程，更在于学位的授予。大学可以授予从学士到博士的一系列学位，而职业教育机构只颁发各级证书和文凭。

AQF鼓励建立学历获得通道,通过对先前学习经验的认可,为个人教育和培训提供基础,帮助学生在不同的教育和培训部门以及劳动力市场间流动,实现终身学习的目标。同时,澳大利亚通过对学历资格的科学划分和学历授予权限的严格管制,保障了澳大利亚的高等教育质量,既能促进多样化和综合性人才的培养,又鼓励受教育者继续深造以提高专业能力,服务于国家建设的不同行业。AQF与国际资历框架保持一致的原则和流程,以知识、技能、应用能力为学习结果进行纵向维度划分,从而提高国际上对澳大利亚学历价值的认可度。

(二)澳大利亚高等教育机构的分类

对高等教育机构进行分类可以帮助政府了解全国高等教育结构的宏观情况,从而根据高校的类别、层级和专项,对高等教育机构的政策倾斜、资源配置和财政投入进行合理规划和高效管理。高校分类也可以帮助各学校了解自身的办学定位和自身在教育体系中的地位,扬长避短,弥补不足,促进高校之间的良性竞争和共同发展。不同的分类标准下,高校的类别和属性也会有不同的侧重点。

1.澳大利亚政府的规划式分类

规划式分类是指高等教育部门为优化高等教育系统的科类、布局、层次等结构,提高高等教育机构的效率和功用,依据高等教育发展的现实配置机构的层次类型和分工而进行的分类。①这种分类具有权威性、规定性和以机构职能为导向的特征,其目的一般是实现高等教育体系的结构优化,合理配置资源以达到最佳效用,同时方便教育部门对学校进行分类管理和宏观布局,以更好地服务于社会和地区的发展需求。

澳大利亚官方对于高等教育的正式分类最早见于2000年颁布的《国家高等教育批准程序协议》,该协议的目的是向学生和社区保证,澳大利亚的高等教育机构符合确定的标准,并受到适当的政府管制,各州和地区应依据

① 雷家彬.高等学校分类方法导论[M].北京:中国社会科学出版社,2016:37.

“国家协议”对高等教育进行管理和认证。澳大利亚官方将高等教育机构分为两个大类，即大学和非大学高等教育提供者，又将大学细分为澳大利亚大学、澳大利亚大学学院、澳大利亚专业大学、海外大学、海外专业大学。尽管澳大利亚的高等教育格局在过去的二十年里发生了重大变化，但高等教育机构分类基本上没有发生变化。为了应对教育大众化和全球化带来的挑战，满足不断变化的劳动力技能需求，推动高等教育提供者更加多样化，联邦政府在2019年采用了新的分类标准，将大学的类别简化为澳大利亚大学、澳大利亚海外大学两个类别。非大学高等教育提供者则分为高等教育学院和大学学院两个类别，澳大利亚政府对每一类别机构的职能和要求做出了明确的阐述，鼓励高等教育机构不断发展以实现类别的跨越和升级。

澳大利亚大学提供本科和研究生课程以及博士学位的研究课题，学校需要进行高水平的科学研究。澳大利亚大学在其所提供的教育领域具有深厚的学术领导力和专业知识，与企业和专业人士有良好的联系，并拥有成熟的内部质量保障流程。在此类别注册之前，学校需要得到相关州、地区或联邦政府的支持。澳大利亚大学可以提供广泛的课程，或是进行专门的重点研究，即将以前的“澳大利亚大学”和“澳大利亚专业大学”合并到一类，不对教育和研究领域做出划分。所有大学都具有自我认证的权限，大多数大学还寻求来自外部专业机构的认证。其中有15所双部门大学也为职业教育学生提供服务，而其他大学仅专注于高等教育。

澳大利亚大学学院是高等教育提供者和大学之间的一种过渡类别，除了满足“高等教育学院”类别的要求外，该机构还对其至少70%的课程进行自我认证，有学生成功完成课程并取得良好成绩的办学记录，拥有成熟的奖学金支持系统。澳大利亚大学学院可以选择无限期地留在这一类别，或者选择通过切实可行的计划在五年内达到“澳大利亚大学”类别的标准，并为此提供本科和研究生课程领域范围的研究，包括至少一个广泛领域的硕士学位研究和博士学位研究。

澳大利亚海外大学需要在澳大利亚至少提供一个海外高等教育奖项，被其所在国家认可为大学，并符合“澳大利亚大学”类别的标准。这种大学有时也被称作公司，如伦敦大学学院既没有专门的校园，也不在澳大利亚开设课程，该学院（公司）在澳大利亚的形象可能是其广泛的国际业务的一部分。

澳大利亚教育部将高等教育机构重新分类，旨在消除未充分利用的类别，清晰不同高等教育提供者的职能和定位，支持高等教育提供者创新和进步，推动高等教育差异化发展，以应对日益复杂的劳动力技能需求和全球化带来的挑战。

2.学者的描述式分类

描述式分类是由学者对高等教育的事实、本质属性和特点进行写实归纳，具有学术性和后验性。澳大利亚高等教育专家西蒙·马金森根据澳大利亚大学的建立时间、办学背景、教研水平和建筑风格，从历史由远及近，将高等教育机构中的大学大致划分为砂岩大学、红墙大学、胶树大学、科技大学和新大学五个类别。

砂岩大学（Sandstone University），是指在各州中最早创立的一批大学，包括悉尼大学、墨尔本大学、阿德莱德大学、昆士兰大学、塔斯马尼亚大学、西澳大利亚大学等。这些大学因其砂岩材质的建筑墙体和较高的科研水平得名。砂岩大学建校时间较早，具有悠久的历史和浓厚的学术氛围，从建立起就获得了政府的政策和资金支持，在长期的发展中积累了声望和资源，在澳大利亚的大学中具有领袖地位，进入2018年QS世界大学排行榜中的5所大学中有3所来自砂岩大学。

红墙大学（Redbrick University），指二战后建立的一些大学，包括澳大利亚国立大学、新南威尔士大学和莫纳什大学等，因校内红砖建筑比较多而得名。这些大学的建立同样是以学术研究为目标，然而因其建立时间晚于砂岩大学，在资源上的积累没有前者那般雄厚，为了更好地发展与经营，这些大学引入了一部分企业运营的理念，更具有现代性和适应性。如新南威尔士大学和莫纳什大学都比砂岩大学更加注重与产业界的联系，都强调毕业生的就业能力。

胶树大学(Gumtree University)，顾名思义，其校内主要种植的植物是胶树，这些大学的建校时间在1960年到1975年之间，包括麦考瑞大学、澳大利亚纽卡斯尔大学、格里菲斯大学等。在这期间，政府严格控制了法学、医学、工程学学院的数量，导致大多数胶树大学没有开设这些专业，这方面的研究受到了限制，处于弱势地位。胶树大学扬长避短，大力发展艺术、社会科学、人文科学等学科领域，创造了自己的专业特色。与砂岩大学和红墙大学相比，胶树大学更具有开放创新的精神，扩大了澳大利亚大学研究和教学的领域，教师和学生有了更多的选择性。

科技大学(Technical University)，主要指1988年道金森改革后各州内由高级教育学院合并而成的一批大学，这些学校在当时国家政策的影响下倾向于职业教育和工业技术教育，包括昆士兰科技大学、悉尼科技大学、皇家墨尔本理工大学、科廷科技大学和南澳大利亚大学。当时的澳大利亚推崇高等教育市场化，教育要加强与社会建设和经济发展之间的联系。这些学校的共同特点是重视职业技术教育，在商学、计算机、建筑学、环保学、工程学以及护理等专业投入大量资金和人力，培养符合社会经济发展需求和产业界亟须的应用型人才，重视科研成果的转化和应用。

新大学(New Universities)指的是澳大利亚大学发展史中最后建立的一批学校，包括中昆士兰大学、南十字星大学、西悉尼大学等。在这类学校中，新建的实用主义建筑和高级教育学院时代保留的中学建筑混合在一起。新大学的“新”不仅在于它们的办学时间相对较短，还在于它们的办学理念中凸显出对“创新”的追求。新大学进一步深化了科技大学的入世务实风格，使知识彻底地从本体论转向了工具论:知识本身没有自足价值，知识的价值在于提高生活的品质。此外，作为英国曾经的殖民领地，澳大利亚的高等教育在发展过程中紧随英国的脚步，留下了浓厚的英国印记。前四类大学无论是主张学术研究还是服务经济发展，都不可避免地残留了英国的影子，而新大学则避免了英国的影响，开创了属于澳大利亚自己的高等教育格局。

虽然这些学校之间的差异并非泾渭分明，但都有各自的特色。砂岩大学受其建校缘由和英国大学模式的影响而奉行精英教育，主要从事学术研究，之后的红墙大学和胶树大学则在专研学术的同时也慢慢注重培养学生在社会工作中需要的知识和技能，加强大学与社会的联系，科技大学在高等教育市场化的趋势下展现其鲜明突出的职业教育倾向，而新大学则致力于扩大在校生数量。所有的高校都想发展为综合性大学，但并非都有提供全部领域课程的能力，这就形成了各大学之间不同的术业专攻和课程设置，其中砂岩大学的学科类别往往最为齐全。总体来说，澳大利亚大学的发展体现了知识从学术界逐渐流向社会各行各业的趋势，大学从超然世外转向入世务实。

3.社会的层级式分类

澳大利亚社会中也存在一些非正式的高校分类方式，如大学联盟。作为高等教育的利益相关者，学生、家长和企业也会对大学进行分类比较。人们根据大学的办学定位和科研实力将其分为不同的类别进行选择，如被誉为澳大利亚“常青藤”的八校联盟是受教育者们理想的高等学府。1999年9月，为了应对国际上高等教育的激烈竞争压力，提高澳大利亚高校的人才培养质量，打造本国的精英教育品牌，澳大利亚的8所顶尖大学共同成立了一个非政府组织——八校联盟(Group of Eight)，其成员包括悉尼大学、墨尔本大学、昆士兰大学、西澳大利亚大学、澳大利亚国立大学、新南威尔士大学、阿德莱德大学和莫纳什大学，这些大学以联盟的形式促进彼此之间的学术交流与合作，实现高校之间的优质资源共享、优势互补和共同发展。这8所高校均为澳大利亚一流的研究型大学，获得了联邦政府75%的竞争性科研投入，凭借充裕的科研资金、一流的研究人才和积极的合作交流，八校联盟的成员在政治、经济等各个领域都做出了卓越贡献，培育出多名诺贝尔奖得主，其出版的科研著作约占全澳大利亚大学的50%以上，培养研究生人数超过其他大学的总和。此外，还有创新研究大学联盟、科技大学联盟和新大学联盟等。[①]八校联盟实质上是由砂岩大学和红墙大学中一些历史悠久且将自身优势保持下来的大学组成，其他大学的划分和西蒙·马金森的分类方式大同小异，只不过在长期发展过程中，有少部分大学转变了自身的发展方向而被归于其他类别了。

二、澳大利亚高校分类发展的实践历程

（一）澳大利亚高等教育体系的萌芽

澳大利亚过去是英国的流放地，其高等教育体系在建立的过程中很大程度上追随着英国和西方其他发达国家的脚步。1850年，澳大利亚第一所大学——悉尼大学成立，1853年建立了墨尔本大学，至1901年澳大利亚联邦成立为止，澳大利亚高等教育发展一直较为缓慢，仅有6所大学。但这些大学身上都有着浓厚的英国大学的影子，继承了英国的学术自由和学术自治传统，大学的主要任务是学术研究，很少会为迎合社会中利益主体的需求做出改变。

19世纪60年代，澳大利亚矿业和工业的迅速崛起对教育提出了新的要求，职业教育机构应运而生。随着1870年巴拉瑞特矿业工业学校（School of Mines and Industries Ballarat）的成立，各类技术学院如雨后春笋般地建立起来，不仅为澳大利亚的各行各业培养了许多技术人才，而且为中等教育和高等教育开辟了一条新路，也为日后澳大利亚高级教育学院的蓬勃发展奠定了基础。这一时期澳大利亚的高等教育服务于殖民地社会新秩序的建立，大学为澳大利亚培养了一批初具民族意识的知识分子和政治家，为联邦运

① 何雪莲.从英国“外省”到自我认同:澳大利亚大学校训研究[J].高等教育研究,2010(6):104-109.

动储备了骨干精英,对于澳大利亚国家的建立具有重要意义。在其后几十年里,高等教育缓慢发展壮大,学科门类日益齐全,办学规模不断扩大。

起初,澳大利亚的高等教育由州政府主导,联邦政府不承担对大学的任何资助。1957年9月,澳大利亚大学委员会向联邦政府提交了著名的《默里报告》,要求大学扩大规模,指出当前大学办学资金不足的问题,建议联邦政府拨款解决大学经费的燃眉之急。联邦政府采纳了报告提出的建议,并借此拨款的机会进一步加强了对大学的干预和控制,澳大利亚高等教育的管理呈现出联邦政府和州政府协商治理的局面。此后高等教育管理权逐渐向联邦政府转移。虽然除澳大利亚国立大学之外,其余的公立大学均为各州/领地所有,但联邦政府拥有制定政策和进行财政资助的责任。

(二)高等教育双轨制的确立与发展

1.政治经济背景

第二次世界大战至20世纪60年代中期,澳大利亚的采矿业与制造业发展迅速,推动了澳大利亚经济蓬勃发展。政治经济制度制约着教育发展的规模和速度,影响到教育的结构和类型,同时,教育也承担着为经济发展提供新生劳动力的责任。澳大利亚的高等教育乘上了经济发展的快车,短时间内涌现许多新大学。但大学也因其教学内容脱离社会实际,没有向学生提供更具有职业性和技术性的课程,没有为劳动力市场提供最需要的人才而受到了广泛的质疑。大学教育经过了长期的发展和沉淀,有自身的职能和特点,课程设置和教学内容具有一定合理性和必要性,不可轻易改变,因此大学迫切需要其他类型的高等教育机构来分担和缓解压力。与此同时,澳大利亚颇具特色的技术学院和高级教育学院也希望能扩大规模,提升规格和影响力,以争取更多来自联邦政府的拨款。来自各方面的压力促使联邦政府把第三级教育作为一个整体来考虑,以保证公民受教育的基本权利。

20世纪60年代,联邦政府发布了《马丁报告》,把大学看成通过学术手段实现社会经济政治目标的一种工具,其中对高等教育进行了具有战略转折意义的定义:教育应该被视为一种投资,通过提高全国人口的技能,通过加速整体技术进步,它可以产生直接显著的经济效益。该报告明确指出,要将教育目标与国家经济利益挂钩,现代国家建设必须通过高等教育提高整个民族的平均素质,多样化的高等教育系统将推动社会的发展。因此,报告建议增加高等教育的类型,建立包括大学、高级技术学院、高级教育学院和教师教育学院在内的多种类型的高等教育机构,与大学教育进行区分。1965年3月24日,澳大利亚总理孟席斯代表联邦议会宣布建立新的"文凭学院"(Diploma College),即高级教育学院,联邦政府据此将原有的师范学院、工艺学院和其他一些高等教育提供者合并到这种新型的高级教育学院体系中来,至此,澳大利亚形成了包括大学和高级教育学院在内的高等教育双轨体制。另外,《马丁报告》还建议联邦政府和州政府共同承担对非大学的高等教育提供者的资助。各州政府负责监督和支持高级技术学院和教师学院的发展,联邦政府从全国统一的高度对大学、高级技术学院、高级教育学院和教师教育学院等部门的发展提出指导建议。联邦三级教育委员会协调大学、高级教育学院以及技术与继续教育学院各部门之间的拨款和发展事宜,联邦政府也借此深切地影响了高等教育系统的构建以及高等教育提供者的办学。

2.双轨制高等教育的特色

高级教育学院为那些不愿意或不具备足够能力进入大学的人打开了另一扇大门,让他们也可以接受高等教育,获得知识的传授和技能的培训。在澳大利亚,高级教育学院和大学具有平等的地位,但有着不同的职能和特色。大学和高级教育学院的区别是:大学可以提供本科和研究生水平的学历学位教育,并进行研究活动,而高级教育学院大多在技术学院或职业学院的基础上建立,只负责本科水平的教学工作,旨在培养学生未来工作所需的职业技能。因此,尽管开设有许多与大学同名的课程,高级教育学院却明确强调其重点在于专业训练而非理论研究,重点培养学生实际的工作能力,特别强调与社会实际的紧密联系,教学也非常注重实用,有些学院还安排学生到生产部门直接从事实际工作，被看作是“工业界、商业界与学院结合的地方”。高级教育学院以高等职业技术教育为中心，与澳大利亚的政府机构、公司和企业有着广泛联系，不断地为各地区、各部门、各行业输送大批具有大学毕业水平和一定实际工作能力的专门人才，缓解了澳大利亚高等教育结构与社会现实脱节的矛盾。

社会普遍期望高级教育学院有高度的灵活性、适应性和多面性，如此才能适应社会中广泛多样的需求。长期以来，高级教育学院的教学重点放在本科和本科以下的层次，与大学相比，它们更注重开设范围广泛的应用课程和职业课程而不是理论课程，如财会、建筑、艺术、应用化学、商业管理、数据处理、工程等，但各个高级教育学院开设的课程各有侧重。高级教育学院并不像大学那样注重学生的理论分析能力和逻辑推理能力等学术能力，而是注重其学术能力之外的实际工作能力，因此，学生总体入学标准略低于大学，非全日制学生的数量也相当多。

由于联邦政府对高等教育的强力干预，澳大利亚形成了与其他西方国家完全不同的双轨制。

（三）高等教育一体化改革

1. 政治经济背景

20世纪六七十年代，澳大利亚的经济发展经历了二十年的上升期，得到了长足的发展，政府决定建立福利型国家。惠特拉姆政府宣布从1974年1月开始实行免费高等教育政策，免除大学和高级教育学院学生的学费，使所有符合要求的学生能够不考虑经济因素全部入学，保证教育机会的公平，进一步推动了高等教育的大众化和高等教育机构的规模扩增。然而好景不长，20世纪80年代，受西方经济萧条的影响，澳大利亚的经济发展也开始走下坡路，坚持全民免费高等教育有些力不从心。澳大利亚高等教育规模逐步扩张，而联邦政府的拨款并没有与教育规模的扩张保持同步，反而有逐年下降的趋势，高等教育的发展一度陷入低迷状态。迫于形势，政府开始放权，大学拥有了更多的自主权，可以自行设置课程和招生规则，重新制定收费标准，公立院校的资金来源从联邦政府变成了受教育者群体，政府仅提供竞争性研究资金，高等教育机构生死存亡的决定权交到了学生和家长手中，各院校开始迎合市场的需求开设课程，进行生源和政府竞争性资金的争夺，全额收费的国际学生市场营销更是各大学的重头戏。

2.高等教育系统内部问题

除了社会经济方面的外因，高等教育系统内部也存在一些问题。随着高级教育学院的发展壮大，大学与高级教育学院之间的界限逐渐模糊，两者从各司其职变成了相互竞争。当初高级教育学院在联邦政府的全力支持下应运而生，为大学分担了许多专业教学和职业培训方面的压力。高级教育学院与大学互不冲突，共同发展，前者负责文凭层次的高等教育，以教学为主；后者颁发学士及以上的学位，以科研为主。但随着高级教育学院的持续成长壮大，情况慢慢发生了转变。高级教育学院的优势主要在于其课程设置的多样性和广泛性，以及教学方式的实践性和灵活性，充分弥补了大学教育的不足。如大学开设的语言专业课主要是法语、德语和一些古典语言课，而高级教育学院则避开这些语种，选择开发其他语种教学，既避开了与实力雄厚的大学进行竞争，又获得了颁发学士学位的资格。[①]在这种扬长避短、另辟蹊径的思想下，高级教育学院所开设的课程几乎遍布各个领域，形成了独有的特色和优势。高级教育学院的弱势在于有学历授予资格的限制，从前的高级教育学院只颁发毕业证书而不授予学位，但随着实力的增长，高级教育学院授予学士学位的情形变得越来越普遍，到20世纪80年代，有些高级教育学院已能授予研究性硕士学位，一些实力雄厚的高级教育学院甚至和大学合作联合培养博士研究生。到20世纪80年代中期，高级教育学院发展到了顶峰，形成了一个与社会各界有着紧密联系的高等专业教育体系。高级教育学院也在这期间吸引了大量学生，导致大学反而开始在一些方面

---

① 殷惠光.澳大利亚高等教育体制变革浅析：试论我国职业教育的发展方向[J].彭城职业大学学报，2001(2)：2.

模仿高级教育学院以保持竞争优势。在双轨制实施十年后,大学与高级教育学院的区别越来越小,逐渐偏离《马丁报告》中建立"平等但是不同"的高等教育机构的初衷。高级教育学院意识到自己做着和大学一样的事情,却没有得到相同的待遇,于是希望能够提高自身的地位以获得政府更多的资金投入。西澳大利亚州的一所高级教育学院西澳技术学院1986年在州政府的立法支持下干脆改名为科廷科技大学。

3.高等教育体制的变化

1987年12月,就业、教育与培训部部长道金森起草出版了绿皮书《高等教育:政策讨论书》,引起了澳大利亚高等教育发展史上的一次重大转折。道金森之前担任过经济部部长和海外贸易部部长,他将微观经济学的方法引入高等教育治理领域,拉开了20世纪后半叶澳大利亚高等教育史上规模最大、影响最深的高等教育改革运动的大幕。其中最直接的结果是澳大利亚高等教育的双轨制被废除,取而代之的是新的国家统一体系(Unified National System,UNS)的高等教育制度。按照绿皮书的建议,高等教育的结构应该进行全方位、深层次、根本性的变革,技术学院和高级教育学院应该被提升到大学水平,与大学合并,以达到经济上的规模效应并提升专业化水准。绿皮书还批评了大学的管理工作效率低下,指出教育与产业应该建立更紧密的联系。1988年,联邦政府又发表了高等教育白皮书《高等教育:政策声明》,明确了高等教育改革的主要方向。一方面,高等教育要更具适应性,及时回应社会的需求;另一方面,高等教育要具有工具性,帮助澳大利亚提高整体经济水平,进而巩固澳大利亚在国际市场上的竞争地位。因此,联邦政府改革的根本目标就是通过采用市场手段,提高高等教育的效率和质量,加强高等教育与工商业界的关系。

联邦政府对于高等教育体制的一体化改革势在必行,除了政策上的硬性规定,联邦政府还对采纳一体化改革方案的院校给予经济上的优惠和政策上的支持。到20世纪90年代末,改革成效显著,澳大利亚的高等院校数量锐减,学校的规模扩大,学生人数激增,大学几乎合并了所有的高级教育学院。道金森雷厉风行地以一体化改革结束了澳大利亚从1964年至1988年长达二十四年的双轨制,从此澳大利亚的高等教育体系由双轨制强制性地转变为单轨制。

联邦政府大力推行一体化改革出于两个目的,一方面,加强对日益壮大的高级教育学院的管控。依照法律规定,高级教育学院有权制定自己的课程,而且除堪培拉高级教育学院之外,其他高级教育学院均由各自所属的州政府来管理,不在联邦政府的管辖范围之内。在高级教育学院日益壮大的情形下,为防尾大不掉,联邦政府必须想方设法加强对其控制,其中最好的办法就是将这些学院纳入大学的框架,在高级教育学院实现自己升格为大学的梦的同时,联邦政府也达到对其进行直接控制的目的。另一方面,通过调整高等教育内部结构达到效益最大化。联邦政府认为机构规模对于高等教育有着重要影响,学校规模越大,专业范围越广,越能为学生提供更好的学术服务和教学设施,教师也越能获得更好的职业发展机会,从而提高高等教育的效率和效益。因此,联邦政府在改革中秉持高等教育机构规模"越大越好"的价值倾向,希望高级教育学院能尽可能地合并到大学当中,实现高校学科结构的优化,同时简化和平衡备受诟病的高等教育拨款体制,完善资源配置。

高等教育体制的一体化改革有利有弊。一方面,大学数目的增加可以缓解青年人入学的竞争压力,政府在改革后赋予大学更多的自主权,大学的治理更加灵活自由,而合并高级教育学院也将增加其多样性和竞争能力,在一定程度上推动大学的人才培养。另一方面,一体化改革比较仓促,很多高级教育学院没有做好充分的前期准备,合并后也要花大量的精力和时间完成内部整合和消化,学校的管理和运转一时之间难以协调,不仅影响了教学质量和研究能力,也消解了部分学校的完整性与特色。在澳大利亚,高等教育双轨制改革之后曾经的大学和曾经的高级教育学院之间的竞争依然存在，当然竞争已不再是原来的样子，而是变成了“新”大学和“老”大学之争。大学的通识教育和高级教育学院的职业教育在高级教育学院消失以后转变成了大学的通识教育与专科层次的技术教育、继续教育之间的竞争。

（四）高等教育机构分类标准的形成与修订

1.政治经济背景

21世纪以来，澳大利亚高等教育在规模扩充、质量提升以及国际输出等方面的改革取得了令人瞩目的成绩，但同时也面临着较多问题。在全球知识经济迅速发展、以大学科研实力为代表的全球科技竞争日益白热化的时代中，高等教育改革应该何去何从的问题，摆到了澳大利亚政府面前。面对国际政治、经济与外交领域中的新变化，结合澳大利亚国内社会发展的各种机遇与挑战，澳大利亚联邦政府迅速出台了一系列高等教育政策，以不同的视角，从各个主题回顾和分析了澳大利亚高等教育的发展历程和当前的现实，分析了澳大利亚高等教育面临的挑战与问题，并指出了高等教育未来发展的基本方向。这一时期，“质量”“竞争”成为澳大利亚高等教育的主题词，国家开始整顿高等教育机构，以提高其实力，确保高等教育的质量和地位。

2.分类标准的基础：“国家协议”

2000年，澳大利亚政府颁布“国家协议”。“国家协议”不仅对大学和其他高等教育提供者的准入门槛进行了严格的规定，还以立法的形式保障“大学”称号的合法使用，高等教育提供者未经批准和注册，不得随意使用“大学”这一称号，也不能随意修改院校名称。“大学”名称的使用权需要定期接受审查，司法决策者会根据审查、评估和报告的结果决定修改大学名称或者撤销大学名称的使用权。

“国家协议”是澳大利亚高等教育国家质量保证框架的关键要素，澳大利亚高等教育体系的多样性对于满足多样化和不断变化的学生和社区的期望非常重要。“国家协议”提供了一个框架，旨在通过规范高等教育机构及其课程来保持澳大利亚高等教育的质量。

3.高等教育提供者分类标准

2011年，澳大利亚政府依据《布拉德利法案》成立了澳大利亚高等教育质量与标准署(TEQSA)，之后在“国家协议”的基础之上发布了《高等教育标准框架2011》(以下简称“门槛标准”)，作为TEQSA对高等教育机构进行评估和审查的重要依据。2015年，澳大利亚教育部完成了“门槛标准”的新一轮修订，发布《高等教育标准框架2015》以规范澳大利亚高等教育机构的注册和运营。高等教育提供者分类标准(Higher Education Provider Category Standards，简称PCS)是“门槛标准”中的一个独立且重要的部分。“门槛标准”由A、B两个部分组成，A部分规定了对高等教育提供者在澳大利亚提供高等教育的最低要求，对高等教育中的学生参与和成绩、学习环境、教学、研究、机构质量保证、治理和问责信息管理等进行了详细的说明。B部分是高等教育提供者分类标准，根据不同提供者的职能和特点，将澳大利亚的高等教育提供者分为了(非大学)高等教育提供者、澳大利亚大学、澳大利亚大学学院、澳大利亚专业大学、海外大学、海外专业大学六类，分别说明了TEQSA对不同类别机构注册的要求。2019年，联邦政府单独对“门槛标准”中的PCS部分进行修订，将大学类别简化成澳大利亚大学、澳大利亚海外大学两类，非大学高等教育提供者则细分为高等教育学院和大学学院两个类别。

“大学”一词具有高质量、高地位和高声誉的内涵，“大学”的声誉吸引了国内和国际学生。在澳大利亚，正如国际上大多数情况一样，“大学”一词意味着教学和研究的双重职能。2005年，澳大利亚教育部部长尼尔森在高等教育改革纲要中提倡根据大学自身的资源和教学科研情况将其分为教学型大学和研究型大学两种类型。教学型大学主要负责本科教学，由国家提供绝大部分资金；而研究型大学则主要面向已获得本科学位的研究生，采取市场化的收费体制，由学生自付学费。大学分类为教学型和研究型两种类型，有利于整合大学资源，使其突出自身的优势和特色。然而，在市场的驱动下，澳大利亚的大学为了获得更多的资金和生源而逐渐趋于同质化，几乎都发展成了集教学与研究任务于一身的综合性大学，而2019年的PCS修订方案也特别强调了大学在教学和研究方面的双重使命。澳大利亚人口仅占世界人口的0.3%，但发表的科学研究成果却占世界的2.6%。澳大利亚的大学研究向科技领域倾斜，尤其是优先发展医学研究，其中超过一半的研究成果来自以下四个领域：医学和健康科学、工程、生物科学和人类社会研究。虽然PCS中有大学同时进行教学和研究的要求，但目前没有规定研究的质量或数量。从事研究工作是澳大利亚大学的一个显著特征。

同时，政府在PCS中对大学在行业参与、公民领导和社区参与等方面的责任和要求进行了强调，希望通过重视澳大利亚大学的行业参与，来确保其积极有效地与行业沟通，以高影响力研究创造价值，并培养澳大利亚未来所需的毕业生。尽管澳大利亚也有很多大学与行业合作的例子，但这并不是澳大利亚大学的明显优势。

“公民领导”指大学了解当地社区的需求和优先事项，认识到大学活动对社会的长期利益，通过研究和学术活动为社会转型与发展做出贡献。在澳大利亚，大学要为减少社会不平等、促进社区发展、促进环境可持续性，并在其他方面提升社会共同利益而努力，因此，参与社区活动也是澳大利亚大学的一个核心特征。澳大利亚大学已经制定了强有力的参与社区活动战略，鼓励学生在参加大学课程和完成任务之外做出有益于社会的贡献。

2008年至2019年间，澳大利亚非大学高等教育提供者的数量几乎翻了一番。尽管澳大利亚已经拥有一个全面的、多样化的高等教育系统，但许多人认为，澳大利亚还需要更多的高等教育提供者，以适应不断变化的劳动力市场。高等教育系统必须由不同规模、不同地点和不同任务的高等教育提供者组成，提供具有差异性、创新性和灵活性的高等教育项目，以适应不同的学生群体和社区需求。这种差异性能够让学生选择最适合其目标和能力的院校，促进社会流动，使高等教育充分契合劳动力市场的需求。未来，专科院校或综合性大学的数量也有可能扩大。随着社会对职业教育和高等教育相融合的教育需求的加大，双领域教育提供者的数量也可能增加。

三、澳大利亚高校分类发展的经验借鉴

（一）根据高校类别设置不同的质量标准

进入高等教育大众化阶段以后，澳大利亚不断采取各种措施对高等教育的发展进行改革，最终形成了由各级政府、社会第三方和大学共同组成的高等教育质量保障体系。澳大利亚高等教育质量保障体系的审查对象囊括了不同类别的高等教育提供者，且针对其类型的不同，对其注册标准和审查的要求也各有侧重点。如：非大学高等教育提供者需要满足提供被认可的学习课程、具有明确的高等教育宗旨、提供与高级知识和探究有关的教与学、能保证学术人员积极参与奖学金计划并投入教学与研究之中等条件；而“大学”称号具有明显的市场优势，更有利于宣传，可以获得政府和社会的各方支持以及更多的财政拨款，因而澳大利亚对大学的注册和运营具有更高的要求，“大学”一词的使用在澳大利亚受到高度保护和管制。根据“门槛标准”，大学需要提供符合高等教育标准框架的本科和研究生课程，这些课程必须涵盖至少三个领域的硕士学位（研究）和博士学位（研究），且其中85%的课程需要进行自我认证；大学必须具有系统的、成熟的内部程序，以确保质量并保持学术水平和学术诚信；大学需要有足够的经济实力支持教师的研究和教学；大学要积极参与当地社区的活动，体现其社会责任等。此外，大学还需要在高等教育各部门中发挥领导作用，带头履行高等教育输送优质人才、产出科研成果、服务社会发展和推动国家经济繁荣的职责，在教学和研究领域有更好的表现。当然，无论是哪个类别的高等教育提供者，都需要满足最基本的高等教育标准框架。澳大利亚这种质量把控上的区别对待，给了各类高校最大的生存空间和清晰的发展路径。想要平稳发展的高校，可以根据标准要求进行自我审查，在保证质量的前提下，最大程度地挖

掘本校特色。而另一些发展成熟、具有更高目标的高校也有了参照标准,可以通过取长补短努力向“大学”靠近。这种具体的、灵活的质量评估标准,对高等教育提供者的进步与发展起到了鼓励作用,同时也增加了澳大利亚高等教育结构的透明性。学生能更客观地了解到不同高校的办学能力和发展重点,从而根据自身需求选择最合适的学校;社会和企业也会因此对不同高校有不一样的期待和定位,促使高校和产业之间形成最合适的合作关系。澳大利亚各类高校之间分工明确,相互配合,功能互补,不仅强化了高等教育提供者的内部职能,也平衡了大学与政府、社会之间的关系,保障了澳大利亚高等教育事业的有效发展。

在我国,高等院校质量标准的制订也应广泛考虑不同层次、不同类型高等院校的情况。因为高等教育质量是一个多层次的概念,因此,在制订高等教育质量标准时要防止以一个固定的标准来对多类型的高等院校进行审核评估。我国的高等教育事业是多样化的,同样的,高等教育的办学层次、办学类型、培养规格、质量标准也应该是多样化的。因此,政府应把握时代和社会不断变化的需要,在宏观层面上制订高等教育质量规划和质量标准,明确高等院校办学条件和标准,从整体上涵盖高等教育宏观结构布局。同时也要关注到标准制订的层次性,针对不同类型、不同层次的高等院校制订出具有针对性的质量标准,使制订的标准能够切实有效地保障高等教育质量。

(二)鼓励不同类别高校间的学生流动

澳大利亚建立了畅通的学历资格框架鼓励学生在各高校之间自由流动,各高校在资格证书、先前学习认定、学分转换、专业设置、课程设置等方面都建立了良好的衔接机制,帮助学生在其间流动时减少烦琐的程序和重复的学习,鼓励学生根据自身需求继续深造,实现终身学习的理念。“无论深造者在哪个学校、通过什么途径、任何时间取得的文凭、证书,职业培训机构、各级各类学校必须认可,职业培训机构、各级各类学校也必须设立连接不同层次资格的课程,学习者完成相应课程就能够获得该类课程对应的证书、文凭。国家教育培训机构为保证不同教育机构资格证书的有效衔接，特地为学习者设立了特定的资格连接课程。”[①]

我国目前尚未有一套成熟的、清晰的、畅通的资格认证标准与能力标准体系，全国各地的职业教育和高等教育各自为政，在专业设置、课程标准、能力标准及课程开发等方面，即使是相同专业也存在较大差异。虽然学分银行建设已经初步完成总体架构设计和验证试点工作，但其普及程度和社会认可度还不够高，建议要发挥好广东、上海、北京等地区先行试点成果的辐射效应，探索建立以粤港澳大湾区、长三角地区、珠三角地区、京津冀地区为代表的区域资历框架，实现区域内资历框架标准的统一，逐步建立起学分互认和转换制度，实现区域内的资格纵向连接，横向衔接。构建灵活、弹性、贯通的人才成长立交桥，更好地实现教育体系与劳动力市场的适时有效对接。

（三）政府宏观管控下的高等教育多样化发展

在澳大利亚高等教育的发展历程中，政府扮演了提供者、购买者和监管者三种角色。作为提供者，澳大利亚政府自大学建立之日起就开始提供资金、土地和基础设施方面的支持，在20世纪70年代甚至承担了全部的高等教育经费，后经历多轮教育改革，引入市场机制后，政府投入的资金比例虽然越来越低，但仍旧是高等教育经费的重要来源之一。政府是澳大利亚高等教育服务和学术成果的最大购买者，政府有权选择买什么、买多少，通过产品的选择影响高等教育的发展方向。作为监管者，政府通过建立全国统一的高等教育质量保障体系，对全国高等教育机构的办学质量进行严格的管理。这种角色的变化表现为政府不再大包大揽，而是从微观治理转向了宏观治理，从事无巨细的“管制”转向了基于绩效与成果的“监管”。监管面向的是最终的质量成果，通过与大学就质量、拨款、绩效目标等问题进行协商，以及竞争性项目的设置、实施严格的质量监督考核体系，澳大利亚联邦政府不仅没有在高等教育市场化的进程中退居幕后，反而日益强化了其在

① 李强.澳大利亚中职直通本科统一资格框架衔接制度及借鉴[J].现代教育管理，2020(4)：124-125.

高等教育改革中的影响力，牢牢地把握住了高等教育发展的大方向。

澳大利亚的高等教育机构在受到联邦政府立法与经费体制机制的宏观强力调控的同时，也被赋予了比以往更大的办学自主权。在政府降低经费资助后，经济来源渠道的拓展反而给大学治理带来了更多活力。政府的手段是以引导竞争为主，大学可采取合作型策略或非合作型策略，在选择权上大学是自由的，但结果一定是选择合作，否则大学将很难获得稳定长期的经费支持。因此，在澳大利亚联邦政府的放权改革之下，大学的办学自主权与大学内部治理无论是在内涵上还是外延上都已经发生了新的变化。大学拥有内部治理权，政府却拥有影响大学行为的力量。澳大利亚的高等教育在政府与市场的微妙平衡中找到了多样化发展的空间。政府的宏观控制决定了高等教育发展的大方向，但市场的多样化需求催生了各高校在专业设置、课程开发、培养模式等方面的自由发挥，高等教育在教学、科研与服务方面的效率和效益得到大幅提升。对于有限的办学资源的利用程度更高，办学行为更加经济和理性；政府关注的经济社会发展中的重要问题得到高校的重视；大学通过研究成果的产业化，实现了办学经费来源结构的优化；课程专业与人才培养更加贴近经济社会发展的需求，更加关注学生多样化的教育需求。在联邦政府宏观管控下，澳大利亚的高等教育实现了多样化发展。

（四）在模仿与借鉴中实现本土创生

澳大利亚高等教育在过去一个多世纪的时间里一直在努力模仿与借鉴英国的大学模式，从校名到校训再到建筑风格，都带有英国大学的影子。澳大利亚大学在成立之初，完全继承了英国大学的学术自由和教授治校的传统。这种纯粹学院式的管理体制决定了大学是超然于社会之外的，大学的研究和教学兴趣很少为了迎合学生、政府等利益主体而发生改变。澳大利亚最早的3所大学在创立之初只朝英国大学看齐，方方面面都仿照着牛津大学和剑桥大学的标准，并和它们保持着相当紧密的学术合作关系。悉尼大学深受英国牛津大学和剑桥大学的影响，校园里矗立着牛津大学、剑桥大学风格的建筑，其校徽上分别是牛津大学校徽上的书和剑桥大学校徽上的雄狮，再加上代表澳大利亚的南十字星图案，寓意该校为南半球的牛津大学与剑桥大学。但随着社会发展，澳大利亚的高等教育为了服务国家建设和经济发展，越来越偏向于实用主义，培养社会所需知识技能的职业学校蓬勃发展，形成了澳大利亚独具特色的职业教育。同时，大学的功能越来越务实，开始关注社会、企业和学生的需求，注重技能的训练。在道金森改革之后，联邦政府减少了对高等教育的拨款，在高等教育中引入市场机制，高校必须通过收取学费、进行科研成果转化等方式获得办学经费，争取海外市场成为各高校获取经费的重要渠道，国际高等教育成了澳大利亚的重要出口产品，也为澳大利亚的高等教育在国际上打响了名号，树立了口碑。

从澳大利亚高等教育的发展历程来看，其在模仿之中逐渐找到了本国的特色，走向了高等教育市场化和国际化的道路，最终形成了独具特色的高等教育体系。从澳大利亚的经验来看，学习优秀范例固然是获得成功的有效方法之一，但是不能将国外大学的办学模式、专业设置、培养方案、管理方法等直接复刻过来，而是需要考虑国外成熟大学发展的内部驱动力和外部条件。就我国而言，更要结合我国的高等教育环境和时代背景，才能探索出我国独具特色的高校内涵式发展道路。

第二部分 中国维度

第六章　我国高校分类发展的实践探索

新中国自成立之日起，就把发展高等教育作为一项战略性工作，新中国的成长历程也是中国高等教育发展不断取得成就的历程。为了满足政治与经济制度变革的需求，新中国对原有的大学制度和布局进行了改造。从20世纪50年代开始，我国就开展了院系调整，对部分高校进行了撤销、合并、重组等一系列改革，高等教育机构的类型和层次逐渐丰富。当前我国处在新的历史方位，明确高等教育分类发展的历程是建立科学完备的高校分类体系的重要基础，对于谋划与展望高等教育的未来具有十分重要的意义。

一、新中国成立初期的高校分类发展

新中国成立之初，我国的教育事业处于百废待兴的状况，一方面要对旧的教育模式进行改造，另一方面也要发展新的教育模式，并努力寻求新的适合于新中国的教育发展方案。在这一时期，我国的高等教育改革主要是借鉴苏联经验进行初步探索，这为后来的院系调整奠定了基础。此时，我国模仿苏联的教育模式，进行院系调整，加快了我国高等教育体制改革的步伐。总之，院系调整所确立的高等学校类型体系便是此后主导个体机构发展、政

府调整高等教育层次和科类布局的指引，从这种标杆的确立到淡化，分类发展的高等教育政策理念一直是主导我国高等学校发展的历史基因。

(一)高校分类发展的初步探索

新中国成立之初，我国的首要任务就是要对旧教育和旧学校进行改造，对传统的教育政策进行革新，同时也要发展适合时宜的新教育政策。新中国成立初期的国际国内情况较为复杂，在此背景下，我国学界兴起了对苏联高等教育的一系列学习和研究工作，当时我国的教育政策主要是“苏联模式”，高等教育领域的改革探索主要是以苏联的经验为基础所进行的改革研究。

1949年9月，中国人民政治协商会议第一届全体会议在北京召开，会议通过的《中国人民政治协商会议共同纲领》(以下简称《共同纲领》)在当时的中国不仅是政策方针，同时也充当着临时宪法的功能。作为新中国成立之初最重要的政策文件，《共同纲领》的覆盖范围包含了多个领域，一共有七章六十条，其第五章“文化教育政策”专门对教育的重点、原则和方法等做出了详细的规定。《共同纲领》第四十一条规定：“中华人民共和国的文化教育为新民主主义的，即民族的、科学的、大众的文化教育。人民政府的文化教育工作，应以提高人民文化水平、培养国家建设人才、肃清封建的、买办的、法西斯主义的思想、发展为人民服务的思想为主要任务。”这就为新中国成立后的教育发展确定了基本的发展方向，并为教育管理提供了基本依据。同时第四十七条规定：“有计划有步骤地实行普及教育，加强中等教育和高等教育，注重技术教育，加强劳动者的业余教育和在职干部教育，给青年知识分子和旧知识分子以革命的政治教育，以应革命工作和国家建设工作的广泛需要。”这表明，新中国在成立初期就对教育进行了不同层次的划分，并各有侧重。为了满足新中国经济建设的需要，以及迅速改变旧教育的局面，国家需要提高教育水平，加强技术教育，培养工业技术化人才，同时也要促进中高等教育的稳步发展，由此可见，传统的层级划分是对教育发展的最普遍的考虑。

《共同纲领》中的文化教育政策体现出了我国当时教育发展的大方向，以及新中国的教育要促进全体国民的共同发展、提高公民的文化素质的宗旨。它将技术教育作为重要的内容，对促进我国从农业社会向工业社会转变起到了积极作用。

1950年6月，教育部在北京召开第一次全国高等教育会议，会议的中心议题是确定新中国高等教育的方针、任务。会议确定，新中国高等教育要以理论与实际一致的方法，培养具有较高文化水平、掌握现代科学技术成就、全心全意为人民服务的高级国家建设人才。高等教育在内容、制度、方法方面，都必须密切配合国家经济、政治、国防和文化建设，必须适应国家建设需要，首先适应经济建设需要。高等学校必须进行系统的基本科学理论知识教育和科学研究工作，不断提高教师与学生水平，掌握现代科学技术最新成就。会议通过了《高等学校暂行规程》《专科学校暂行规程》《私立高等学校管理暂行办法》《关于实施高等学校课程改革的决定》《关于高等学校领导关系的决定》等 5 项草案，讨论修订高等学校各系科课程改革方案，商讨了解决经费、师资等问题。

《高等学校暂行规程》规定高等学校包括大学和专门学院两类，“大学及专门学院修业年限，依各该系课程的繁简分别规定以三年至五年为原则”；另外，“为适应国家建设的急需，经中央教育部批准，得附设专修科及训练班”，并对高等学校的教师进行了初步的分类，将教师分教授、副教授、讲师、助教四级，并规定了高校的基本管理体制是校(院)长负责制，对高校的发展进行了较为全面的界定。

《专科学校暂行规程》对于专科学校的学科设立和变更，学生修业的年限以及招生对象和学校运行机制做出了基本的规定。

《私立高等学校管理暂行办法》对私立高等学校的方针、任务、学制、课程、教学及行政组织做出了规定，并对私立高等学校的申请做出了严格的约束，以保障教育秩序的稳定。

《关于实施高等学校课程改革的决定》中主张保持原有的学分制，并允许执行过程中的灵活性。课程方面最彻底的变化是废除了“政治上的反动课程”，取而代之的是“新民主主义的革命的政治课程”。

《关于高等学校领导关系的决定》明文规定了教育部负有领导全国大学的责任：全国高等学校以由中央人民政府教育部统一领导为原则；凡中央教育部所颁布的关于全国高等教育的方针、政策与制度，高等学校法规，关于教育原则方面的指示，以及对于高等学校的设置变更或停办，大学校长、专门学院院长及专科学校校长的任免，教师学生的待遇，经费开支的标准等决定，全国高等学校均应执行。

第一次全国高等教育会议通过的文件，对新中国成立初期的高校发展做出了初步的分类，将高校分成了传统意义上的大学和专科学院。此次会议内容是对《共同纲领》确立的文化教育政策的进一步深化与发展，进一步明确了社会主义改造时期教育改革发展的性质和目标任务。

（二）院系小范围调整

新中国成立后，我国摆脱了半殖民地半封建的社会性质，逐步走向社会主义社会，进入有计划、有步骤地恢复和发展国民经济，大规模地进行社会主义现代化建设的时期。新中国成立初期，关于高等教育发展的方针政策主要可以分为两类，一类是借鉴苏联经验所制定的政策；另一类是我国根据自身的现实状况所出台的政策方案。新中国成立初期政府就对旧教育进行了改革，通过院校的合并和专业的设置使得新式的教育得以发展，但是1949—1951年高等院校的调整是以合并、改组和重建为主，特点是小范围的调整，并主要集中在部分地区。

1949年新中国成立以后，高校之间开启了同类专业的合并、改组项目，如：将北京大学、清华大学、华北大学的农学院合并，成立了北京农业大学等。1949年的院校合并主要是分华东、东北、华北、中南和西北几个地区进行，院校合并主要是为了适应经济社会的发展与改变，并主要体现在学校的并入，例如解放较早的东北地区在新中国成立前即对该地区的高等教育机构进行了调整。

1950年，院系调整范围渐趋扩大，各大行政区均有改革。如东北区沈阳农学院与哈尔滨农学院合并成立东北农学院。西南区国立女子师范学院与四川省立教育学院合并成立西南师范学院，四川省立教育学院的农艺、园艺和农业制造三个系和华西（协合）大学的农学系、私立相辉（文法）学院农艺系合并，成立西南农学院。①

1951年，政务院发布《关于改革学制的决定》。当时，“我国原有学制（即各级各类学校的系统）存在着许多缺点，其中最重要的，是工人、农民的干部学校和各种补习学校和训练班，在学校系统中没有应用的地位；初等学校修业六年并分为初高两级的办法，使广大的劳动人民子女难于受到完全的初等教育；技术学校没有一定的制度，不能适应培养国家建设人才的要求。这些缺点亟须改正”。《关于改革学制的决定》确定了原有的和新创的各类学校的适当地位，改革各种不合理的修业年限与制度，并使不同程度的学校互相衔接，对促进广大劳动人民文化水平的提高以及工农干部的深造发挥了重要作用。明确了实施高等教育的学校为各种高等学校，即大学、专门学院和专科学校，并大致分为两类，大学、专门学院为一类，专科学校为一类。大学和专门学院修业年限为三年至五年（师范学院修业年限为四年）；专科学校修业年限为两年至三年。

从1951年起，院系调整开始步入有计划、有重点的阶段。自全国高等教育会议以后，有关部门制定了更加具体的院系调整方案，对院系调整的重点专业和地区做了安排。1951年5月18日，教育部马叙伦部长在政务院第八十五次政务会议上作的《中央人民政府教育部关于一九五零年全国教育工作总结和一九五一年全国教育工作的方针和任务的报告》指出，1951年高等教育的任务是配合国家建设的需要，适当地、有步骤地充实和调整原有高

① 《中国高等学校简介》编审委员会.中国高等学校简介[M].北京：教育科学出版社，1982：152，573，559.

等学校的院系。"首先调整工学院各系,或增设新系,此项工作先从华北和华东做起","调整航空系","整顿与加强各高等学校的政治、法律等系。以各大学现有的师范学院、教育学院、教育系和个别的文理学院为基础,加以调整,向着每一大行政区办一所师范学院,每一省或两三个省办一所师范专科学校的方向发展,分别培养初高级中等学校师资"[①]。

从以上1949—1951年院系调整情况来分析,这一阶段院系调整的特点主要是将几所高等学校的某一部分进行合并,建立全新的高等学校,或者是将原有的一所或几所学校的一部分或全体并入实力较强的高等学校。院校的合并使高校的发展更加具有综合性,将不同学校的重点学科进行合并,或将不同高校合并成一个学校,不仅有利于促进资源的合理配置,也为高校的分类发展奠定了基础。

二、院系调整之后的高校分类发展

新中国成立以来,恢复与发展经济一直都是国家最关键的任务,只有解决好经济基础的问题,上层建筑才能得以良性发展。一方面,伴随着经济基础的改变,教育体系也要做相应改变,传统的教育已经不能适应新时期的现实需求。马叙伦在第一次全国高等教育会议上提出:"我们要在统一的方针下,按照必要和可能,初步地调整全国公私立高等学校或其某些院系,以便更好地配合国家建设的需要。"另一方面,院系调整也是我国学习苏联模式所做出的具有计划性的教育规划。建设专业院校,发展专业教育,为新时期的中华人民共和国培养出新型的人才,进而改变我国一穷二白的局面,院系调整也是基于此背景而提出的。

① 马叙伦.中央人民政府教育部关于一九五零年全国教育工作总结和一九五一年全国教育工作的方针和任务的报告[J].山西政报,1951(8):104-105.

(一)1952—1954年全国范围的院系调整

新中国成立之初的院校合并在1952年以前整体上都是小范围、局部性的,1952年开展的院系调整则主要是在全国范围统一协调进行的,并且首先从工科院校的调整开始。

新中国成立初期就遭到帝国主义的封锁,美国发动侵朝战争,对我国实行政治、军事打击和经济封锁,我国被迫处于相对封闭的国际环境中。当时国家百废待兴,需要大力发展经济,实现工业化,急需大量的技术性人才,可是我国当时的工科院系和专业设置不能满足对所需技术人才的培养教育,所以面对经济建设人才需求与高等教育人才培养能力不足的矛盾,调整工科院系就成为我国经济发展的重要一步。

1951年11月30日,马叙伦部长在政务院第一百一十三次会议上作了题为《中央人民政府教育部关于全国工学院调整方案的报告》,报告指出:"目前全国共有工学院四十二所,大学设有工程系科的六所,工业专科学校十七所,这些学校共有四十二种系和四十四种专科与专修科。……这些院校存在着很多严重的缺点:在地区分布上很不合理;师资设备分散,使用极不经济;系科庞杂,教学不切实际,培养人才不够专精;学生数量更远不能适应国家当前工业建设的迫切需要。因此,高等工业学校的院系设置与分工,必须作有计划的适当的调整。"①并提出以华北、华东、中南三个地区的工学院为重点进行院系调整。具体包括:将北京大学工学院、燕京大学工科各系并入清华大学,清华大学改为多科性的工业高等学校;清华大学文、理、法三个学院及燕京大学的文、理、法各系并入北京大学,北京大学成为综合性大学,撤销燕京大学校名;南开大学工学院、津沽大学工学院合并于天津大学等。自此开始了全国范围内有计划、有重点的院系调整工作,揭开了20世纪50年代院系大调整的序幕。

1952年5月,教育部制定了全国高等学校调整设置方案,方案指出,这次调整主要是发展专门学院,首先是工业学院,同时加强对综合性大学的整

① 马叙伦.中央人民政府教育部关于全国工学院调整方案的报告[J].江西政报,1952(4):75.

顿。高等工科院校的调整力度最大。这次调整的工科院校有19所，新建工科院校11所。调整后的工科院校主要分为两种类型，一种是多科性工业高等学校，如清华大学、天津大学、浙江大学等，一种是高等工业专门学院，如北京地质学院、中国矿业学院、华东水利学院等。多科性工业大学通过调整，改变和规范了学校性质，突出了工科系和专业的设置。①

这次调整的另一个重点是整顿与加强综合大学，调整的综合大学共8所，分别是北京大学、南开大学、复旦大学、南京大学、山东大学、东北人民大学、中山大学和武汉大学。调整后的综合大学调出了学校原有的工科或农、医科等，普遍加强了文科和理科。如北京大学由原北京大学、清华大学、燕京大学三校文学院、理学院系科，南京大学、武汉大学和中山大学三校的哲学系，北京师范大学及辅仁大学外文系的一部分，以及北京大学、清华大学、燕京大学、辅仁大学四校经济系组成，形成了北京大学文、理、哲、经济等学科优势。此次综合大学的调整重点是把相同、相近的部分系科进行整合，形成学科优势，其中大部分现已成为该校的优势学科或特色学科。

1953年，高等教育部又制定了《关于一九五三年全国高等学校院系调整的计划》，此次调整的原则是：第一，着重改组旧的庞杂的大学，加强和增设工业高等学校并适当地增设高等师范学校；第二，对政法、财经各院系采取适当集中、大力整顿及加强培养与改造师资的办法，为今后发展准备条件；第三，调整的重点是中南区，华北、东北、华东三区因已基本完成了院系调整工作，主要进行专业调整，西南、西北进行局部的院系或专业的调整。此次调整的原则与前一年基本相同，此外计划还对各大行政区具体的调整方案做了规定，例如，在华北地区，成立独立的北京钢铁工业学院，清华大学的石油系独立为北京石油工业学院。1953年全国继续进行院系调整，是对1952年院系调整的延续和补充。至此，全国高校已基本完成了院系调整任务。结束了院系庞杂、设置分布不合理的状况，走上了适应国家建设需要的培养专业人才的轨道。

---

① 王杰，韩云芳，胡如光．新中国初期建立高等工程教育体系的探索[J].高等工程教育研究，2003(2)：44.

总之，此次全国范围内的大调整基本达到了预期目标，改变了旧制大学系科庞杂、师资分散、无法适应国家经济建设需要的状况，中央高教部明确指出，今后的任务是在保持成绩的基础上克服缺点，除非不得已，否则短期内不再轻易调整，以求教学改革稳步进行。

（二）1955—1957年的战略转移性调整

1952和1953年的调整主要是在大行政区内进行，高等学校地区分布不合理状况并没有得到解决，高等学校仍主要集中在沿海地区和大城市。

1955年开始实施的国民经济第一个五年计划确定了集中主要力量发展重工业，建立国家工业化和国防现代化的初步基础，要求新建一批规模巨大、技术先进的新工业，改造一部分原有工业，合理利用和改建东北、上海和其他沿海地区已有的工业基础，同时在内地建设一批新的工业基地，提高工业生产能力，初步改善我国工业几乎都集中在沿海和东北的不合理布局。根据全国工业的布局和国防建设的需要，高等学校面临再次调整。高等教育部在《关于1955—1957年高等学校院系调整有关事项的通知》中指出：高等教育建设必须符合社会主义建设的要求，必须和国民经济计划的发展计划相配合；学校的设置分布应避免过分集中，学校的发展规模一般不宜过大；高等工业学校应该逐步和工业基地相结合。

1955—1957年的调整方案同时提出，将沿海地区一些高等学校的同类专业、系迁至内地建立新校或加强内地原有学校，并将一些学校的全部或部分迁至内地建设，扩大内地现有学校规模，增设新专业。其中最典型的就是交通大学西迁成立了西安交通大学。此时成立的其他知名院校还包括重庆医学院、西安建筑科技大学、西北航空学院、成都电讯工程学院等。至1957年底，第一次院系调整基本结束，在很大程度上改变了中国的教育格局。

（三）1958—1965年高等教育的调整与整顿

1958年，中共八大二次会议通过了“鼓足干劲，力争上游，多快好省地建设社会主义”的总路线，在这样的背景下，教育界掀起了一场“教育大革命”

运动,在“以十五年左右的时间来普及高等教育”的指导下,高等教育呈现出了异乎寻常的“跃进”发展。1958年,毛泽东同志提出教育必须为无产阶级政治服务。同年9月,中共中央、国务院下发的《关于教育工作的指示》(以下简称“指示”),将此规定明确为教育方针。“指示”提出,必须采取统一性与多样性相结合,普及与提高相结合,全面规划与地方分权相结合的原则。要求在普及教育的前提条件下做到特色发展,既要统筹规划又能体现出地方教育管理的优势。具体的教育分类实践包括了很多内容,例如将高等教育学校分为全日制、半工半读、业余三类,办学形式上多样化,并提出将以十五年左右的时间普及高等教育,再以十五年的时间来加以提高。仅仅1958年一年,全国高等学校的数量就由1957年的229所上升到1289所,[①]在校学生人数比1957年增长了近50%。[②]“教育大跃进”超过了国家经济和学校条件的负担能力,给学校工作造成了极大困难,也给高等教育带来了很大的危害,很多当时成立的高校后来都撤销了,当时的高校分类也是一时应景,脱离了高等教育的实际。

1961年2月7日,中共中央批转了中央文教小组提交的《关于一九六一年和今后一个时期文化教育工作安排的报告》,报告明确提出,高等教育要把提高教学质量摆在第一位,新建的高等学校必须调整,应由教育部、中央有关部门、各中央局和省市委根据需要和条件,分别加以保留、充实、合并或者撤销,集中力量办好全国64所重点高等学校,体现出了高校分类发展的重点倾斜。同年9月,我国先后对高等学校及专业设置进行了调整,制定了《中华人民共和国教育部直属高等学校暂行工作条例(草案)》(简称“高教六十条”),对“大跃进”给高等教育带来的严重负面影响给予了纠正。

“高教六十条”颁布后,在中央“调整、巩固、充实、提高”的“八字方针”指导下,高等教育领域实施了“定、缩、并、迁、放、停”等不同方式的整顿。一是压缩高等学校数量和在校生规模,学校数由1960年的1289所调整合并为

① 《中国教育年鉴》编辑部.中国教育年鉴:1949—1981[M].北京:中国大百科全书出版社,1984:234.

② 《中国教育年鉴》编辑部.中国教育年鉴:1949—1981[M].北京:中国大百科全书出版社,1984:966.

1963年的407所，在校生由96万人减少为75万人。二是调整和规范专业设置，修订高等学校专业目录。1958年初全国高校共有专业363种，其后两年间新增上千种，种类多、专业窄、不规范的现象严重，1963年调整为510种(其中绝密、机密专业78种)。[①]这一整顿不仅是对“大跃进”时期“教育大革命”的及时纠偏，也为“文革”后高校分类发展奠定了一定基础。

(四)1966—1976年高等教育的曲折发展期

在长达十年之久的“文化大革命”中，中国的高等教育和其他各行各业一样遭到新中国成立以来最严重的挫折和损失，在此期间，全国高校的发展受到了剧烈的冲击，原有的教育体制被破坏，教育改革成果也被摧毁，高等教育的发展陷入混乱。

1966年5月7日毛泽东在审阅总后勤部关于进一步搞好部队农副业生产的报告后，给林彪写了一封信(简称“五七指示”)。“五七指示”中写道：“学生也是这样，以学为主，兼学别样，即不但学文，也要学工、学农、学军，也要批判资产阶级。学制要缩短，教育要革命，资产阶级知识分子统治我们学校的现象，再也不能继续下去了。”[②]“五七指示”也成为“文化大革命”中办学的纲领性指示。从高等教育分类的视角来看，缩短学制，要求学校融入社会，成为社会的一部分，片面地追求统一性，而忽略高校自身的价值和特殊性，对高校分类发展产生了极大的破坏。

三、改革开放以来的高校分类发展

党的十一届三中全会以来，我国改革开放不断深化，一方面促进了我国经济不断增长，推动了社会的进步和繁荣，另一方面也为我国高等教育的改革和发展提供了良好的经济基础和社会环境。正是在改革开放的时代背景下，我国高等教育开拓创新、锐意进取，开创了一个崭新的局面。

① 杨旭，李剑萍.《高教六十条》：“教育革命”的纠偏与总结[N].中国教育报，2009-10-27(04).

② 中共中央文献研究室.毛泽东年谱(一九四九——一九七六)：第五卷[M].北京：中央文献出版社，2013:585.

（一）高等教育的拨乱反正（1978—1984）

1977年，我国恢复了高考制度，高等教育从停滞、混乱逐步走向健康、有序发展。1978年春天，党中央先后召开了全国科学大会和全国教育工作会议，邓小平同志在会议中提出科学技术是生产力，知识分子是工人阶级的一部分，开始在科学和教育领域进行全面拨乱反正。1978年12月18日至22日，中国共产党十一届三中全会在北京隆重召开。这次会议彻底否定了“两个凡是”的方针，重新确立解放思想、实事求是的思想路线，也为教育的发展营造了良好的氛围。

1980年4月20日至25日，教育部在北京召开五七大学座谈会，商讨整顿教育事业，不久印发了《五七大学座谈会纪要》，根据座谈会纪要精神，五七大学有的停办，有的改为普通中学，大部分改为农业技术学校，有少数经过一定手续改为了农民高等专科学校。通过对五七大学的整顿，成人高等教育逐渐兴起，广播电视大学、夜大、函大、自学考试等形式的学历培训纷纷发展起来。同年，国家出台了《关于大力发展高等学校函授教育和夜大学的意见》，明确提出发展高等教育应贯彻两条腿走路的方针，采取多种形式办学。高等学校除办好全日制大学外，还应根据自己学校的情况积极举办函授教育和夜大学，这对于扩大高等教育事业的规模，改变我国教育发展与经济发展不相适应的情况，加速培养“四化”建设需要的各种专门人才，促进干部队伍的结构改革，提高全民族的科学文化水平具有重要意义。可见，高等教育的发展不能靠一条腿走路，也不能走单一化道路，要在高校分类发展方面侧重于教育形式的创新和教师队伍的建设，才能在新的改革期促进教育事业发展进步。

20世纪80年代出台了两个对高等教育分类发展至关重要的文件，一个是1980年出台的《中华人民共和国学位条例》（以下简称“学位条例”）。“学位条例”出台后，我国开展了第二次院校类型分化，这次院校类型分化是基于学位制度的分化。我国学位制度建立后，研究生教育得到恢复和发展。另一个是1986年出台的《普通高等学校设置暂行条例》,它将我国普通高等学校划分为四种类型,即全日制大学、独立设置的学院、高等专科学校和高等职业学校,并且对每一类学校的最低办学标准做出了规定。两个文件的出台为我国高校分类发展提供了一个制度性框架。

(二)高等教育的快速发展(1985—1999)

1985年5月,中共中央颁布的《中共中央关于教育体制改革的决定》(以下简称"《决定》")指出,在教育事业管理权限的划分上,政府有关部门对学校主要是对高等学校统得过死,使学校缺乏应有的活力,另一方面,在教育结构上,经济建设大量急需的职业和技术教育没有得到应有的发展,高等教育内部的科系、层次比例失调。《决定》提出要扩大高等学校的办学自主权,调动各级政府办学的积极性,这对推进我国高等教育发展起了重要的作用。《决定》还指出,为了增强科学研究的能力,培养高质量的专门人才,要改进和完善研究生培养制度,并且根据同行评议、择优扶植的原则,在高等学校中有计划地建设一批重点学科。随后,国家教委又于1987年8月发布了《关于评选高等学校重点学科的暂行规定》和《关于高等学校重点学科评选工作的几点意见》两个文件。高校重点学科的建设是高校分类发展的一大进步,高校学科的分类与细化不仅促进了学科理论的系统化,同时也为我国建设现代化的学科体系奠定了基础,有利于我国对学科专业结构进行分类调整。

1992年,党的十四大确立了建立社会主义市场经济体制的改革目标,中国社会主义改革开放和现代化建设事业进入新的发展阶段。1993年,中共中央、国务院印发《中国教育改革和发展纲要》(以下简称"《纲要》"),《纲要》对高等教育改革发展的日标、深化高等教育体制改革、制订高等教育分类标准、重点建设一批重点大学和重点学科、做好科研工作等方面做出了详细的规定。《纲要》明确指出:"制订高等学校分类标准和相应的政策措施,使各种类型的学校合理分工,在各自的层次上办出特色。"同时明确要求:"为了迎接世界新技术革命的挑战,要集中中央和地方等各方面的力量办好100所左右重点大学和一批重点学科、专业,力争在下世纪初,有一批高等学校和学科、专业，在教育质量、科学研究和管理方面，达到世界较高水平。”《纲要》为20世纪末我国高校新一轮院系调整和分类发展指明了方向，奠定了政策基础。

1994年，第二次全国教育工作会议召开。会议明确提出以提高教育质量和办学效益为重点发展高等教育，其中本科教育重点要放在提高质量上。要通过改革，走以内涵发展为主的道路，使高等教育规模适当，结构合理，质量和效益明显提升。同时，明确提出高等教育要逐步实行中央和省、自治区、直辖市两级办学、两级管理，以省级为主的办学与管理体制。

1995年11月，经国务院批准，国家计委、国家教委和财政部联合印发了《“211工程”总体建设规划》，“211工程”正式启动。“211工程”，即面向21世纪、重点建设100所左右的高等学校和一批重点学科，是中国政府实施“科教兴国”战略的重大举措、中华民族面对世纪之交的国内外形势而做出的发展高等教育的重大决策。

1998年，《中华人民共和国高等教育法》颁布，对促进高等教育的发展，实施科教兴国战略起到了重要的引领作用。从高校分类发展的视角来分析该法，可以发现其中有很多不同的分类维度，例如，按照传统的行政隶属关系来对高等教育进行分类，省、自治区、直辖市人民政府统筹协调本行政区域内的高等教育事业，管理主要为地方培养人才和国务院授权管理的高等学校；按照层级划分可以将高等学历教育分为专科教育、本科教育和研究生教育；按照办学形式不同可以分为采用广播、电视、函授及其他远程教育方式实施的高等教育等；其他分法可以分为学历教育和非学历教育、全日制和非全日制教育形式等。

1999年，国务院批转教育部《面向21世纪教育振兴行动计划》，“985工程”正式启动建设。这是党中央和国务院在世纪之交做出的重大决策，标志着我国高校垂直分层进一步细化，“重点高校工程”建设进入了新时期。39所“985工程”大学的确立，犹如建立起一支“国家队”，是实现教育适度超前发展的重要组成部分，有力地带动了我国高等教育事业的整体发展，引领我国教育事业跨入世界中等偏上行列。“985工程”大学作为我国高等教育顶尖水平的代表，成为快速发展的先头部队，同时也带动了高等教育的整体发展。

20世纪80年代后期至20世纪末，是我国高等教育深化改革和快速发展的重要时期，在此期间，高等教育管理体制改革打破了条块分割、重复办学的局面，实现了教育资源的合理重组、配置和充分利用，呈现了部门办学逐步弱化、高校合并的出现以及民办高校的兴起等特征，同时调动了中央、地方及社会各方面参与办学的积极性，使教育质量和办学效益有了明显提高。我国高校分类发展在此期间不仅进一步细化了垂直分层，也完善了功能分化，尤其是综合大学的办学实力得到了明显提升。1952年第一次院系调整之后，所谓的综合大学也仅仅是文理综合大学，几乎没有真正意义上的综合大学。1989年，全国1075所高校中，综合大学仅有49所，占比只有4.6%。此次院系调整过程中，综合大学不断成立，到2002年，全国有综合大学112所，占比8%，比1989年增加了一倍多，这在数量上是一个不小的进步。[①]院系调整、合并，使一批综合大学发挥了优势互补、资源共享的优势，办学条件得到改善，实力显著增强。例如，北京大学、浙江大学、华中科技大学、同济大学等都是较为成功的典型，这些大学也因成功合并而在向世界一流大学的路上前进了一大步。到20世纪末，在“共建、调整、合作、合并”八字方针的指引下，我国基本上完成了高等教育宏观管理体制的改革和布局调整，形成了中央和地方政府两级管理、分工负责，在国家政策指导下以省级政府统筹为主的新体制。除少数关系国家发展全局的高校以及行业的特殊性强、地方政府不便管理的高校继续由国务院委托教育部和其他少数部门管理外，多数高校由地方管理或以地方为主进行管理。同时，“211工程”和“985工程”的深入实施，也使我国高校的“金字塔”式结构更加凸显，高校垂直分层的等级系统渐趋平稳和固化。

① 张德芹.新中国成立以来两次院系调整的比较研究[D].南京:南京师范大学,2008:45.

四、21世纪以来的高校分类发展

进入21世纪,我国高等教育既迎来了新的发展机遇,也面临着新的严峻挑战。从分类发展的视角看,21世纪前十年,我国高等教育快速发展,实现了由精英教育迈向大众化教育的转变,但同质化现象明显;党的十八大后,在中华民族伟大复兴战略全局的新背景下,高等教育发展进入了一个新时期,高等教育毛入学率超过了50%,实现了从大众化向普及化的历史性跨越,这也给高校分类发展提出了更高的要求。

(一)同质化时期(2000—2009)

1999年起,我国高校紧锣密鼓地开展大幅扩招工作。1999年6月13日,中共中央、国务院发布《关于深化教育改革全面推进素质教育的决定》,提出要调整完善我国教育体系结构,扩大高等教育规模。《关于深化教育改革全面推进素质教育的决定》指出:“要大力发展高等职业教育,培养一大批具有必要的理论知识和较强实践能力,生产、建设、管理、服务第一线和农村急需的专门人才。现有的职业大学、独立设置的成人高校和部分高等专科学校要通过改革、改组和改制,逐步调整为职业技术学院(或职业学院)。”1999年6月15日至18日,第三次全国教育工作会议召开,会议决定大幅扩大高校本专科招生规模,适度增加研究生招生人数。在国家的高度重视和政策推进下,1999—2009年我国各类高校招生规模不断扩大,本、专科招生涨幅迅猛。

2009年,全国普通高校数已达2305所,比2000年的1041所翻了一番,十年时间增加了1000多所,虽然高校类型逐渐多元化,但高校办学模式却日渐趋同。研究型高校、教学型高校、应用型高校以及职业型高校在具体的人才培养模式方面区别不明显,不同类型、不同层次的高校在治理结构、办学定位、运行机制、人才培养体系、课程内容方面也相差无几。一些新建本科院校一味追求扩招和规模,专业设置盲目求全,存在用单科学校的底子办综合大学的问题。

(二)内涵式发展时期(2010年至今)

2010年7月,中共中央、国务院颁布的《国家中长期教育改革和发展规划纲要(2010—2020年)》指出:“促进高校办出特色。建立高校分类体系,实行分类管理。发挥政策指导和资源配置的作用,引导高校合理定位,克服同质化倾向,形成各自的办学理念和风格,在不同层次、不同领域办出特色,争创一流。”2012年,教育部、财政部联合颁发了《关于实施高等学校创新能力提升计划的意见》,高等学校创新能力提升计划简称“2011计划”,是继“211工程”“985工程”之后,中国高等教育系统又一项体现国家意志的重大战略举措。此次计划的实施旨在突破高校内外部机制的束缚,释放人才、资源等创新要素的活力,深化高校的机制体制改革,增强高校创新能力和推动社会经济发展的能力。“2011计划”的一个重要的特点就是取消了高校“2011协同创新中心”的终身制,并以四年为一个周期,按照培育组建、评审认定、绩效评价三个阶段开展。其对高校同科研机构、行业企业开展深度合作,建立战略联盟,促进资源共享,在关键领域取得实质性成果,实现高等学校创新能力的显著与持续提升起到重要作用。同时,也使高校保持分类发展的活力。

2014年5月2日,国务院发布《国务院关于加快发展现代职业教育的决定》,探索并尝试举办本科层次的职业教育,计划到2020年时接受本科层次职业教育的学生达到一定规模。这是新时代高等职业教育一次新的分类尝试。

2015年10月,国务院印发《统筹推进世界一流大学和一流学科建设总体方案》,对新的历史条件下我国高等教育的发展进行了规划,标志着“双一流”建设成为又一个国家级教育发展战略。2017年,教育部、财政部、国家发展改革委联合印发《统筹推进世界一流大学和一流学科建设实施办法(暂行)》,确定了一流大学和一流学科建设的遴选条件和程序。“双一流”建设体现着国家意志,既是对重点建设政策的延续,也是适应新时代要求而对“学校固化”等问题的有效规避,既是从全球视野瞄准高端,更是扎根于中国大地，引领带动建设高等教育强国，意义重大。

2015年10月，《教育部、国家发展改革委、财政部关于引导部分地方普通本科高校向应用型转变的指导意见》发布，正式将应用型本科建设提到国家战略高度，为各地采取措施适应和引领经济发展新常态、服务创新驱动发展构建了科学蓝图。各地政府部门积极投入应用型本科建设之中，着力推动高等教育人才的供给侧结构性改革。至此，"顶天立地"的高校分类管理布局已初步形成。

2020年，中共中央、国务院印发了《深化新时代教育评价改革总体方案》，并发出通知，要求各地区各部门结合实际认真贯彻落实。方案明确提出要改进高校教育评价，推进高校分类评价，引导不同类型高校科学定位，办出特色和水平。同时要改进学科评估，强化人才培养中心地位，探索建立应用型本科评价标准，突出培养相应专业能力和实践应用能力，改进高校教师科研评价。该方案的出台为高校分类发展提供了新的指引，也必将更好地促进高校分类发展。

（三）21世纪以来部分省份高校分类管理实践简介

1.山东省

为了贯彻《国家中长期教育改革和发展规划纲要（2010—2020年）》和《山东省中长期教育改革和发展规划纲要（2011—2020年）》，遏制高等学校发展同质化，加快实施高等学校分类发展和分类管理，山东省于2011年7月发布《关于山东省高等教育名校建设工程实施意见》，该意见的建设目标是在山东省地方高校中遴选一批应用基础型、应用型和高素质技能型人才培养特色名校，进行重点建设。并要求在学科专业、师资队伍和教学改革上对高校进行分类，建立具有特色的学科和名校，科学制定与优化人才培养方案，改革、完善和创新人才培养模式，加强课程体系和教材建设，改革教学方法和教学手段，完善质量保障体系。

目前，山东省已批准建设的应用基础型特色名校有5所，应用型特色名校有15所，技能型特色名校有20所，民办本科特色名校有2所，自筹经费建设特色名校有13所，共计55所，覆盖山东全省39.86%的高校。

2.河南省

河南作为人口大省，高等教育的优质资源、发展的水平和质量不能完全满足经济社会发展需求，与国内一流水平相比也存在着不小差距。为进一步加强高等学校管理，提高高等教育质量，河南省于2015年出台了《关于促进普通高等学校分类发展的指导意见》，正式启动“高校分类发展计划”。根据指导意见，河南省将高校分为四类，即高水平综合性大学、特色骨干大学、应用技术类型大学、高职高专院校。其中高水平综合性大学主要培养具有扎实的理论基础、实践能力和创新能力的复合型高素质人才，巩固本科教育，发展研究生教育。特色骨干大学主要培养具有较强的理论基础、实践能力和创新能力的专业型高素质人才，巩固本科教育，提升研究生教育，停办专科教育。应用技术类型大学主要培养有一定理论基础、掌握新技术、具备较强实践能力和创新意识的本科层次技术技能人才，主要发展本科教育，适度发展专业学位研究生教育，兼顾专科教育。高等职业院校主要培养面向生产、建设、管理、服务一线需要，具有熟练操作技能和一定实践能力的专科层次技术技能人才。

从2015年起，河南省启动实施高校分类发展计划。重点建设2～3所高水平综合性大学、5所特色骨干大学、10所左右示范性应用技术类型本科院校、30所左右品牌示范高等职业学校。

3.安徽省

2014年，安徽省出台了《关于地方高水平大学立项建设分类发展的意见》，按照“科学定位，分类指导，多元发展，特色办学”的应用性高等教育发展方针，将安徽省属高校分为三类，第一类是地方特色高水平大学，第二类是地方应用型高水平大学，第三类是地方技能型高水平大学。其中，地方特色高水平大学以服务省级发展战略和创新引领省域行业发展为主要目标，以服务“三个强省”和美好安徽建设为主要任务，以省部共建为抓手，以学科专业和人才建设为重点，学校办学水平和综合实力既在国内外同类型高校中有一定的影响，又在本省同层次高校中起到带头、示范、引领作用。地方应用型高水平大学以全面服务支撑地方经济社会发展为目标，以应用型人才培养和应用性科学研究为主要任务，以省市共建为抓手，以应用型学科和专业群、“双能型师资”、模块化课程等为重点，集聚社会资源，共建共享资源，形成校校、校企、校地及国际合作协同育人的长效机制。地方技能型高水平大学以服务产业发展和促进就业创业为目标，以传承技术技能，提高师生解决生产、管理、服务一线实际问题能力为主要任务，以教产融合和校企合作为抓手，以“双师型”师资和实验、实训、实习、实践基地及专业带头人建设为重点，着力培养高素质技能型人才。

目前安徽省以中国科学技术大学和合肥工业大学为龙头，以8所地方特色高水平大学、6所地方应用型高水平大学和20所地方技能型高水平大学为主体的高等教育分类发展结构基本形成。

第七章　我国高校分类发展的基本经验

《国家中长期教育改革和发展规划纲要（2010—2020年）》中明确要求建立科学的高校分类体系；《中国教育现代化2035》强调要分类推动高等学校的发展。由此可见，高等学校的分类发展与改革，是全面提高教学质量，建立科学合理的高等学校体系，加快实现高等教育现代化的必由路径。从新中国成立之初到进入社会主义新时代，我国在摸索和实践中，形成了一系列具有中国特色的高校分类发展的相关经验。

一、坚持国家主导的分类改革体制

（一）国家主导下分类体制的初创

新中国成立之初，百废待兴，国家需要大量各方面的人才。1949年，全国高等学校只有205所，在校学生11.7万人。当时我国的教育体系不能满足社会建设特别是工业建设需要大量人才的需求，在这种背景下，国家发布指导方针，要求对现存高校进行院系调整，从综合性高校中拆分出大量的多科或单科性的学院，这些分离出来的学院再进行合并，发展为单独建制的行业学院或单科性学院，由此形成了按学科门类划分的高校分类改革体制。

在国家的主导下，从1951年底到1953年，教育部根据“以培养工业建设人才和师资为重点，发展专门学院与专科性学校，整顿和加强综合性大学”的方针，先对全国的工学院，随后重点在华北、东北、华东地区，然后又在中南地区对高等院校进行了全面的院系调整。通过这次调整，我国加强了工业院校的建设，为社会发展提供了大量专业人才，由此满足了新中国成立初期国家经济建设和工业发展的需要。

（二）国家主导下分类体制的调整

改革开放以后，在国家主导之下，我国高校进入了新一轮的分类改革。1980年，我国颁布《中华人民共和国学位条例》（以下简称“学位条例”），这次分类改革是关于高校学位的分化。至此，我国有了学士学位、硕士学位、博士学位这三级学位。在此基础上，我国高校被分成了能授予三种学位的高校、能授予学士学位和硕士学位的高校、只能授予学士学位的高校和不能授予学位的高校。1986年，国务院又颁布了《普通高等学校设置暂行条例》，对我国普通高校进行了划分，《普通高等学校设置暂行条例》还对高校设置管理的底线做出了规定，提出了更加明确和规范的设置标准。

进入20世纪90年代后，我国的高校垂直分化越来越严重。为了加快社会主义现代化的进程，我国急需建设一批高质量、有示范作用的高校。1993年，中共中央、国务院印发《中国教育改革和发展纲要》，要求高等教育的发展要坚持走内涵发展为主的道路，不同类型不同层次的高等学校应有不同的发展目标和重点，办出各自的特色。1995年，国家计委、国家教委、财政部联合发布《“211工程”总体建设规划》，这是新中国成立以来高等教育正式立项的最大规模的建设工程。1998年，教育部又发布《面向21世纪教育振兴行动计划》，提出要建设世界一流大学的目标。国家“985工程”的项目也正式启动。国家一系列的政策规划，促使我国高校分类发展进行垂直划分的改革，形成了一个类似于“金字塔”的模式，从上至下分别是“985工程”高校、“211工程”高校、省重点本科、普通本科和高职院校。

在这种“金字塔”模式下，处于顶层的“985工程”和“211工程”高校拥有资源的优先分配权，同时也培养了大批优质的高层次人才，在进入21世纪之后，这些高校的地位越来越重要，和低层次的高校距离也越来越大。虽然纵向的垂直分层系统处于平稳状态，但是在横向上，我国进入了高等教育大众化时期，高校如雨后春笋一般，数量剧增。1998年我国普通高校仅有1022所，其中普通本科高校590所，普通专科高校432所；到了2009年，普通高校共有2305所，比1998年翻了一番，其中普通本科高校增加了500所，普通专科高校增加了783所。而在当时，我国高等教育的分类体系相对滞后，所以新增加的高校出现了趋同现象，相互模仿，没有自身的特色。基于这样的背景，国家颁布的《国家中长期教育改革和发展规划纲要（2010—2020年）》更加关注提升高等教育的质量，力图改变高校“千篇一律”的发展模式和同质化现象。

（三）国家主导下分类体制的发展

《国家中长期教育改革和发展规划纲要（2010—2020年）》明确提出要“建立高校分类体系，实行分类管理”。十八大以来，高校分类持续发展，进入了合理分层和功能分化的时期，2013年国家颁布的《关于完善本科学校设置工作的指导性意见》（教发司〔2013〕178号）提出“促进高等学校设置逐步实现由分级管理向分级分类管理转变”。2017年发布的《教育部关于“十三五”时期高等学校设置工作的意见》（教发〔2017〕3号）提出“研究探索分类设置制度，引导高等学校科学定位、各安其位、内涵发展、办出特色”，指明了高等学校分类体系布局，即将高校分为研究型、应用型和职业技能型这三大类。2017年9月，中共中央办公厅、国务院办公厅印发的《关于深化教育体制机制改革的意见》也明确提出“研究制定高等学校分类设置标准、制定分类管理办法”。在国家的主导下，教育部按照国家方针，在《教育部2018年工作要点》中提出“推进高校分类管理，研制高校分类设置标准”①。《教育部2019年工作要点》中又提出完善分类发展政策体系，研制《普通高等学校分类设置

① 教育部2018年工作要点[N]. 中国教育报，2018-02-08(01).

标准》。[①]这些文件的出台促进高校分类设置标准进入了实质性的研发阶段。

在国家的主导下，我国高等教育将分层与分类相结合，通过顶层设计在横向上将高等学校分为了研究型、应用型和职业技能型，在纵向上，又分为世界一流、国家一流、地方一流，形成了分层和分类共同发展的新格局。从此，我国的高等教育进入了全新的时代。由此可以看出，从新中国成立以来，到如今进入新时代，在高等学校分类改革和发展这条道路上，我们国家一直在摸索，经历了高校类型分化阶段、高校垂直分层阶段、高校功能同质化阶段，最终形成了分层分化协同发展的新格局。在这一发展历程中，中国高等教育始终坚持由国家主导，按照国家的政策方针进行改革发展，虽然中间有政策相对滞后的时期，但是国家及时进行调整，最终形成了具有中国特色的高校分类发展体系。

二、坚持内涵式发展的分类发展模式

2018年，习近平总书记在北京大学师生座谈会上指出："当前，我国高等教育办学规模和年毕业人数已居世界首位，但规模扩张并不意味着质量和效益增长，走内涵式发展道路是我国高等教育发展的必由之路。"[②]内涵式发展是我国在高等教育分类改革这条路上一步一步摸索出来的经验，所以我们必须要坚持。要实现建设世界一流大学和一流学科的目标，就要促进我国高等教育高质量内涵式发展；要实现高等教育强国的战略目标，也要促进中国的高等教育朝着内涵式的方向发展。

（一）内涵式发展的源起

其实，早在20世纪90年代初，我国就提出高等教育要走以内涵发展为主的道路，集中关注高等学校内部各要素的发展。1992年，国家教委《关于

① 教育部2019年工作要点[N].中国教育报，2019-02-23(01).

② 习近平.在北京大学师生座谈会上的讲话[M].北京：人民出版社，2018：4.

加快改革和积极发展普通高等教育的意见》首次提出了“内涵发展”的概念，“高等教育的发展，要坚持走内涵发展为主的道路，首先使现有学校达到合理的办学规模，同时进一步发挥学校的办学潜力，提高整体效益”[①]，明确了高等教育的目标，即“通过改革达到：规模有较大发展，结构更加合理，质量上一个台阶，效益有明显提高，到本世纪末，初步建立起有中国特色的社会主义高等教育体系”[②]。1993年，中共中央、国务院又发布了《中国教育改革和发展纲要》，强调“九十年代，高等教育要适应加快改革开放和现代化建设的需要，积极探索发展的新路子，使规模有较大发展，结构更加合理，质量和效益明显提高。高等教育的发展，要坚持走内涵发展为主的道路，努力提高办学效益”。这两个文件的出台，表明了我国高等教育在20世纪90年代的发展方向，即在推动高等学校规模和数量扩张的同时，逐渐将重心转移到注重高等教育内涵式发展，推动高等学校内部各因素的发展上来。随后，国务院1994年颁布的《关于〈中国教育改革和发展纲要〉的实施意见》和国家教委1996年印发的《全国教育事业“九五”计划和2010年发展规划》，都明确表示我国高等教育要走内涵式发展的道路，在注重规模扩展的同时，也要注重高校内部的结构调整，从而提高高校的办学质量。

从国家颁布的政策文件可以看出，党中央一直都很注重高等教育的内涵式发展。但从实际发展情况来看，我国高等教育“内涵式发展”在20世纪90年代末到21世纪初处于相对缓慢状态，直到进入21世纪以后，才成为高等教育发展的核心。20世纪90年代，扩增高等学校的数量和规模一度成为高等教育发展的重点，比如1999年1月发布的《国务院批转教育部面向21世纪教育振兴行动计划的通知》提出，到2000年，积极稳步发展高等教育，高等教育入学率达到11%左右；到2010年，高等教育规模有较大扩展，入学率接近15%。这也标志着我国高等教育开始进入外延式发展阶段。接着，1999年6月发布的《中共中央 国务院关于深化教育改革全面推进素质教育的决定》中

① 国家教委.关于加快改革和积极发展普通高等教育的意见[J].学位与研究生教育，1993(2)：1.

② 国家教委.关于加快改革和积极发展普通高等教育的意见[J].学位与研究生教育，1993(2)：1.

又提出，到2010年，“我国同龄人口的高等教育入学率要从现在的百分之九提高到百分之十五左右”。“十五”教育计划再一次修改了高等教育入学率目标，提出到2005年高等教育入学率达到15%左右，并争取到2010年入学率到达20%。在这些政策的推动下，高等教育入学率在2002年就达到了15%。自进入外延式发展阶段开始，我国仅用三年时间就实现了高等教育大众化的目标。随着高等教育大众化进程的开始，我国高校如雨后春笋一般，数量激增，2000年前后有一批高职高专院校破格升为本科院校，现在，这类院校已经占到全国本科院校的50%以上。而由于分类政策的相对滞后，我国的高校出现了同质化现象，在办学模式、学校定位、运行机制、人才培养目标、课程内容方面都趋于相同。

为了改变这一趋势，2006年国务院提出要适当控制高等教育招生增长幅度，稳定规模，将重点放在质量的提高上。从2006年开始，我国的高校招生人数得到了控制，2006年，本专科招生546.1万人，比上年增加35.5万人，增幅同比下降5.7个百分点。2010年发布的《国家中长期教育改革和发展规划纲要（2010—2020年）》中又提出，“树立以提高质量为核心的教育发展观，注重教育内涵发展”。2011年，胡锦涛同志在庆祝清华大学建校一百周年大会上强调，“坚持走内涵式发展道路，全面提高高等教育质量”。2012年是高等教育内涵式发展的关键一年，教育部发布了《关于全面提高高等教育质量的若干意见》，明确提出“牢固确立人才培养的中心地位，树立科学的高等教育发展观，坚持稳定规模、优化结构、强化特色、注重创新，走以质量提升为核心的内涵式发展道路”。党的十八大提出“推动高等教育内涵式发展”，表明高等教育内涵式发展已经成为我国教育发展的重要战略。从2006年到2012年，高等教育规模增长数减少850万人，增幅下降38.6%；本专科招生数增加量减211.8万人，增幅下降53.5%；本专科在校生数增加量减少392万人，增幅下降32%。2017年，党的十九大报告中将“推动”变成了“实现”，习近平总书记在十九大报告中提出，“建设教育强国是中华民族伟大复兴的基础工程，必须把教育事业放在优先位置，深化教育改革，加快教育现代化，办好人民满意的教育”，“加快一流大学和一流学科建设，实现高等教育内涵式发展”[①]。2019年初，中共中央办公厅、国务院办公厅印发《加快推进教育现代化实施方案（2018—2022年）》，将推动高等教育内涵式发展列入推进教育现代化的十项重点任务，进一步明确了走内涵式发展道路是推动我国高等教育转型发展，实现教育现代化的必然选择。

（二）内涵式发展是高校分类发展的内在需要

对于高等教育内涵式发展的理解，在教育学界有各种各样的观点，潘懋元先生认为：“在我看来，党的十九大报告提出的高等教育要实现内涵式发展，主要是要改变学校一味依赖扩大规模、依赖办学升格、依赖外延式发展模式的现象，侧重提高质量，尤其是提高教育教学质量。”[②]他同时还指出：“实现高等教育内涵式发展的本质是提高大学的办学质量。”[③]许多学者与潘懋元先生的观点是一致的，认为内涵式发展和外延式发展是相对应的，其实质是以提升质量为中心的发展。而从上述国家颁布的一系列关于高等教育的政策文件中，我们可以看出，内涵式发展主要是指在高校稳定发展、精准定位的基础上，以实现高等教育基本职能为依托，以改革创新高等教育体系体制机制为重点，使高校按照自身特色发展的一种发展模式。

2010年颁布的《国家中长期教育改革和发展规划纲要（2010—2020年）》提出：“建立高校分类体系，实行分类管理。发挥政策指导和资源配置的作用，引导高校合理定位，克服同质化倾向，形成各自的办学理念和风格，在不同层次、不同领域办出特色，争创一流。”高校分类发展体现了高等教育因地制宜办学的制度理念，并指明了不同领域、不同层次、不同类型的高等院校的价值追求和使命遵循。由此可以看出，内涵式发展是高校分类发展的内在需求，而高校分类改革的发展又推动着我国高等教育内涵式的发展。所

① 习近平.决胜全面建成小康社会 夺取新时代中国特色社会主义伟大胜利：在中国共产党第十九次全国代表大会上的报告[M].北京：人民出版社，2017：45-46.

② 潘懋元，贺祖斌.关于地方高校内涵式发展的对话 [J].高等教育研究，2019(2)：36.

③ 潘懋元，贺祖斌.关于地方高校内涵式发展的对话 [J].高等教育研究，2019(2)：36.

以高校分类发展必须将内涵式发展置于核心地位，从而促进高校的特色发展。内涵导向的高校分类强调的是高校的差异性而不是优劣性，分类是从办学定位、培养计划、学科设置、师资队伍这些维度上进行的。高校通过分类，明确应用型、技术型、学术型人才的不同培养方案，优化学科的设置，推动高校开展高水平的科研活动，建设一批优良的师资队伍，这有助于高校将办学重点转移到发展自身内涵上来，逐步形成不同类型的高校特色发展的局面。高校分类改革要坚持内涵式发展的路径，在科学发展观的指导下实现高校的可持续发展，并通过调整高校分类的方式合理配置高校的资源，整理其内部要素，实现高校的科学分类，进而促进高校内涵式的进一步发展。

目前，我国的高等教育已经具备了一定的规模和体系，可以说现在的内涵式发展是大众化的内涵式发展，它体现了科学与开放的高等教育发展观，坚持了以人为中心的教育发展理念，强调以全面提升质量为核心的适度规模，注重结构优化，强调效益提高，着眼均衡、公平与协调的可持续发展模式。从“外延式”发展到“内涵式”发展，我国在推动高等教育发展这条路上一步一步摸索，找到了一条适合我国高等教育发展的道路。当前，“内涵式发展”已成为指导我国高等教育发展的本土性核心理念，建设高等教育强国是中华民族伟大复兴中国梦的一个有机组成部分，它要求高等教育必须走内涵式发展道路，所以我们必须坚持内涵式发展的高校分类发展模式，并以高校分类促进高校内涵式发展，继续向实现中华民族伟大复兴迈进。

三、坚持科学合理的资源配置机制

资源的有限性和需求的无限性，决定了科学合理地配置高校资源对推动我国高等教育的发展和实现高等教育强国的目标都有重要意义。高等教育资源在任何时候都是有限的，如何把有限的、既定的高等教育资源配置到最合理的地方，产生最大的社会效益，并最大程度地满足社会对高等教育的需求，是科学合理配置高等教育资源的意义所在。当前，我国高等教育资源配置正在向以增量创新和存量调整相结合的方式转变，坚持科学合理的高校资源配置，是高等教育改革和发展的重要组成部分。

（一）坚持政府在资源配置中的主导作用

新中国成立之初，百废待兴，为了满足当时的社会主义工业化建设需要，突出工科院校、培养工业建设的专门人才成为这一时期的主旋律。1952年，国家进行了院系调整，以高等教育分类为总抓手，以发展专科院校，加强和推动综合大学为基础，将传统型的综合院校进行拆分组合，并以院系为基本单位创建单科制高等学校，如新设了钢铁、地质、矿冶、水利等12个工业专门学院，包括北京地质学院、北京航空工业学院、北京钢铁学院等。院系调整使得许多综合性的大学变成了单科类的大学，而且还裁撤了众多大学中的人文法商学院，强化了科类的单一性。院系调整加强了工科院校发展，培养了大批满足国家工业建设需要的人才，适应了新中国成立初期国家经济建设的需要。这一阶段，在政府的主导下，高校教育资源配置是向理工科院校倾斜的，在当时特定的背景下，这样的资源配置极大地促进了我国高等教育的发展，培养出了一批又一批推动国家工业建设发展的人才。

改革开放以后，我国经济社会的发展需要更多其他方面的人才。在此背景下，1985年，我国改革高等教育体制以满足社会需求，培养适应地方经济发展的各类高级专门人才，构建起以政府为主体、社会各界参与的多元化高等教育办学体制。为了促使民间教育资源发挥作用，国家教委颁布了《民办高等学校设置暂行条例》（教计〔1993〕129号），推动民办高校的兴起。21世纪，我国进入全面建设小康社会和建设中国特色社会主义的历史新时期，教育在综合国力竞争中处于重要地位，人民对高等教育的需求也越来越大。为了进一步实现教育资源的科学合理配置，2013年，教育部、国家发展改革委、财政部联合印发《中西部高等教育振兴计划（2012—2020年）》。国家通过“以部为主，部省共建”以及“中西部高等学校综合实力提升工程”（“Z14大学联盟”),在没有部属高校的省(自治区、直辖市、新疆生产建设兵团)与地方政府共建一所地方大学,来改变这种差异化,促进了各个地区高等教育的发展。

通过梳理高等教育资源配置的历史进程,我们可以看到,无论是在计划经济体制下,还是在社会主义市场经济体制下,促进公共教育事业发展,提供基本的教育服务公共产品,配置高等教育资源,都是政府义不容辞的责任。在经济新常态的背景下,高等教育资源配置必须建立科学合理的机制,这就要求政府要明确自己在资源配置中的主导性作用,在满足公共利益需求的同时,减少或消除市场调节的缺陷和不足。并且由于高等教育对经济和社会发展的影响比其他产品更为深远,所以也要求政府更加重视高等教育的资源配置职能,由政府出面统一组织、统一规划、协调配套,加强高等教育资源管理,避免各自为政、重复建设而造成高等教育资源的大量浪费。

(二)坚持发挥市场在资源配置中的决定性作用

改革开放以后,我国开始实行社会主义市场经济体制,除了行政手段,市场机制也开始登上舞台。《民办高等学校设置暂行规定》的颁布,进一步推动了民办高校的兴起。在市场这只“看不见的手”的刺激下,民办高校和独立院校纷纷涌现,民间资源大量流入高等教育领域。陕西、江西等原来高等教育资源相对贫乏的省域,通过大力发展民办高校或独立院校,解决了高等教育资源的增量问题,大大提高了区域内高等教育的发展效益。党的十七大报告指出,“要深化对社会主义市场经济规律的认识,从制度上更好发挥市场在资源配置中的基础性作用”。这一方面标志着我国市场配置资源的模式已经进入制度化阶段,另一方面也为我国高等教育资源配置指明了方向,即要进一步发挥“市场在资源配置中的基础性作用”。

在确保高等教育事业发展的公平性的基础上,更好地发挥市场在资源配置中的决定性作用,是坚持科学合理配置我国高等教育资源的重要组成部分。随着我国全面建成小康社会,以及中国特色社会主义市场经济体制改革的推进，原来的以政府为主体的提供教育资源的方式必须得到改变和完善，要学会更灵活地运用市场机制作用下的间接生产方式。《中共中央关于全面深化改革若干重大问题的决定》明确指出，“紧紧围绕使市场在资源配置中起决定性作用深化经济体制改革”①。这不仅对我国的经济发展提出了要求，也对我国高等教育资源的配置提出了新要求。新时代下，中国高等教育资源的配置应该是政府积极鼓励、引导企业和个体等主体投入教育资源的配置，充分发挥市场在教育资源配置中的决定性作用。值得注意的是，要理清政府和市场的关系，政府直接提供资源不等于不利用市场机制，而使市场在资源配置中起决定性作用也不等于完全由市场机制来配置高等教育资源。随着国家经济体制的转换，传统的教育资源配置观念也要转换，才能适应经济社会的发展。坚持科学合理的资源配置机制，就是坚持政府直接提供和市场机制间接提供有机结合，共同为高等教育提供资源。

（三）坚持引入市场竞争机制

竞争机制是市场机制的重要组成部分，是市场内各利益主体为争夺利益展开竞争而相互联系和影响的载体。在高等教育资源配置中引入竞争机制，并不是把资源配置完全交给市场，政府还是要进行宏观调控。竞争机制可以使高等教育资源配置内在产生动力，外在产生压力，从而在竞争中提高资源配置的效率。当前，随着高等教育规模的扩大，教育领域基本的供需问题逐渐得到解决，但是地区之间、校际的教育质量还存在差异，还不能满足人民对优质教育的追求，归根到底是因为高等教育资源的配置还存在一定的差异，所以要坚持在高校内部资源、人力资源、外部采购和高校建设方面引入竞争机制，通过竞争使得高校教育资源存量得到改善，并推动“增量创新”和“存量调整”相结合。因此，坚持高等教育资源的科学合理配置，就要坚持引入竞争机制。

① 中共中央关于全面深化改革若干重大问题的决定[M]. 北京：人民出版社，2013:3.

（四）坚持树立协同合作的意识

社会主义新时代，高校教育资源配置要求政府构建现代社会治理模式，推动各方利益群体协同合作，共同发展，在教育资源有限的情况下，对高校教育资源进行科学合理的分配，从而最大程度地满足各方的利益需求，并最终实现教育资源配置利益的最大化。对原有利益群体中的主要主体，政府要积极鼓励其主动参与高校教育资源分配，并树立资源共享、优势互补等符合新时代要求的教育资源配置理念，配合政府对资源的配置；而对原有利益群体中的次要主体，政府要引导其创新获得资源的方式。

在教育领域，协同合作意识要求提供教育服务的各个部门以共享资源、合作办学、创新功能等形式推动教育资源的隐形增长。[①]概言之，新时代我国的高等教育资源配置是在政府主导的公共教育财政和以市场机制为基础的全社会教育资源这两个体系下共同配置的，促进这两个体系的相互融合和协同发展，才能满足经济社会发展的需求和人民群众不断增加的对多元化、优质教育的需求，更好地实现高等教育资源配置的科学合理和公平。

四、坚持适度相宜的分类评价导向

克服高校同质化现象，实现新时代高等教育内涵式发展，就要建立适合高校发展的评价体系。但是不同类型的高校有不同的办学特色和想法，很难用“一把尺子”去衡量，所以在此背景下，2020年10月13日，中共中央、国务院印发《深化新时代教育评价改革总体方案》，明确提出“推进高校分类评价，引导不同类型高校科学定位”，“探索建立应用型本科评价标准，突出培养相应专业能力和实践应用能力”。建立高校分类评价体系，有利于改正高校办学过程中唯分数、唯升学、唯文凭、唯论文、唯帽子等的弊端，从而提升高校的办学质量，推动高等教育内涵式发展。

① 张万朋，李梦琦．新常态下我国教育资源配置改革的特点、挑战与应对[J]．苏州大学学报（教育科学版），2020(3)：43.

（一）高校分类评价的源起和发展

1.高校分类评价之开端

1985年颁布的《中共中央关于教育体制改革的决定》中第一次明确提出“教育管理部门还要组织教育界、知识界和用人部门定期对高等学校的办学水平进行评估”。1990年，国家教委又颁布了《普通高等学校教育评估暂行规定》，此后，我国高校进行了一系列的评估工作。但是在那个时候，我国的教育发展水平还普遍不高，缺少办学经费，办学质量不高，所以高校评估工作重点是以评价促进发展，即通过建立统一的指标来评价所有高校，包括基础设施建设、教师队伍建设、学科专业和课程教材建设、教学科研管理制度建设等。这种统一的评价标准在推动高校发展、改善办学条件、提高高校办学质量等方面起到了重要作用，但是由于评价标准过于单一，对不同地域、不同层次的高校都采用同一个评价体系，忽略了其差异性，并且评价结果还和国家的政策、资源配置有关，因此导致高校为了获得好的评价结果，完全按照评价体系的要求去发展，造成了高校严重的同质化现象。

高校的趋同现象显然不利于我国的高等教育发展。1993年，中共中央、国务院颁布了《中国教育改革和发展纲要》，其中明确提出：“制订高等学校分类标准和相应的政策措施，使各种类型的学校合理分工，在各自的层次上办出特色。”教育部根据国家的方针，启动了“211工程”建设，之后又启动了“985工程”和“双一流”建设工程，目的是通过建立一批重点的高校和学科，解决我国缺少高层次的人才和经济社会建设技术需要依靠外国的局面，并发挥这些重点高校的带头作用，从而促进我国高等教育进一步发展。经过几十年的发展，我国确实有一批高校进入了世界一流大学行列，形成了高质量、具有自身特色的学科，并培养了一批又一批高层次的人才，也拥有了一个又一个事关经济社会发展关键技术的重大科研成果，我国高校的竞争力和影响力明显得到了提升。但是也要看到，进入“211工程”和“985工程”的大学总体数量是不多的，而且由于这些高校得到的政策支持和资源配置更多，从客观上形成了高校的两极分化。

2. 高校分类评价之发展

1999年我国高等教育开始扩大规模后，普通高等教育本专科、在学研究生分别由1999年的413.42万人、23.35万人迅速增长到2009年的2144.66万人、140.49万人，高等教育毛入学率由10.5%迅速提升到24.2%。在高校扩大规模的同时，高校评价体系还是统一的标准，比如2002年起试行的第一轮本科教学水平评估就是以统一的标准来衡量所有本科院校，其单一的指标体系和评价方式受到社会各界的诟病，甚至被认为是导致本科教学水平评估诸多乱象的根源。可以看出，这种用"同一把尺子"去衡量所有高校的方法，并没有改善高校同质化现象，而且还在高校扩大规模以后加剧了同质化问题。因此，2010年印发的《国家中长期教育改革和发展规划纲要（2010—2020年）》中明确提出："建立高校分类体系，实行分类管理。发挥政策指导和资源配置的作用，引导高校合理定位，克服同质化倾向，形成各自的办学理念和风格，在不同层次、不同领域办出特色，争创一流。"为了推动规划的实施，国务院成立了国家教育体制改革领导小组，各省区市也纷纷成立教育体制改革领导小组，开始进行高校分类改革、分类管理、分类评价。例如，上海市以《国家中长期教育改革和发展规划纲要（2010—2020年）》为引领，制定了《上海高等教育布局结构与发展规划（2015—2030年）》《上海市高等教育促进条例》等重要政策法规文件，紧紧抓住教育评价这个关键环节，遵循体现中国特色、聚焦高校职能、反映学科专业差异三大原则，通过研制四种类型高校的分类评价指标，实施分类评价、强化分类评价结果的应用，走出了一条高等教育特色发展的新路。又如浙江省教育厅2016年发布的《浙江省普通本科高校分类评价管理改革办法（试行）》，从人才培养、学科建设、科学研究等维度将高校分为研究为主型、教学研究型、教学为主型三类。又根据学科门类、专业大类及专业数量等将高校分为多科性和综合性两类。经排列组合后，将所有高校分成综合性研究为主型、多科性研究为主型、综合性教学研究型、多科性教学研究型、综合性教学为主型、多科性教学为主型共六个类型，分别构建了一套精细化的指标体系，不同类型大学的评价指标体系各有侧重，甚至还根据高校涉及领域的独特性设置了个性化的“替代性指标”。①

党的十九大报告指出，“加快一流大学和一流学科建设，实现高等教育内涵式发展”。实现高等教育内涵式发展就要解决高校同质化现象，而解决高校同质化现象就要对高校进行分类管理，并采取分类评价模式。所以2020年国家颁布的《深化新时代教育评价改革总体方案》明确提出要改进高等学校评价，指出要“推进高校分类评价，引导不同类型高校科学定位”。

（二）高校分类评价的意义

1.新时代我国建设“双一流”的重要基础

“双一流”建设是指建设世界一流大学和一流学科，是中共中央、国务院做出的重大决策。“双一流”建设对我国高等教育事业和综合国力的提升都有重要作用，是实现“两个一百年”奋斗目标和实现中华民族伟大复兴中国梦的强劲支撑。2015 年，国务院印发《统筹推进世界一流大学和一流学科建设总体方案》，该方案的出台使得我国高校的“双一流”建设得到了重要推动，各“双一流”高校纷纷出台相关方案。2019 年，“211 工程”和“985 工程”等重点建设项目被统筹为“双一流”建设。2020 年 1 月，国家在“双一流”建设的基础上又提出了“强基计划”，提出在部分高等学校开展基础学科招生改革试点工作。“强基计划”中的基础学科包括数学、物理、化学、生物及历史、哲学、古文字学等。这一计划在一定程度上推动了我国的“双一流”建设，促进我国的高校和学科进入世界一流行列。

保证“双一流”建设和“强基计划”的顺利实施，就必须解决原来高校评价制度中存在的问题，建立起适度合理的高校分类评价体系，按照世界一流大学和一流学科的标准制定评价体系，从而提升“双一流”建设高校评估的水平要求。但是，也不能一味盲从国外的标准，必须结合我国的实际情况来

① 卢荻秋.分类评价有助于营造大学“生态圈”[N].中国科学报，2016-08-30(01).

完善我国的高等教育分类评价体系。因此，积极坚持高等教育分类评价是我国建设“双一流”的重要基础，是实现我国大学特色发展、多样化发展的重要保障。

2.改革高等教育评价，破“五唯”的重要途径

进入新时代，我国的高等教育评价体系出现了分层次、分类型的特点，但还是有不足的地方。原来存在于高等教育评价体系中的“五唯”（唯分数、唯升学、唯文凭、唯论文、唯帽子）的弊端使高校在评价中形成了功利主义、简化主义、管理主义，非常不利于我国高等教育的发展。2018年，习近平总书记在全国教育大会上指出，要深化教育体制改革，健全立德树人落实机制，扭转不科学的教育评价导向，坚决克服唯分数、唯升学、唯文凭、唯论文、唯帽子的顽瘴痼疾，从根本上解决教育评价指挥棒问题。因此，破“五唯”已经成为我国高等教育评价体系改革的一项重要任务。

值得注意的是，破“五唯”并不是指在评价高校的时候完全不看分数、不看升学、不看文凭、不看论文、不看帽子，而是指在评价过程中不能为了分数而分数、为了升学而升学、为了文凭而文凭、为了论文而论文、为了帽子而帽子。不能仅仅为了这五者数量上的好看，或者为了追求所谓的荣誉，而忽略了质量，我国的高等教育发展一定要以追求质量提升为目标去发展自身。分数、升学、文凭、论文与帽子仅仅是一种评估与寻求发展的手段，如果过度在乎这五个方面，就会扭曲我国高等教育评价体系，对我国高校的发展造成不可想象的不利影响。在推进高等教育评价改革的过程中，要以破“五唯”为导向，坚持分类导向的高校评价体系，正确引导我国高校更加重视自身的内涵发展，而不要过多地关注外在的绩效评价，从而营造良好的高校评价氛围，积极推动我国高等教育的发展，早日实现“两个一百年”奋斗目标，实现中华民族伟大复兴的中国梦。

3.建设我国高等教育评价制度体系的必然要求

从新中国成立初期到改革开放再到进入新时代，我国的高等教育分类制度经过几十年的发展逐步建立起了一个较为完整的体系。1993年2月，

《中国教育改革和发展纲要》首次提出要“制订高等学校分类标准和相应的政策措施，使各种类型的学校合理分工，在各自的层次上办出特色”。进入21世纪，我国在高等教育分类制度建设这条路上不断摸索，不断实践，2015年，国务院印发《统筹推进世界一流大学和一流学科建设总体方案》，在此基础上，将“211工程”、“985工程”和“优势学科创新平台”等重点建设工程，统一纳入世界一流大学和一流学科建设，使我国的高等教育分类制度改革又得到进一步的推动和发展。

高校的分类和发展，一方面是对我国经济、政治、文化发展需求的积极回应，另一方面需要建立合理适度的高等教育评价体系予以保障。坚持适度合理的高校分类评价制度，不仅需要遵从高等教育分类和发展的历史逻辑，也是引导高校的分类与发展的需要。积极推动和坚持高等教育分类评价导向，是完善和加强高等学校分类制度建设的必然要求。

新中国成立七十年来，我国高等学校分类发展经历了院校类型分化期、院校垂直分层期、院校功能同质化发展期以及院校分层与分化协同发展期四个阶段。[①]在整个演进过程中，国家一步步摸索，一次次实践，在实践的基础上又不断改革发展，走出了一条符合我国国情，具有我国特色的高校分类道路。虽然由于分类体系一度相对滞后，我国高校经由了同质化阶段，但是国家及时纠正，使我国高等教育分类发展道路回到正轨，进入内涵式发展阶段。实践证明，我国高校分类发展必须在国家的主导下，坚持走内涵式发展道路，并利用科学合理的资源配置机制和适度相宜的分类评价体系进行推动，才是正确的发展之道。

① 廖苑伶,周海涛.新中国成立70年来高校分类发展的历程、逻辑与展望[J].现代教育管理,2020(9):46-48.

第八章　新时代我国高校分类发展的政策走向

我国高等学校是从19世纪60年代开始创办的新式学堂演变而来的。当时的新式学堂主要是为了培养外语人才和军事技术人才，最为典型的就是京师大学堂，而后，高等学校经历了漫长的演化期。新中国成立之后，高等学校在新中国的建设与发展过程中发挥了重要的作用。新时代的中国，社会稳定、经济高速发展、文化繁荣昌盛，进一步促进了高等学校的发展。截至2020年，我国普通高校已经有两千多所，根据不同的划分标准和划分方法，可以将其划分为本科院校和高职院校，公办院校和民办院校，部委属院校和省属院校等。总的来说，我国高校发展态势较好，但也存在数量庞大、办学模式比较单一、提供重复性教育等问题。为了解决这些问题，国家大力支持高校分类改革，并颁布了一系列推动高校分类改革的纲领性政策。这些政策为高等教育学校分类改革指明了方向，提出了可行的意见。

高校分类改革是为顺应新时代需求而进行的改革。第一，高校分类发展可以更好地促进“双一流”学校和专业的建设。2000年开始，中国高等教育就掀起了分类改革的浪潮，在教育不断普及、思想不断改变、教育理念不断改变的新时期，高校想要在激烈的竞争环境中脱颖而出，就需要进行分类发展，从而促进高等教育多样化发展和特色化发展。多样化、特色化的发展又有利于促进“一流学校”的建设和“一流专业”的形成。第二，高校分类发展可以打破教育中的“五唯”。打破“五唯”意味着对高校进行评价的方式是丰富多样的。第三，高校分类发展可以形成更好的高校教育理念，使高校形成自己独特的发展优势，培养更专业的人才，也可以促进相似高校之间的组织式合作发展，从而使每个学校都能学习到其他学校优秀的教育理念。第四，高校分类发展可以构建与完善高校教育的制度体系。制度是一个单位、一个部门或一个学校正常运行的基础，也是促进教育发展的基本保障。所以，十八大以来，高校分类改革受到国家的高度重视。为了科学地促进高校分类改革，国家、地区及各高校颁布了一系列具有可行性的政策，来指导高校分类改革，形成了一整套高校分类改革的政策体系。通过对这些政策文本的解读，我们可以了解到高校分类改革的未来走向，概括起来主要有三点：一是坚持以教育评价改革为驱动的高校分类改革，二是坚持以内涵式发展为路径的高校分类改革，三是坚持以体制机制为支撑的高校分类改革。在高校分类改革的过程中，这三点是相互联系、相辅相成的。

一、坚持以教育评价改革为驱动

中国高等学校分类是一个复杂的动态发展过程。1977年恢复高考以来，高等学校如雨后春笋般涌现，接受高等教育的学生人数大幅度增加，自此便开始了不同标准的高校分类改革。随着时间的推移、国内国际教育大环境的变化、不同时期国家对人才的不同需求以及教育评价标准的变化，高等学校的发展理念、发展模式以及人才培养计划都有所变化。为了防止同质化发展、只重数量不重质量，促进高校持续健康发展，培养新时代国家需要的栋梁之材，必须坚持多样化的教育评价改革，更新教育理念，促进高校分类改革，办好新时代的高等教育。

高校分类改革必须以教育评价改革为驱动力，要发挥其指挥棒的作用，需要做到哪些方面呢？笔者认为，根据《深化新时代教育评价改革总体方案》的部署，结合高校分类改革和教育评价改革目标，主要包括以下几个方面。

（一）提高党政的教育评价水平，坚持以人为本

进行高校分类改革和教育评价，首先要提高各级党委和政府科学履行其职责的水平和教育评价水平。加强党和政府对高校的引领作用，克服短视行为、功利化倾向，把正确的理念与评价贯穿于高校分类的全过程。

2021年发布的《中华人民共和国国民经济和社会发展第十四个五年规划和2035年远景目标纲要》（简称“《目标纲要》”）中提到提升国民素质的重要性。要促进人的全面发展就必须建设高质量教育体系，其中包括提高高等教育质量和深化教育改革。在提高高等教育质量方面，《目标纲要》指出，要“推进高等教育分类管理和高等学校综合改革，构建更加多元的高等教育体系”。中国共产党始终是中国特色社会主义事业坚强领导核心，代表了中国先进文化的前进方向。高校分类改革必须持续坚持党的领导，坚持党和政府对高校的引领作用，树立长期规划目标。坚持以人为本，积极响应国家政府的号召，完善高等教育的评价指标体系，提高教育评价水平，坚持以学生为本，督促政府积极履行其教育职能。党和政府针对我国经济社会的发展，提出了一系列提高高等教育质量的建议，并提出了科学的评价标准。高校分类改革，要重视一流大学和一流学科、研究型大学和应用型大学的分类改革，增强其特殊性、多样性和独有性，同时加快培养理工农医文等各学科专业的紧缺人才，为社会主义培养合格的建设者和接班人。

（二）改革学校评价，坚持立德树人的根本任务

要加快完善高等学校评价标准和体系，坚持正确的办学理念，推进高校分类评价，引导不同类型高校科学定位，改进教育教学评估，培养具有理论能力和实践能力的实用性人才。

教育部于2021年印发了《普通高等学校本科教育教学审核评估实施方案（2021—2025年）》，该方案遵循习近平总书记在全国教育大会上的重要指

示精神,结合《深化新时代教育评价改革总体方案》,提出推进评估分类,以评促建、以评促改、以评促管、以评促强,推动高校积极构建自觉、自省、自律、自查、自纠的大学质量文化,建立健全中国特色、世界水平的本科教育教学质量保障体系,引导高校内涵发展、特色发展、创新发展,培养德智体美劳全面发展的社会主义建设者和接班人。高等教育的根本任务是立德树人,高校人才培养,直接关系到国家未来的发展和社会的进步。中国经济和社会的发展,使得高等教育进入普及化阶段,高等教育需要培养多方面的人才。高校评价指标体系不健全,就会导致高校的发展面临同质化的问题,所以对高校的评价必须打破“五唯”论,通过丰富高校评价指标体系,引导不同类别的高校科学定位,高校才会具有改革人才培养模式的动力,完成立德树人的根本任务,为社会主义新时代的发展源源不断地输出具有高尚品格的高质量人才。

(三)改革教师评价,坚持教书育人的根本使命

立德树人是教师的根本任务,在高校分类改革中,要对各个高校的教师进行合理的评价,坚持以师德为第一标准,而不是仅仅评价其学术水平。

教师是高校的核心力量,教师对高校教育的支持和高校对教师的评价是相辅相成的。在教育改革评价中专门提到改革教师评价,就是因为教师对于学生的发展具有重要作用。高校应该采取充分尊重教师个性的管理方式,从而获得教师主体对教师管理体制的认同。虽然学校是教师工作的环境,但是对高校教师的评价不能由学校简单决定,应该通过学校评价、教师自评和学生评价相结合的方式,从多个方面对教师进行评价。学校对高校教师的评价具有基础性作用,教师依托学校教书育人、培养学生,所以学校这个环境对教师的评价更应该客观、公正、全面,不能唯论文、唯分数、唯工作年限,应该根据教师不同的发展方向,坚持以师德为评价的第一指标,结合教学能力、学术成果等评价的指标,对高校教师进行全面评价。

（四）改革学生评价，促进学生全面发展

改革学生评价，目的在于促进学生德智体美劳全面发展。高校分类改革的目的是改善高校同质化现象，所以在对高校学生的评价中不能“唯分数”论，应该结合高校的办学特色和学生的个体身心特点进行评价。

为了更好地发展教育事业，培养德智体美劳全面发展的社会主义建设者和接班人，需要坚决克服“五唯”论。《深化新时代教育评价改革总体方案》对改革学生评价进行了较详细的阐述，体现了以德为先，创新德智体美劳过程性评价办法，完善综合素质评价体系的改革理念，并指出教育评价改革的目标是建立健全教育评价制度，使促进学生全面发展的评价办法更加多元，社会选人用人方式更加科学，到2035年，基本形成富有时代特征、彰显中国特色、体现世界水平的教育评价体系。要达到这一目标，在改进高等学校评价方面，就是要“推进高校分类评价，引导不同类型高校科学定位，办出特色和水平”，从而促进高校学生德智体美劳全面发展，成为社会主义建设需要的栋梁之材。

（五）改革用人评价，共同营造教育发展良好环境

高校的发展是为了更好地为社会主义建设提供人才，因而社会对高校学生和人才的评价标准和反馈的要求在一定程度上会对学校的教学和教育产生影响。

推进高校分类评价是高校教育改革的重要组成部分，高校改革必须坚持以高校分类评价改革为驱动力。高校分类管理是为了促进高校持续健康发展，高校培养的学生都会投身社会，所以社会对高校办学理念、高校人才培养和高校定位等的评价和反馈十分重要。换句话说，用人单位的评价对于高校的分类发展和人才培养具有直接的推动作用。《深化新时代教育评价改革总体方案》指出：“教育评价事关教育发展方向，有什么样的评价指挥棒，就有什么样的办学导向。”这说明教育评价在一定程度上决定着高校分类改革的方向和成败，其中，用人评价尤其重要。进行高校分类评价，应该

分清主要矛盾与次要矛盾，抓住重点，抓住关键，坚持以用人单位的评价为引领，从而促进高校分类管理。不科学的社会教育评价和“五唯”论都是我国高等教育发展的绊脚石，高校如果只顾追求学校的“排名”和“名号”（这些“排名”和“名号”的评定在中国教育系统中都有一定的评价标准），就难免使教育评价缺乏科学性。长期以来形成的“五唯”教育评价导向，导致了较严重的高校的同质化和教育重复问题，所以坚持以教育评价改革为驱动力的高校分类改革必须改革用人评价，确立社会对高校和高校学生的科学评价标准和方式方法，从而为高校培养学生营造良好的环境，促进学生专业能力和专业水平不断提升，补足中国社会发展对人才的紧急需求缺口。

教育评价改革是高校分类发展的方向指引。教育评价改革作为高校分类发展的“指挥棒”，具有统领全局、引导方向、助推流程的作用，坚持以教育评价改革为驱动力是高校分类改革的首要准则。高校分类改革要坚持以教育评价目标为导向，从政府、学校、教师、学生和社会五方面确立起合理的教育评价指标和标准，使高校展现出自己的时代特征和办学特色，成为高水平的、具有中国特色的高等学校，为国家培养建设所需的一流人才。

二、坚持以内涵式发展为路径

新中国成立七十多年来，高校分类大致经历了院校类型分化期、院校垂直分层期、院校功能同质化发展期和院校分层与分化协同发展期四个阶段。这四个阶段高校分类的大致走向是从封闭到开放，从外部到内部。改革开放以前，我国处于计划经济阶段，经济、政治和文化等方面的发展都采取国家和政府管控的方式进行，加上“文化大革命”的冲击，高等教育的发展进程缓慢，教育教学主要是为了提供计划经济时期国家所需要的人才，高校分类是由国家和政府主导的。改革开放以后，高等教育虽然有所发展，但在历史过渡期，高校的分类也主要表现为一种固定化的模式，即分为大学、学院、高等职业学校和高等专科学校。随着改革开放的深入发展，20世纪90年代之后，我国高等教育开始注重自身内涵的发展，根据自身内涵来进行高校分类，开始出现“211工程”大学、“985工程”大学、“一流大学”和“一流学科”的说法，高校分类开始从外延式发展进入内涵式发展。高校的内涵式发展形成了教育新格局，高校分类改革将继续深化内涵式发展路径。

内涵是指事物的本质特征，是事物的内部因素，内涵式发展是指以事物的内部因素作为动力和资源的发展模式；而外延是指事物的表象特征，是事物的外部因素，外延式发展是指以事物的外部因素作为动力和资源的发展模式。就我国高等教育和高校分类改革来说，改革开放以前的国家和政府主导的高等教育和高校分类改革和改革开放后的过渡期间的高等教育和高校分类改革属于外延式发展，它是应国家和政府层面的要求进行的，而不是因为自身发展机制和发展模式的需要而进行的。外延式发展主要包括增设新学校、扩大招生规模、增加学校专业数和扩大学校面积等发展方式，侧重于通过学生人数、学生分数、学生毕业率和就业率、教师人数和教师优秀率来衡量。此后，高等教育和高等学校的分类改革是高等学校基于自身的发展需求而进行的，属于内涵式发展。内涵式发展主要包括激发高校内在活力、深入改革、提高办学质量和优化学校的资源配置等方式，侧重于根据办学理念、校园文化、学生满意度和学生的综合素质来进行教育评价，比较科学，更适应于当今社会的发展。在新时代的大背景下，高等教育和高校分类发展必须坚持内涵式发展的路径，把内涵式发展融入高校分类改革中，促进高校分类改革的科学化。

内涵式发展是指通过挖掘现有学校的潜力，优化教育结构，提高学校内部效率和质量来推动高等教育发展的模式。通过内涵式发展路径推动高校分类改革，可以进一步提高高等教育的教学质量和水平。在高等教育已经大众化的今天，高校分类改革不能只专注分数、升学、文凭、论文、帽子等外在因素，更应该注重校园文化、学风建设、教风建设、人员队伍建设和保障体系建设，以学生为中心，促进高校的可持续发展。

高校分类改革坚持以内涵式发展为路径,就是要在科学发展观的指导下,通过调整高校分类的方式合理配置高等教育资源,整理高校内部要素,实现对高校的科学分类,进而促进高校提升办学质量,突出办学特色。坚持内涵式发展的高校分类,必须做到以下几点。

(一)坚持育人为本

高等教育的根本任务是立德树人,高校在分类发展过程中应该坚持科学发展观,以学生为中心,以学生成长成才为导向,致力于学生的专业化发展,努力提高高等教育质量,强化特色,注重创新,优化结构,促进高校合理定位,办出特色鲜明的高等教育。

(二)注重发展学校特色

内涵式发展注重教育质量的提高和学校特色的打造,因此高校分类也需要遵循这个原则,在确定高校分类体系时突出学科的专业特色、行业特色和区域特色,形成特色鲜明的分类标准和分类体系,促进高校合理定位,在不同领域办出特色,争创一流。

《国家中长期教育改革和发展规划纲要(2010—2020年)》提出,“教育是民族振兴、社会进步的基石”,“中国未来发展、中华民族伟大复兴,关键靠人才,基础在教育”。高等教育是培养人才的第一战线,全面提高高等教育质量,促进社会主义现代化建设迫在眉睫。提高高等教育质量,必须加强高等教育的内涵发展,在继续坚持“双一流”建设的基础上,继续促进高校分类的深入发展,办专业化、有深度的高等教育,建立高校分类体系,对不同类型的高校实行分类管理。引入竞争机制,推动高校的分类发展,实现资源的有效配置,把资源的提供和需求结合起来,将资源用得恰当,用到实处,提高教育资源的利用效率。发挥政策优势,引导高校合理定位,明确各类高校教育职责,克服同质化倾向,使高校形成各自的办学理念和风格,在不同层次、不同领域办出特色,体现创新,建成一批世界知名、具有国际竞争力的高校,走在时代前沿,引领我国高等教育进一步发展。完善高等教育学校的质量评价体系，挖掘高校潜力，根据高校自身的特色和优势进行分类，而不是一味地根据学校的"名气"和"排名"来进行分类，提升高校的教育教学质量，在继续推进"双一流"学校和学科建设的基础上进行高校分类改革，研究制定高等学校分类标准和分类管理办法，树立正确的分类理念，强化分类管理，形成高质量的高等教育体系。

（三）注重创新式分类发展

创新是内涵式发展的重要因素。在这个千变万化的时代，科技高速发展，知识更新快速，高校需要不断创新，才能跟上时代发展。新时代的高校分类政策大都提出了坚持创新的要求，鼓励高校在分类过程中大胆试验探索，特别是在国家重点发展和人才紧缺的专业领域更是如此。

注重创新式分类发展，就是要把高校自身的特点和新时代的新观念、新成果结合起来，开拓创新思维，打破以前固有的高校分类模式，克服"五唯"论和同质化办学问题，制定科学的分类管理办法，坚持内涵式发展路径，强化创新意识，抓住新时代的机遇，促进高等教育的高质量发展。通过对高校进行分类管理，进一步促进创新型高校的发展，坚持创新的教育理念，培养德智体美劳全面发展的人才。另外，在原有高校分类体系的基础之上，还需要创新分类方式。我国在高校分类的过程中虽然走过一些弯路，但也取得了一定的成绩。如国家根据经济发展和区域发展的需要，实施"211工程"和"985工程"建设，我国大学也相应分为"211工程"大学、"985工程"大学和其他大学；为进入世界高等教育强国的行列，国家进行"双一流"大学和学科建设，高校也相应有是否"双一流"大学和学科的分类。这些分类在相应的历史时期对我国经济社会的发展起到了重要的作用，但也存在一些不足。坚持内涵式发展的高校需要在原有基础上继续创新分类的方式方法，进一步促进高校分类发展，以适应国家和区域经济社会发展的需要。

（四）坚持发展大学文化

大学文化和大学精神是一个学校的核心与灵魂。坚持文化自觉和文化自信，既需要在文化上进行自我觉醒和自我反思，也需要对我国的文化充满自信,相信它的魅力。高校作为培养社会主义接班人和建设者的地方,更应该清楚地认识到,文化对人的影响是深远的,所以高校分类发展要坚持以大学文化和大学精神为倡导,从大学内部需求出发,推动高校自发地进行分类发展。

党的十九大的召开开启了中国高等教育的新格局,十九大报告明确提出实现高等教育内涵式发展。高校分类改革必须贯彻党的教育方针,落实立德树人的根本任务,创造更好的文化环境。

坚持以内涵式发展为路径是高校分类改革的道路选择。一段时间以来,中国高校的分类发展采取了外延式发展模式,这种模式在特定的时代发挥了重要作用,但随着社会的发展,外延式发展模式不能满足国家经济社会发展的需要,高校要获得更好的发展,迫切要求转变发展模式,高校分类改革也需要破除外延式发展的固定模式,走内涵式发展的道路,使高校分类发展适应时代的要求,满足人民群众对高等教育的需要。

三、坚持以体制机制为支撑

体制是指国家、国家机关、企业、事业单位等的组织制度,是一项事物有序发展的基本保障。体制的运行需要构建一定的运行机制。所谓运行机制,是指体制内部事物在相互影响时各个部分的运动规律和基本机理,通俗来说就是一个工作系统内部组成要素的相互作用和互动过程。新中国成立之初,中国高校体制机制尚不健全,高校的健康发展缺乏有效支撑力。特别是在“文化大革命”时期,由于缺乏好的体制机制,正规高校的分类只侧重于裁、并、迁、散、改,并形成了不规范的“五七”大学和“七二一”大学。体制机制的缺乏使得中国高校的发展和高校分类改革缺乏骨架支撑,所以,新时代国家出台的有关高校分类发展的政策强调,高校分类发展应该坚持以体制机制为支撑,构建起高校分类改革的骨架之后再进行分类改革。

2017年，中共中央办公厅、国务院办公厅印发《关于深化教育体制机制改革的意见》（以下简称“《意见》”），就关于高等教育学校改革的体制机制提出了一系列可行的意见。

《意见》指出，党的十八大以来，以习近平同志为核心的党中央，坚持把教育摆在优先发展的战略位置，全面深化教育领域综合改革，一批标志性、引领性的改革举措取得明显成效，教育公共服务水平和教育治理能力不断提升，中国特色社会主义教育制度体系进一步完善，我国教育总体发展水平进入世界中上行列，为13亿多人民提供了更好更公平的教育，为经济转型、科技创新、文化繁荣、民生改善、社会和谐提供了有力支撑，中国特色社会主义教育自信不断增强。

《意见》明确了深化教育体制机制改革的基本原则：(1)坚持扎根中国与融通中外相结合。继承我国优秀教育传统，立足我国国情，遵循教育规律，吸收世界先进办学治学经验，坚定不移走中国特色社会主义教育发展道路。(2)坚持目标导向与问题导向相结合。坚持以人民为中心，着眼促进教育公平、提高教育质量，针对人民群众反映强烈的突出问题，集中攻坚、综合改革、重点突破，扩大改革受益面，增强人民群众获得感。(3)坚持放管服相结合。深化简政放权、放管结合、优化服务改革，把该放的权力坚决放下去，把该管的事项切实管住管好，加强事中事后监管，构建政府、学校、社会之间的新型关系。(4)坚持顶层设计与基层探索相结合。加强系统谋划，注重与《国家中长期教育改革和发展规划纲要（2010—2020年）》等做好衔接。尊重基层首创精神，充分调动地方和学校改革的积极性、主动性、创造性，及时将成功经验上升为制度和政策。

根据《意见》精神，高等教育和高校分类改革需要从以下几方面不断深化。

（一）建立健全人才培养机制

高等教育分类改革需要建立立德树人的系统化落实机制。大学生作为中国特色社会主义接班人和建设者，不是只学习好专业知识和相应技能就可以了，更重要的是要养成良好的道德品质。高校是帮助大学生树立正确的世界观、人生观和价值观的重要场所，所以在高校分类管理过程中，立德树人的系统化落实机制尤为重要。

高校要坚持立德树人的根本任务，把立德树人的观念融入学校体制机制的建设过程中，帮助学生树立正确的世界观、人生观和价值观，培养学生的专业知识技能和动手能力，提高学生的心理素质水平和创新思维能力，遵循人才发展规律，落实人才系统化的培养机制。根据我国经济社会发展和产业升级转型的情况，确定高校发展的不同方向和不同特色，进而确定高校人才不同的培养方式和模式。加强产教融合，密切校企合作，提高人才的适应性。积极探索高校分类管理机制，遵循学生成长的客观规律，重视学生个性化发展，科学预测其未来就业前景，进而确定人才培养方向，完善高校专业学科体系，把专业学科体系和学生的特点结合起来，形成高质量、高水平的人才培养模式。

（二）健全内涵式发展的体制机制

高等教育分类改革要健全促进高等教育内涵式发展的体制机制，强调创新人才培养机制。高校作为教书育人的地方，要把人才培养作为其中心工作。高校分类发展就是要把高等教育学校分成不同的类型，根据不同高校各自的特点建立起不同的人才培养模式，深化创新型和复合型、应用型和研究型人才的培养，全面提高人才培养能力。在促进高校分类发展的过程中，完善内涵式发展体制机制还需要完善自主办学机制、中国现代大学制度和校长负责制等。

高等学校内涵式发展是高校以培养学生、优化结构、提高质量为目的，通过提升创新能力、改革体制机制来实现高质量发展的模式。高校组织的复杂性决定了高校分类改革的复杂性。高校分类改革要平稳推进，就需要建立健全内涵式发展的体制机制。其主要包括两个方面：

第一，建立内涵式发展的高校办学体制。全面有效的办学体制是高校发展的前提和保证。一方面，坚持院校两级办学体制。高校及其学院之间的关系一般是领导与被领导的关系，内涵式发展不能犯“一抓就死，一放就乱”的错误，需要合理平衡校级与院级之间的关系，达到良性循环的目的。坚持开放型高校办学体制。高等教育不应该是一个封闭的系统，而应该是一个开放型的相互学习的系统，要坚持高校内部院系之间、高校之间的合作与交流，促进教学水平和学术水平的提升，达到相互学习，共同进步的目的。

第二，构建高校内涵式发展的管理机制。科学合理的管理机制是高等教育学校平稳运行的基本保障。一方面，要建立健全自主评价机制和考核机制。内涵式发展要求进一步加强自主评价机制和考核机制。高等教育的评价系统和考核系统并不是外界强加给学校的，而是高等教育根据自身发展的内在需求建立的。通过完善评价机制和考核机制，可以进一步激励高校提高教育质量和教育水平，促进高校发展从重数量、重规模到重质量、重内在需求的转变。另一方面，完善创新机制。高校的办学目的是培养国家和社会需要的人才，当今社会，科技高速发展，知识快速更新，高校学生必须具有创新思维和创新意识，不断深入学习和研究，才能跟上时代的步伐。为了给学生提供一个良好的学习环境和氛围，则必须完善创新培养机制，以机制为保障，促进学生的成长与进步。

（三）改革资源分配机制

高校分类改革需要改革资源分配机制和教育投入机制。高校分类发展属于教育改革的重要组成部分，必须有序推进才能促进高校持续健康发展，需要完善资源分配机制和财政投入机制，正确调配资源，促进人力资源和财务资源得到充分应用，明确责任分担方式，完善教育财政体制机制，拓宽高校分类改革的经费来源，合理分配，为高校分类改革提供稳定的财政支持。

改革资源分配机制和教育投入机制，促进高校院系之间、高校之间的竞争与合作。高校分类发展坚持以内涵式发展为路径，需要对高校内部和区域间的高校资源进行合理配置，整合所有资源推动高校分类发展。在资源配置的过程中，各个高校间并不是单纯的竞争或合作的关系，而是既存在竞争关系，也存在合作关系，在竞争中合作，在合作中竞争，推动高校发现自己的发展优势，形成特色发展。

高校分类改革摒弃了以前的外延式发展，坚持内涵式发展策略，则更需要注重人力资源和财物资源的分配，以前不合理的分配方式应该摒弃，合理的分配应该得到继承，从而充分发挥资源的效用。需要更加注重资源配置机制的构建，满足各高校的内在需求，强调机构改革、创新活力、提高教育教学质量，重视特色发展等。这都需要一定的人员和物资予以保障，从而促进高校分类改革。当然，还需要完善高校的人事改革制度和管理制度。高校分类改革和发展都离不开人的努力，改革过程中必须完善人才体制机制，选择优秀的人才，形成强有力的人才制度优势和人才评价机制。管理机制是改革的保障，高校分类改革归根到底是管理机制的改革。总之，改革资源分配机制，必须坚持党的领导，确立高校协同合作机制，共同制定分类标准和指标体系，合理配置资源，优化资源配置。

（四）完善教育评价机制和督导机制

教育改革需要完善评价机制和教育监督制约机制，这对于高校分类改革也是极其重要的。全面、完善的教育评价机制和教育监督制约机制可以为高校分类改革指引正确的方向，保障教育改革和高校分类改革的成果。

高校分类发展是一个动态的发展过程，在这个过程中，高校分类改革政策的制定和执行不可能一帆风顺、不走弯路，所以需要健全教育评价机制，确立高校分类改革的目的和思想理念，建立健全高校分类改革的教育评价指标和体系，提高党政机关对高等教育的评价水平，建立对高校的科学评价体系，丰富学生评价的综合性指标，加强对教师教育教学的评价，改革用人单位的评价，以教育评价为导向，以教育评价机制为保障，促进高等教育分类改革大方向不偏移，形成伸缩有效的高校教育评价机制体制。

健全高校分类发展过程中的监督制约机制。高校分类改革涉及对各高校的重新定位，需要对各相关单位执行国家政策的情况加强监督，以保证高校分类改革的顺利进行。高校分类改革过程中存在的问题在很大程度上源于制度执行的监管力度不够，要想顺利推进高校分类管理制度，就要强化监督与评价机制，在建立完善制度体系的基础上，进一步丰富监督与评价的内容，完善监督体系，不仅要有校内的监督管理与评价，还需要有上级教育部门和其他监督力量的监督，从而实现高校分类管理制度的有效实施。

高校分类改革应该坚持以教育体制机制为支撑和保障。这就需要在教育改革和高校分类发展的过程中坚持党对教育的领导，充分发挥党总揽全局、协调各方的领导核心作用。完善党对教育工作和高校分类发展的领导体制和机制，推动教育体制机制和体系的形成。充分发挥国家教育改革小组的统筹谋划职能，完善改革队伍人员建设，保障充足的改革资金，促进高校教育改革和分类改革的进一步发展。

高校分类改革的“三坚持”（“三坚持”即坚持以教育评价改革为驱动力，坚持以内涵式发展为路径，坚持以体制机制为支撑）极其重要。坚持以教育评价改革为驱动力的高校分类改革可以提高高校分类发展的科学性，确定其基本方向；坚持以内涵式发展为路径的高校分类改革可以确定高校分类发展的道路和基本模式；坚持以体制机制为支撑的高校分类改革可以提高高校分类发展的合法性，保障高校分类发展的果实。

坚持以教育评价改革为驱动的高校分类改革旨在树立正确的教育理念，确立科学的教育评价指标体系，以教育评价改革为先导，推动高校在改革和发展过程中克服“五唯”倾向，建立起科学的高校评价体系、教师评价体系、学生评价体系和教育评价体系，进而推动高校分类发展，使高校在发展过程中既坚持相通性又坚持差异性，促进高校健康持续发展。

坚持以内涵式发展为路径的高校分类改革是历史发展的必然。我国高校分类发展在经历了外延式发展路径之后深刻认识到，内涵式发展才能让高校保持发展的根本动力和持续创新力，高校分类改革在原有基础上，必须继续深化内涵式发展的路径，明确高校分类发展的目的，挖掘高校分类发展蕴藏的内在潜力，激发高校发展活力，促进高校分类发展坚持特色发展和合作发展相结合，发挥行业内合作高校的品牌作用，进一步促进以内涵式发展为路径的高校分类改革。

坚持以体制机制为支撑的高校分类改革主要有三个方面的目的。首先，体制机制可以为高校分类改革提供相应的法律支撑和合法的环境，让高校分类改革有法可依。其次，体制机制可以为高校分类改革提供合法的改革程序和科学的步骤，高校分类改革人员可以按程序步骤有序地推进改革。最后，体制机制可以保障高校分类改革的成果。高校分类改革并不是一蹴而就的，而是循序渐进不断深化优化的，在这个过程中，体制机制可以对高校分类改革的成果进行保护。

"三坚持"不是分裂的，而是相辅相成、相互联系的，它们起着共同促进高校分类发展的作用，促使我国高等教育质量进一步提升。

第三部分
校本维度

第九章　百年变革中西南大学分类发展的历史演进

纵观西南大学的办学历史，其发展与国家高等教育发展的历程休戚相关，既是顺应国家高等教育发展历程的演进过程，也是立足办学初衷、紧密结合国家需要的发展过程。在百余年的办学历程中，根植于不同的历史环境，学校也不断调整自己的办学思路，走出了一条颇具特色的分类发展路径，总体上来说，西南大学分类发展的历史可以分为以功能性分类为主要特点的时期和以学科性分类为主要特点的时期。

一、以功能性分类为主要特点的时期

以功能性分类为主要特点的时期主要包括两个阶段：一是学校发端初创阶段；二是新中国成立到1980年学位制度颁布之前，这一时期的发展也为后期学科性分类发展奠定了全面的基础。

（一）学校的发端及演进

西南大学发端于1906年创立的官立川东师范学堂。官立川东师范学堂是川东地区第一所正规的师范学堂，它的创办与清末教育制度的改革密切相关。1904年，清政府颁布《奏定学堂章程》（又称“癸卯学制”），推动了新式

学堂制教育的产生、发展。《奏定学堂章程》特别强调师范教育的重要性，要求各省办初级师范学堂、优级师范学堂。在这次学制改革中，师范教育第一次成为一个独立系统。川东地方政府为实施这一新学制，为川东地区培养师资，于1906年4月18日创立了官立川东师范学堂。

学堂创办不久，辛亥革命爆发，中华民国建立，学堂余绪尚存，名称沿袭未改。至1914年，根据民国元年(1912)教育部《师范教育令》的相关规定，更名为川东联合县立师范学校。1915年添办一年毕业的二部师范班。1922年改行新学制，分前后期师范，后期师范又分国文、史地、数理、博物及英文、艺术、体育五组(英文、艺术、体育为一组)。1931年1月，奉教育厅命令，又改名为川东共立师范学校，此时学校办学目的集中于两点，一是研究并实验部令所定职业化之教育，二是养成适于国情及各地之健全师资兼培养专门人才。

1932年，经甘绩镛倡议、校董事会同意并积极筹备，国民党二十一军军部训令：在川东共立师范学校内设立乡村师范专修科，“以研究乡村问题，培养中级乡村师范之健全师资”。1933年2月，乡村师范专修科迁至磁器口并在此征地扩建农场。7月，奉四川省府之命，乡村师范专修科改为四川乡村建设学院，从川东共立师范学校分出单独办理，开始招收本科学生，甘绩镛兼任院长。学院根据设立宗旨，提出“不仅注意于学生知识之培养，并注意于学生技能之实习，以及体格与军事之训练，品行与信仰之陶冶，以期学生能深入乡村，领导乡村建设运动，从事乡村建设工作”，确定了教学方针：一是培养乡村建设之热忱与信仰，二是培养乡村建设之学识和技能，三是培养负责与创造之精神及健康与耐劳之体格。

1936年，因四川乡村建设学院之名与当时之学制不合，奉命改为四川省立教育学院。从抗日战争到解放战争期间，四川省立教育学院在艰难竭蹶中勉力发展，至1949年新中国成立时，学院已有9个学系。

抗日战争时期，重庆地区除四川省立教育学院外，尚有一所1940年创办于江津白沙的国立女子师范学院，是战时中国女子师范教育的最高学府。

抗日战争胜利后，国立女子师范学院于1946年迁至重庆黄桷坪办学。重庆解放时，国立女子师范学院有8系1科。

抗日战争胜利后，原来内迁的众多高校皆复员归去，重庆高校骤然减少，许多学子深造无门，一些教师亦望路兴叹而留渝“待业”。一批热心教育的人士四处奔走，拟利用已复员学校留下的校舍和设备，筹办私立高校。几经周转，终于成功。其佼佼者为卢作孚首倡创办、于右任任董事长建于北碚夏坝复旦大学旧址的私立相辉文法学院和梁漱溟在北碚金刚碑创办的勉仁文学院。

四川省立教育学院、国立女子师范学院、私立相辉文法学院、勉仁文学院等作为西南大学的前身，发轫于新式学堂的大流，在动荡的时局中培养师资和乡村建设人才，以服务当时社会需要，带有分科大学的雏形，但其教育实践和目的受限于当时的历史条件和发展阶段，其作为办学载体的社会功能价值是第一需求，以知识生产为典型标志的学科性价值体现还相对不足。

（二）新中国成立后的院系大调整

新中国成立之初，百废待兴，国家建设急需大量专业性人才，为满足社会建设需要，我国高校按照党中央和政务院制定的以培养工业建设人才和师资为重点，发展专门院校和专科学校，整顿和加强综合性大学的方针，进行了院系大调整。

重庆解放后，西南军政委员会文教部决定筹组两所新型高校。1950年10月，遂将四川省立教育学院农科以外的6个系与国立女子师范学院合并，组建西南师范学院。私立相辉文法学院和勉仁文学院两所学院的部分教师移至西南师范学院任教。同年11月，以四川省立教育学院农科三系（农艺、园艺、农业制造）为基础，并入私立相辉文法学院的农学专业和私立华西协合大学的农艺系，组建为西南农学院。经此次分化重组，建成了两所性质有别而又毗邻而居的高等学府。

西南师范学院、西南农学院建立后，开展院系调整，办学实力进一步增强。四川大学教育系、教育专修科、中文专修科、史地专修科，重庆大学中文系、外语系，华西大学数学系、生物系、外语系、音乐系，川东教育学院（私立中国乡村建设学院）教育行政系、中文系文艺组、生物化学系，西南工业专科学校和乐山技艺专科学校部分师生，四川师范学院数学系、物理系，贵阳师范学院学校教育系、中文系、史地系、物理系、化学系，昆明师范学院史地系、物理系、化学系、生物系，四川医学院营养保育组等先后并入了西南师范学院。四川大学园艺系、蚕系、农业化学系、植物病虫害系，云南大学园艺蚕桑系，贵州大学植物病虫害系、农业经济系、农业化学系，川北大学农业经济系及乐山技艺专科学校蚕丝科，西昌技艺学校农艺、园艺、畜牧科，西南贸易专科学校茶叶专修科等先后并入西南农学院。经过院系调整，西南师范学院和西南农学院成为集中了西南区大部分教育、农学高等教育资源的高等院校。

从这次院系大调整可以看出，调整是以社会建设需求为导向的，通过调整，形成了行业性高校。此后的一段时期，两所高校按照农林、师范院校的不同目标建设发展，经历了学习苏联模式、在政治运动中曲折发展等过程。在此期间，两所高校以学科为载体的教学组织不断发展，并响应党中央“向科学进军”的号召，不断推动科研工作向前发展，在服务经济社会发展的同时，学科架构不断完善，为后来学科性分类发展奠定了坚实基础。

二、以学科性分类为主要特点的时期

（一）改革开放开始至两校合并前的发展

1978年，我国进入改革开放和社会主义现代化建设时期。此后，高等教育蓬勃发展，西南师范学院和西南农学院积极拨乱反正，清除多年来根深蒂固的“左”倾错误的影响，把工作重点转移到教学科研中来，根据各自的实际振兴发展。两校于1985年先后升格为大学。2000年，重庆市轻工业职工大学并入西南师范大学。2001年，西南农业大学与四川畜牧兽医学院、中国农科院柑桔研究所重组为新的西南农业大学。

1980年,《中华人民共和国学位条例》颁布,基于学位制度的划分使高校开始了以学科分类为主要特点的发展时期。得益于此,两校的人才培养、科学研究、师资队伍以及办学条件等皆得到空前发展,伴随着多层次办学和专业结构调整,学科建设也越来越受到重视。

西南师范大学立足于社会需要,瞄准建设国内一流、国际上有影响的师范大学总体目标,大力改革发展。基于社会对各类人才特别是师资需求大大增加的实际,在坚持以办好本科为主的同时,增加办学层次和系科专业,从1978年的15个本科专业发展到20世纪90年代末的70多个专业方向,并结合实际,加强重点学科发展。1982年,学校确定教育学、心理学、古代文学、中国古代史、哲学、代数学等19个学科为重点学科,1987年进行调整,确定了教学论、普通心理学、中国古典文学、汉语史、世界上古中古史、中国各体文学、基础数学、植物学、自然地理学9个学科为重点学科。随后进一步加大重点学科建设,扶持生态学、课程与教学论、基础心理学、中国现当代文学、分析化学等学科发展。经过长期建设,西南师范大学在若干学科领域形成了自己的优势和特色。教学论、心理学、中国古典文学、中国新诗研究、世界上古中古史、学前教育、逻辑学、抗战时期国统区研究、基础数学、植物生态学、地貌学、环境科学、表面化学、精细化工、有机化学、区域地理、国土研究、西亚历史与地理、国画、工艺美术等学科达到较高水平。其中课程与教学论1984年被批准为博士学位授权点,是全国两个最早的课程与教学论博士学位授权点之一,培养出了新中国第一位课程与教学论博士,成为国内有较大影响的科学研究中心。基础心理学1986年被批准为硕士学位授权点,1994年被批准为博士学位授权点,并逐步形成人格过程、认知过程、思维与创造、人工智能与认知、语言心理等特色研究方向,青少年价值观研究在国内处于领先地位。中国现当代文学1986年被批准为硕士学位授权点,涵盖了中国现代诗学、中国现当代文学、西方文化、大后方文学与西南文化等研究特色方向,新诗研究、儿童文学研究在海内外有较大影响。植物生态学专业1981年被批准为硕士学位授权点，主要从事常绿阔叶林生态学和植物种群生态学研究，相关成果先后获得国家自然科学二等奖、四川省科技进步二等奖、国家教委科技进步三等奖等。此外，教育学原理、分析化学、水生生物学等学科也取得了令人瞩目的成绩。

西南农业大学积极适应农业教育需要，从不仅要为农业服务，而且要为整个农村经济建设和社会进步服务的定位出发，加强教学、科研、推广三结合，及时调整学科专业结构，逐步向农、工、文、理、经、管多科性全国重点农业大学发展。经过长期建设发展，到2000年，形成了拥有5个博士后流动站、11个博士点、30个硕士点、27个本科专业的高等农业教育体系，拥有特种经济动物饲养国家级重点学科，农产品加工及贮藏工程、农业经济管理、农业昆虫与害虫防治等7个省部级重点学科，以信息技术为先导，以生物工程技术为核心，形成了基础研究、应用基础研究、技术推广合理配套、紧密结合的现代农业科研体系，在多个领域处于高水平。其中特种经济动物饲养成为该学科领域在西部唯一的国家级重点学科，在全世界率先绘制完成家蚕基因组“框架图”，是继我国科学家完成人类基因组中国卷、水稻基因组“框架图”绘制之后，向人类贡献的第三大基因组研究成果，标志着我国在鳞翅目(家蚕)基因组研究方面居于世界领先地位。在三峡库区生态环境安全及生态经济系统重建关键技术研究方面，主要针对三峡库区水土流失、水体污染、地质灾害三大主要生态环境问题和资源掠夺式利用、经济贫困落后、移民安置任务重三大主要社会经济问题，以可持续发展理论为指导，以生态环境与社会经济同步建设、协调发展、协同优化为目标，通过技术集成，解决三峡库区生态环境安全和区域经济发展的关键技术和配套技术问题，促进生态环境改善、社会经济发展和工程移民稳定安置。此外，还在果树学、作物遗传育种等学科领域取得一批成果，在国内外产生了较大的影响。

(二)合并组建后至“双一流”建设时期前的发展

两校酝酿合并始于20世纪末。几经磋商，在中共重庆市委、市政府的大力支持和推动下，经教育部批准，2005年7月，西南师范大学、西南农业大学合并组建为西南大学。

西南大学组建后，在教师教育、农业科教办学特色的基础上，形成了涵盖哲学、经济学、文学、法学、历史学、教育学、管理学、农学、理学、工学、医学、艺术学12个学科门类的综合性大学。教育部原党组书记、部长周济在成立大会上发表重要讲话，他指出：实现两校的实质性合并，组建西南大学，符合高等教育改革发展的必然趋势，顺应科学技术发展的潮流，必将有利于实现学科的调整和互补，发挥教师教育与农业科学等多学科交叉、综合的优势，为学科进一步发展构建更为广阔的平台；有利于培养21世纪知识经济时代需要的具有创新精神和实践能力的高素质人才，促使学校的教育质量、办学水平的稳步提高；有利于解决西部特别是西南地区的农村基础教育、"三农"问题，全面提升重庆高等教育的实力和水平，为重庆的经济建设和社会发展提供更加强大的教育、知识和科技支撑，促使（重庆）早日实现富民兴渝、建设长江上游经济中心的宏伟目标。

西南大学成立后，立即显现出了规模效应，办学规模更大，办学条件更优。从面积来看，学校总占地面积为8000多亩（约5.33平方千米），校舍面积近1.5平方千米。从师资来看，共有专任教师2600余人，专职科研人员300余人，其中教授（研究员）300余人，副教授（副研究员）700余人，博士生导师100余人，硕士生导师500余人，中国科学院院士1人，中国工程院院士2人，国家级、省部级专家75人，在国务院学位委员会和学科评议组、全国教学指导委员会等组织和全国二级以上学会、国际科研机构担任重要职务的130余人，在相关领域有较大影响。从学科来看，涵盖11个学科门类，共40个一级学科104个专业，有2个国家级重点学科、7个一级学科博士学位授权点，45个博士点，9个博士后科研流动站，120个硕士学位授权点，5个专业学位授权点，35个市级重点学科。从人才培养来看，有各类在校学生50000余人，办学层次和规模居西部高校前列，教师教育和农业教育形成鲜明特色。从科学研究来看，有17个省部（市）级重点实验室，5个重庆市重点文科基地，教育学、心理学、农学优势明显，家蚕基因组学研究居世界领先水平，基础心理学、教育学等研究达到国内领先水平，推广应用新成果、新技术取得了显著的经济效益和社会效益。在国际交流方面，与美、英、法、德、澳、日、俄、加等近30个国家或地区的高校和科研机构进行学术交流、开展科研合作，与国外20多所大学及科研机构建立了长期友好合作关系。①

合校十余年来，学校以人才培养为中心，深化改革、锐意进取，不断提升办学水平，各项事业取得长足发展。现代大学制度建设迈出新步伐，《西南大学章程》于2014年获教育部核准通过，学校以章程为统领，推进现代大学制度建设，建立健全"党委领导、校长负责、教授治学、民主管理"的内部治理结构，坚持党委领导下的校长负责制，不断完善科学民主决策机制。人才培养呈现新变化，构建了学生发展分层、学科教育分类、课程教学分级、培养过程分段、学生管理分流的"五分"本科人才培养模式，实施研究生教育六大工程，大力提高生源质量。学科建设取得新突破，在办学体制特别是学院制的改革调整中，学科体系得到拓展，学科结构趋向优化，在提高学科国际化程度和产学研一体化水平等方面取得了显著成效。科学研究实现新跨越，在国家重点实验室、国家科学技术奖（指国家自然科学奖、国家科学技术进步奖、国家技术发明奖三项国家大奖。西南大学曾获国家自然科学奖和国家科技进步奖）、中国专利奖等方面实现零的突破，承担国家各级各类项目数量和到校科研经费大幅增长，科技成果转化成效明显。社会服务实现新拓展，合作区域覆盖全国26个省、自治区、直辖市，合作领域实现了由以教育和农业为主向教育、农业、新型工业、现代服务业、文化旅游等全面深度合作转变。师资队伍建设迈上新台阶，通过实施英才工程、聚贤工程、岗位聘用、职务评审和绩效考核，基本形成了引、用、培、评、酬相结合的师资队伍建设工作框架。初步形成了一支以知名专家学者为核心的高层次人才队伍，以教育部创新团队为代表的高水平科研团队，以一大批高素质中青年教师为主

① 以上数据为2005年两校合并后的数据。

体的师资队伍。国际交流合作取得新进展，全方位推进引智工作，开展中外合作办学，推动学生赴国(境)外高校学习或实习，实现全英文专业、全英文课程零的突破，打造来华留学品牌。校园文化呈现新气象，“含弘光大，继往开来”和“特立西南，学行天下”的精神品格得到彰显，形成了较为优良的校风、教风和学风。

(三)“双一流”建设时期的发展

党的十八大以来，以习近平同志为核心的党中央高度重视高等教育工作。2015年8月，中央全面深化改革领导小组第十五次会议审议通过《统筹推进世界一流大学和一流学科建设总体方案》，标志着“双一流”建设正式拉开帷幕。2016年2月，教育部印发《教育部2016年工作要点》，要求加快世界一流大学和一流学科建设，制定“双一流”实施办法。2017年1月，教育部陈宝生部长在全国教育工作会议上表示，教育部将全面启动“双一流”建设，培养拔尖创新人才。2017年1月，教育部、财政部、国家发展改革委联合印发《统筹推进世界一流大学和一流学科建设实施办法(暂行)》，全面启动“双一流”建设。

实施“双一流”建设是我们党和国家在新的历史时期做出的重大战略决策。习近平总书记强调，“办好中国的世界一流大学，必须有中国特色”，“扎根中国大地办大学”，充分体现了党中央对建设中国特色世界一流大学和一流学科的高度重视和殷切期望。“双一流”建设总体思路是坚持扶优扶需扶特扶新，按照“一流大学”和“一流学科”两类布局建设高校，引导和支持具备较强实力的高校合理定位、办出特色、差别化发展，努力形成支撑国家长远发展的一流大学和一流学科体系。在《统筹推进世界一流大学和一流学科建设实施办法(暂行)》中明确指出：坚持以学科为基础，支持建设一百个左右学科，着力打造学科领域高峰；支持一批接近或达到世界先进水平的学科，加强建设关系国家安全和重大利益的学科，鼓励新兴学科、交叉学科，布局一批国家急需、支撑产业转型升级和区域发展的学科，积极建设具有中国特色、中国风格、中国气派的哲学社会科学体系，着力解决经济社会中的重大战略问题，提升国家自主创新能力和核心竞争力。强化学科建设绩效考核，引领高校提高办学水平和综合实力。西南大学入选国家“双一流”学科建设高校，进入了新的发展阶段，确定了四个方面的建设思路。

一是分类建设，特色发展，突出重点，动态调整。一流学科建设要“有所为有所不为”，避免同质化发展倾向，集中资源办大事，避免平均用力、分散建设。学校确定了按照一流学科、优势学科、特色学科三类构建学科体系，形成学校的学科金字塔，整体提升学科发展水平。分类建设的主要原则是：一要淡化既有平台和学院（部）的“帽子”意识，按实际学科贡献和发展趋势分类规划；二要实施动态管理，根据目标实现情况与学科进展及时调整建设类别；三要结合国际国内认同度较高的学科评价指标体系，合理布局自然科学与人文社会科学建设学科。学校对不同类别学科的条件、目标、建设任务也进行了细化。既考虑到突出重点，也考虑到带动全局；既选择一批基础厚实、优势突出的学科进行重点建设，推动其争创一流，同时重视一般学科协同发展，不断夯实基础，培育一流学科的新兴增长点。

二是控制学科规模，加快学科转型升级。一所大学要成为世界一流大学，并不需要具备全部学科，不是越全越好，因为学科齐备，有时候反而难以凸显自己的办学特色。“双一流”建设的目标是瞄准世界一流高校和学科，汇聚优质资源，培养一流人才，产出一流成果，加快走向世界一流大学行列。在“双一流”建设中，国家将强化绩效、动态支持，资金分配更多考虑办学质量特别是学科水平、办学特色等因素，重点向办学水平高、特色鲜明的学校倾斜。资源配置将进一步看重质量，学科专业太多，势必会造成办学资源分散，办学重点不突出。从西南大学的实际来看，学科涵盖12个门类50多个一级学科，本科专业数100多个，呈现出学科专业多而不强的特点。在教育部第三轮学科评估中，只有一个学科进入了全国前10%，其中有历史的原因，但也体现出学科专业的调整进程滞后问题。学校“双一流”建设，面临资源不足与效益不高的挑战，需要控制学科专业规模，推进学科专业调整，优化学科结构，凝练学科发展方向，突出学科建设重点，创新学科组织模式，打造更多学科高峰，带动学校发挥优势、办出特色。

在控制学科规模的同时，加快学科转型升级。立足学科基础，进一步找准发展定位，明确发展方向和重点领域，推动建设模式由低质量向高质量、由规模化向内涵式的转变。

三是对标国际标准，开放竞争，激发活力。创建世界一流学科，不仅是一个国家高等教育发展水平的标志，更是国家综合竞争力的重要体现，必须在经济全球化这一世界背景下去考量、去谋划。应当承认，我国高校与世界一流高校还有较大差距，建设世界一流大学，还有很长的路要走。用教育部原部长陈宝生的话讲，就是“我们的舞台已经是国际舞台、坐标是国际坐标、标准是世界标准”。随着国家对高等教育投入力度的不断加大和高校自身的不断努力，截至2018年，我国已经有多所大学进入了全球大学100强，有187所大学的745个学科进入了ESI全球排名前1%。可以说，中国大学的办学水平、学术竞争力和国际影响力都有了显著的提升。西南大学的“双一流”建设也应放眼世界，开拓国际视野，按照世界一流的标准，充分借鉴国际先进经验，开放竞争、激发办学活力。

四是打破学科壁垒限制，推进学科的交叉融合、协调发展，优化学科资源配置。现在我们国内的学科划分相对来说比较细，但从国际的划分和现实的需要来看，一流学科的建设需要体现交叉性、综合性。例如：QS的排名榜将学科划分为5大学科领域36类学科。ESI的学科领域划分也只有22个大类。根据2011年版的《学位授予和人才培养学科目录》，我国将学科划分为13大门类110个一级学科，分类要细得多。就学校进入ESI前1%的学科来说，生物学与生物化学、植物学与动物学都是多个学科的整体实力评价。学科的交叉融合也与现实的需要紧密相关，比如在服务国家战略、区域发展的过程中，需要整合多个学科。跨学科交叉综合对于培育新的学科增长点同样具有重要意义。在“双一流”建设过程中，需要打破学科壁垒限制，促进学科交叉融合，大力开展跨学科研究，强化学科资源共享。

按照基本发展思路，学校组建了前沿交叉学科研究院生物学研究中心。遴选8支学科交叉的研究队伍，推进人才培养模式改革和管理机制创新，经过“双一流”首轮周期(2016—2020)建设，学科水平持续提升：生物学学科群整体水平接近世界一流，家蚕基因组学等领域研究达到世界领先水平；共有化学、植物与动物科学、农业科学、材料科学、工程科学、计算机科学、生物与生化、环境与生态学、药理学与毒理学、神经科学与行为学、精神病学与心理学、数学12个学科入选全球高水平学科；建成了一批国内外有影响、特色鲜明的哲学社会科学学科，教育学、心理学、马克思主义理论3个学科在教育部学位中心学科评估中被评为A-；学校在2020年自然指数排名中居全球第176位，在“2020软科世界大学学术排名”中首次跻身全球500强，40个学科入选最好学科榜，入选学科数居全国第17位；新增9个博士一级学科授权点，形成了以文理为基础、以教育学和农学为特色、以新兴交叉学科为增长点的综合大学学科体系。

“双一流”建设时期，是西南大学以学科建设为基础的发展新阶段。西南大学以生物学一流学科为核心的首轮“双一流”建设，也推动了学校办学水平的整体提高：拔尖创新人才培养能力增强，入选国家级一流专业24个，9个专业通过专业认证，获国家级教学成果奖二等奖2项，学生获全国“挑战杯”、数学建模等省部级以上奖励318项；人才人事工作成效明显，国家级人才由35人次增至89人次，教学科研人员具有博士学位者占比由61%提升至72%，具有一年以上海外留学(工作)经历者占比由30.16%提升至47%，“油菜教师团队”入选首批“全国高校黄大年式教师团队”；科学研究能力显著提升，在家蚕基因、器官发育再生、黄籽油菜新品种选育与推广、柑橘病虫害防治、脑科学与心理认知、基础教育与教师教育体系创新等领域取得了突破，获国家重点研发计划项目8项、国家自然科学基金重点项目17项、优秀青年科学基金项目3项、国家社科基金重大项目等13项，国家社科基金项目立项总数进入全国高校前20位，教育部人文社会科学研究项目立项总数进入全国高校前5位；社会服务成绩突出，育成动植物新品种75个，推广面积5000余万亩，新增经济效益300余亿元；对口扶贫石柱县等，带动当地农民和企业增收近100亿元，助力5个县脱贫；国际合作交流不断深化，新增2个"111"创新引智基地、5个国际合作联合实验室、3个国别和区域研究中心，聘请剑桥大学、牛津大学等高水平大学教授授课，规模化引进国外优质课程85门，留学生规模已达2000人，学历生占比超过一半，3位外籍教授获"中国政府友谊奖"。[①]

① 以上数据为2020年数据。

第十章　西南大学坚持分类发展的基本经验

西南大学的发展是我国高等教育的一个缩影，其办学实践既得益于国家教育政策不断变迁完善的引导，也是立足于实际探索前进的过程。在发展过程中，特别是合并组建西南大学以后，学校积累了宝贵的经验，为未来的发展提供了有益借鉴。

一、坚持特色规划：构建分类发展的基本框架

一所学校高质量的战略规划能够对其自身的发展发挥引领性的作用。每个时期的规划对学校的发展都有着重要的指导作用，也逐渐构建起学校分类发展的基本框架。坚持特色规划引领特色发展的理念，尤其从西南大学组建以后的规划文本中，我们可以清晰地感受到其中的发展脉络。

原西南师范大学和原西南农业大学合并组建后，经过深入调研、反复研究、广泛征求意见，于2007年正式通过合并组建后的第一个规划——《西南大学发展战略规划》，对建设一所什么样的西南大学、怎样建设这样的西南大学等问题做出了明确的回答。这一规划确立了学校的发展定位，强调学校要坚持以人为本、学术立校的办学理念，提出2020年要实现向特色鲜明的

高水平研究型综合大学的转变。该规划明确了学校办学层次定位是以本科教育为主体、研究生教育为重点,以留学生教育为拓展,以其他形式教育为补充;学科专业定位是突出综合性,以教育科学、农业科学、生命科学和管理科学为主要特色,传统学科与新兴学科专业、自然科学与人文社会科学的学科专业协调发展。基于定位,提出了学校的发展战略和总体目标,指出要实施学术立校、人才强校、质量兴校、管理活校,以学科建设、科学研究和队伍建设为战略重点,完成创新人才、创制高水平的科研成果、提供高水平的社会服务三大战略任务,到2020年,初步把学校建设成为一所以教育科学、农业科学、生命科学和管理科学为主要特色,一些优势学科达到世界先进水平,全国一流水平,学科涵盖面广,整体优势凸显的高水平综合大学,努力使学校成为国家创新体系的有机组成部分,实现向研究型大学的转变。

与此同时,学校还通过了《西南大学学科建设与师资队伍建设规划》。《西南大学学科建设与师资队伍建设规划》提出了学校学科建设与师资队伍建设总体目标,强调要通过学科调整,构筑综合大学的学科框架;要加大学科建设力度,注重内涵发展,构建学科创新体系,努力提高学科总体水平;要催生新兴学科、交叉学科和边缘学科,培育学科新的增长点,使学科布局趋于合理,通过结构调整,充分凸显学科融合优势,逐步建设一支数量充足、整体优化、结构合理、实力雄厚、高水平的师资队伍,延揽和造就一批师德高尚、治学严谨、学术造诣深厚、能引领和把握学科发展方向的国内外知名的领军型人才,培育和储备一批有发展潜力、创新能力的高水平学术带头人和优秀中青年骨干教师。

根据学科发展规划,学校注重突出优势学科的现实性原则、扶持新兴交叉学科的前瞻性原则,并强调出标志性成果的效益型原则,确定以国家重点学科、省部级重点实验室、教育部人文社会科学重点研究基地、博士点为依托,重点进行生物学与分子化学、教育与心理学、农业科学3个领域的学科建设,对参与建设的学科领域分别提出跻身世界先进行列、冲击世界先进水平、加强国内领先地位等不同层次的建设目标。

“十一五”是西南大学合并组建后逐步调整融合的重要时期，学校制定了《西南大学“十一五”事业发展规划》，明确了学校发展的主要任务是：加强学科建设，创建学科发展新格局；调整学科结构，构建合理学科体系，完善管理机制，创新学科建设模式；推动科研创新发展，提高学校科研实力，凝练目标，发挥优势，增强承担国家重大科研任务能力；把握机遇，夯实基础，努力使学校成为国家创新体系的有机组成部分，深化改革创新机制，营造良好的科研政策氛围；加强人才队伍建设，优化学术梯队，加强人才培养，注重人才引进；促进科研成果转化，服务经济社会发展，建立健全激励机制，积极开展校地合作，规范和加强科技产业化；加强国际合作交流，提高学校国际知名度；加强对外学术交流，积极开展中外合作办学及境外办学，大力推进汉语国际推广；推进体制、机制创新，提高管理的民主化、科学化水平；探索建立行政权力与学术权力协调运行机制；规范统一财务管理，提高办学经费使用效益；加强资产管理，强化目标管理。

2010年，在总结“十一五”建设成效和存在问题的基础上，西南大学编制了“十二五”事业发展规划，强调走以质量提升为核心的内涵式发展道路，确立了人才培养的中心地位，彰显教师教育和农业教育特色，以改革创新为动力，提高人才培养质量，提升科学研究水平，增强社会服务能力，推进文化传承创新，促进学校全面协调和可持续发展。提出学校的发展目标是：通过五年的努力，进一步凸显教师教育和农业教育的办学特色，使部分优势学科成为国内一流，接近或达到国际先进水平，科学研究总体实力明显提升，人才培养质量稳步提高，社会服务能力显著增强，文化传承创新持续推进，为建设特色鲜明的高水平综合大学打下坚实基础。

2015年，学校编制了“十三五”事业发展规划，提出总体目标是建成特色鲜明的高水平综合大学，彰显教师教育和农业教育的办学特色，推动学校内涵发展、创新发展、和谐发展，实现人才培养向创新实践转变、学科建设向内涵提升转变、科学研究向创新驱动转变、社会服务向协同共赢转变、学校发展向质量效益转变，使学校成为国内知名、国际有影响的综合大学，为努力建成高水平的研究型大学奠定坚实的基础。规划明确了学校发展的主要任务，指出要通过加强创新创业教育和实践教学体系建设，改革人才培养体制机制，构建多样化人才培养体系，推进人才培养模式改革，加强本科核心课程建设、教学资源建设，强化人才培养协同能力，改革研究生选拔制度，创新研究生培养机制和模式，培育特色研究生项目，深化研究生课程与教学改革，完善培养质量保障体系等，切实提高人才培养质量。通过提升学科核心竞争力，优化学科专业结构，加强专业分类建设等，切实加强学科专业建设。通过培育特色优势研究领域，推进科研协同创新，建设高水平科研平台，完善科研管理体制机制等，切实提升科学研究水平。

在学校规划中，西南大学从两个层面确定了分类发展的基本框架。一是从学校整体发展定位上，立足国内高等教育整体视野，确定西南大学在国内高校的方位，体现西南大学独特性，避免同质化。不难发现，规划的目标始终突出“特色”二字，即突出教师教育和农业教育的特色，这两大特色是学校自1906年办学伊始就形成的办学传统，历经百余年从未中断。在从行业性院校向综合性大学转变的过程中，西南大学始终没有丢失传统优势。得益于特色规划，在教育领域、农业领域，西南大学始终在全国高等院校中占有一席之地，并在2010年获批国家教师教育创新平台和现代农业科学优势学科创新平台两个“985工程优势学科创新平台”项目。二是在学校内部发展过程中，与整体定位相适应，规划的建设重点放在教育学、心理学、农学、生命科学等领域，形成了学科优势，在此基础上，按照基础学科、新兴交叉学科等不同类别进行建设，不断优化发展布局，带动学校综合实力稳步提升。

二、坚持实践创新：形成分类培养的立德树人格局

人才培养是高校的核心任务。从人才培养层次来说，西南大学有本科、研究生、网络与继续教育等不同办学层次；从人才培养类别来说，涉及普通

招生和国家公费师范生、国防生、中外合作办学等专项;从人才培养模式来说,探索实践了拔尖创新人才培养,构建了校院两级拔尖创新人才培养体系。面对不同的层次、类别、模式,学校不断推进教育质量建设,强调人才培养的分类指导、分级设计和分流培养,建立与多类型相适应的多样化人才培养机制,从培养方案设计、课程供给、教师资源配置、教学条件保障等方方面面确保人才培养质量,贯穿了以学生为本、量体裁衣的分类培养理念。就教育教学本身来说,最能体现人才分类培养的就是师范生培养和农科类人才培养。

(一)师范生培养

国家为培养优秀教师和未来教育家,提升基础教育发展的层次和水平,从2007年秋季入学的新生开始,在6所部属师范大学实行师范生免费教育。西南大学在此序列之中,并承担了体量最大的免费师范生培养任务。学校在管理体制、教学改革、职业理想教育等方面进行了创新。

管理体制方面,学校与西部有关地级市(区)签订协议,共建教师教育创新试验区,与中小学签约建设试验区示范基地,将学校教师平台建设推入新的阶段,构建起合作共建、联合培养、共生发展的高校—地方政府—中小学三位一体协作机制。2011年9月,学校在师范教育管理办公室和师范学院的基础上,专门成立直属单位——教师教育学院,全面统筹学校教师教育工作,开展相关管理、教学、研究与服务等工作,初步构建了综合大学举办教师教育的"学校—学院—教师教育系"三级管理体制。2013年,学校实施"卓越教师培养计划",开启新一轮教师教育改革,组建了卓越教师创新实验班,探索专业化、终身化和一体化的教师教育培养模式。2020年,学校重组教师教育学院,将公费师范生教育由相关学院划归教师教育学院统筹,进一步增强了师范生的教育水平。

教学改革方面,学校推进职前培养学分制改革,允许师范生跨学院、跨学科、跨专业、跨年级选课。加大国际化培养力度,从2009年开始,与加拿大温莎大学互派学生交换学习。创新师范生实践教学模式，先后建成一批教师教育创新试验区、示范实习基地和院级实习基地，推进混合编队、顶岗支教、学院特色等多种实习模式。举办才艺展演、演讲及课堂教学技能竞赛等师范生素质“三大赛”，强化师范生从教能力训练。建设师范教育数字资源中心和师范生资助学习中心，为师范生系统学习和研究基础教育课程、教学案例、优秀课件及课堂实录提供便利条件，并在各实验区设置课堂教学在线观摩平台和网络学习平台，打破教学实习的空间和时间限制。同时，以教师专业发展为核心，立足构建“入职教育阶段—熟练教师培养阶段—专家型教师培养阶段”的教师专业发展目标体系，对教师职前职后课程进行全程规划设计，专门设置教师教育课程，并以实践为取向，按照模块、课程和项目三个梯级构建师范生能力训练课程体系，建立起教师教学能力综合测评系统和以“学分式评价”“认证式评价”“诊断式评价”为核心内容的“测训结合”多样化教师教育评价体系。

职业理想教育方面，学校编印了《免费教育师范生学习手册》，组建免费师范生社团“烛光社”、举办“我为何选择师范、如何学好专业”主题交流会等“光荣的人民教师”主题教育系列活动，并将从教信念和职业理想教育贯穿整个学习生涯。

（二）农科类人才培养

学校一直注重加强和改进农科类人才培养模式，以农学与生物科技学院、园艺园林学院、植物保护学院为基础，着力整合农学类专业课程、实验场地、教师队伍等资源，培养高水平农科类专门人才。

通过多种途径选拔农科类优秀人才。从2011年开始，选取10个农科类专业在重庆、四川进行单独代码招生，农科类第一志愿录取率明显提升。在自主招生中试点，给予政策上的倾斜，选拔“乐农”“适农”学生。探索实施“2+2”选拔培养模式，将部分农科类专业纳入大类招生培养。经过招生改革，农科类专业生源质量得到明显提升。

积极探索农科类学生分类培养。将农科类学生分为专业研究型、应用复合型、创新创业型进行分类培养。专业研究型人才培养方面，以培养高端学术创新拔尖人才为目标，试点建立创新实验班，先后在农学与生物科技学院、植物保护学院、资源环境学院等设立9个创新人才培养实验班，重点开展研究型教学。应用复合型人才培养方面，以培养既有现代农业专业知识又懂经营管理，既掌握理论又有应用实践能力和社会服务意识的复合型人才为目标，深化协同实践育人机制，加强产学研结合，建设了南方山地农业创新人才培养教学实践示范基地、合川农场学生农业生产实习及农民培训基地、荣昌校区高素质养殖业创业人才培养产学研基地、柑橘科技成果转化与人才培养实训基地、石柱县校地合作石柱农业科技综合示范基地五大农林试点实践基地，为学生实践环节搭建良好平台。创新创业人才培养方面，以培养有文化、懂技术、会经营的农业创业人才为目标，试点顶岗支农实习，与地方、企业和科研院所共建了一批不同功能模块的创业型人才培养基地，形成了互助共赢的农业教育创业人才培养体系。

在师范生和农科类人才的培养实践中，学校坚持“学生中心”的基本理念，立足保障和提高人才培养质量的出发点，充分尊重不同学科、不同层次人才培养的规律，对应不同的人才成长目标，在培养模式、课程设置、教育资源保障等方面构建了分类培养的格局，为社会输送了大批优秀人才，每年有1万余名毕业生从西南大学走上工作岗位，其中数千学子到了基础教育和农业发展一线，为国家经济社会发展发挥了积极的作用。

三、坚持分类评价：塑造分类发展的价值导向

评价是实现管理的重要手段。有什么样的评价指挥棒，就有什么样的导向。基于不同高校的定位以及高校内部办学层次叠加、学科差异、功能区别等因素，构建分类评价体系是尊重教育规律的必然选择。学校积极探索分类评价在学科建设、教师发展、科学研究等方面运用。

（一）学科分类评价

学校以分类建设、动态调整为基本原则，针对不同类别学科的发展基础和特点，以建设任务为导向进行分类评价。在首轮“双一流”建设中，学校对学科进行了四个层次的划分，即一流学科、一流培育学科、优势学科、特色学科，四个层次分别对应相应的建设任务。

西南大学在2017年的《西南大学学科分类建设方案》中，对不同建设类别的学科有如下规定：

（1）一流学科建设任务是通过建设，形成跨学院的一流学科队伍，大力提升拔尖人才培养和科学研究原创能力，建设一批具有国际影响的一流学科。建设周期应完成任务如下（前两项必须完成，第三至第七项须完成至少3项）：

第一，建设一流师资队伍。拥有8名以上国家级高水平人才，其中校学术委员会认定的人文社会科学著名学者不超过4人。

第二，培养拔尖创新人才。本科生须有创新实验班等拔尖创新人才培养平台，在国际化、读研率、国家级竞赛方面取得明显成效。改革研究生培养体制，博士研究生基本学制为四年；提升研究生培养质量，提高研究生学位授予的学术标准；具体办法另行制定。

第三，提升科学研究水平，有标志性的高水平科研成果，获得国家级科研成果奖。

第四，承担高水平科研项目。正高级教学科研人员人均主持在研国家级项目数量不低于1项。

第五，建有国家级科研平台。具有国家重点实验室、国家工程实验室、国家工程技术研究中心、教育部人文社会科学重点研究基地等国家级科研平台。

第六，着力提升成果转化。人文社会科学有被国家领导人批示的咨询报告；自然科学科研成果转移转化项目（包括成果转让、技术入股收益、横向课题、纵向成果转化项目，下同）到位经费总额达1亿元。

第七，达到世界或国内一流学科水平。学科进入教育部学位中心学科评估排名前10%，且绝对排名在前5位，或ESI全球排名前1‰，或QS全球排名前100位。

（2）一流培育学科建设任务是通过建设，形成高水平学科团队，大力提升优秀人才培养和科学研究原创能力，建设一批国际知名、国内有较大影响的学科。建设周期应完成任务如下（前两项必须完成，第三至第七项须完成至少3项）：

第一，建设一支结构合理的高水平学科团队。拥有5名以上国家级高水平人才，其中校学术委员会认定的人文社会科学著名学者不超过2人。

第二，培养拔尖创新人才。本科生须有创新实验班等拔尖创新人才培养平台，在国际化、读研率、国家级竞赛方面取得明显成效。改革研究生培养体制，博士研究生基本学制为四年；提升研究生培养质量，提高研究生学位授予的学术标准。

第三，提升科学研究水平，有高水平科研成果，获得省部级一等奖以上科研成果奖。

第四，承担高水平科研项目，正高级教学科研人员人均主持在研国家级项目数量不低于0.6项。

第五，建有国家级科研平台。具有国家重点实验室、国家工程实验室、国家工程技术研究中心、教育部人文社会科学重点研究基地等国家级科研平台。

第六，着力提升成果转化。人文社会科学有被省部级领导人批示的咨询报告；自然科学科研成果转移转化项目到位经费总额达5000万元。

第七，接近世界或国内一流学科水平。学科进入教育部学位中心学科评估排名前15%，且绝对排名在前15位，或ESI全球排名前5‰，或QS全球排名前200位。

（3）优势学科建设任务是通过建设，培育一批一流学科，加速提升哲学、经济学、法学、文学、历史学、理学、工学、农学、管理学的主干学科在国内的

影响力。建设周期应完成任务如下(第一项必须完成,第二至第六项须完成至少3项):

第一,建设一支结构合理的学科队伍。拥有2名以上国家级高水平人才,或者4名市级以上高水平人才。

第二,提升科学研究水平,有高水平科研成果,获得省级以上科研成果奖。

第三,有较多的纵向科研项目,正高级教学科研人员主持在研纵向B级及以上科研项目人均不低于1项。

第四,建有部市级研究平台。

第五,着力提升成果转化。人文社会科学有被地市级政府采纳的咨询报告;自然科学科研成果转移转化项目到位经费总额达1000万元。

第六,达到较高学科水平,在国际国内具有学术影响。学科进入教育部学位中心学科评估排名前20%,且绝对排名在前20位,或成为ESI全球排名前1%的支撑学科,或进入QS全球排名前400位。

(4)特色学科根据社会需求和行业发展开展建设,通过建设,在医疗健康、智能制造、社会治理、文化产业等社会急需的发展领域,探索校内外协同创新体制机制,建设一批集培养人才和解决社会重大问题为一体的协同创新平台,培育一批新的学科增长点。建设周期应完成任务如下(前两项必须完成,第三至第五项须完成至少2项):

第一,建有一个及以上的特色专业。

第二,建设一支结构合理的学科队伍。拥有1名以上国家级高水平人才,或者2名市级以上高水平人才。

第三,本科生培养水平较高,社会需求量较大,就业率保持在90%以上。

第四,具有较强的社会服务能力。人文社会科学有被政府采纳的咨询报告,或获得高水平行业奖;自然科学科研成果转移转化项目到位经费总额达200万元。

第五,教育部学位中心学科评估排名比上一轮前进至少5位。

通过比较可以看出，四类学科建设任务一方面体现了不同发展基础的学科在评价上的差异，一方面也体现出人文社会科学、自然科学、艺术体育类等不同学科之间的差异。同时，学校将分类评价与动态调整相结合，积极引入社会第三方评价，推动学科高质量发展。根据《深化新时代教育评价改革总体方案》要求，学校对评价体系也做了相应的调整，特别是对“五唯”顽瘴痼疾进行了全面清理，在评价上延续了分类评价的总体思路，尊重学科差异，突出同类比较。

（二）教师发展分类评价

构建分类评价体系，按教学科研型、教学为主型、科研为主型和应用推广型4种不同岗位类型和8种不同学科进行分类评价，兼顾科研系列、教学辅助系列等各类专业技术人才的发展。

从评价机制上保证分类评价的可操作性，在教学科研系列评审中成立了社会科学等8个专业技术职务评审专门委员会，同时针对思想政治教育、学科教育、其他专业技术人员对应成立了思想政治教育系列职务评审、学科教育学系列职务评审和其他专业技术系列职务评审三个专家组。

从评价标准上建立健全教师多元分类评价标准，根据岗位职责和学科特色，分岗位类型和学科领域制定岗位晋聘标准、岗位职责、聘期任务以及高级专业技术职务评审申报条件。对于以教学为主的岗位，将教书育人的成效作为核心评价标准，将教学成果、教改研究项目及教学获奖等作为评价的主要依据；对于以科研为主的岗位，将科研创新水平以及科研成果对社会发展的促进作用作为主要评价标准，综合评价学术论文、科研项目、科研获奖、创新发明、政策研究等；对于教学科研并重的岗位，均衡评价在教学和科研方面做出的成绩贡献和取得的教学科研成果；从事基础性研究的学科，以原创性成果作为评价标准；从事艺术体育类的学科，将创意设计类及艺术设计类成果作为评价标准；对于应用推广为主的岗位，将科研成果转化为社会效益的成效作为主要评价标准，将专利转化、育种推广、校地校企合作应用推广和政策咨询社会服务等作为评价依据。同时强调学术同行评价，委托第三方校外专家鉴定，突出学术质量、科研水平、学术影响力和业绩贡献评价。

从评价结果运用上，完善绩效分配，将教学成果获奖、人才培养成果、教材建设成果、教学工程等教学成果，学术论文、著作、知识产权、产品、科研成果等学术成果，文学作品、影视戏剧作品、音乐体育美术舞蹈等成果均纳入教学科研成果范畴，保障不同类型教师的劳动成果得到全面反映。

（三）科学研究分类评价

学校通过科研管理机制改革，建立和完善分类分层、注重质量和绩效的科研评价体系。围绕科研评价这一核心，2014年出台《西南大学关于深化科研评价改革的实施意见》，分大类修订人文社会科学和自然科学研究的项目、成果的分类及认定办法，保持按任务来源和重要程度依据不变，体现对科研成果转化的重视，细化项目类别认定程序，增强项目认定的可操作性；同时制定调整分类依据，将学术论文、专著、专利、新品种（材料）、科研成果获奖、社会服务成果等各种类型的科研产出纳入成果分类体系。随后学校出台人文社会科学、自然科学、音乐与舞蹈学、体育学、美术学，以及影视戏剧文学的项目、成果及平台分类认定办法。

新办法将科研项目、论文类成果、著作类成果、应用类成果、获奖类成果、创作成果、科研平台等纳入分类与认定体系中，并将项目、成果和平台做了不同级别的区分，基本上涵盖了人文社会科学、自然科学研究评价与管理的全部内容。科研项目根据项目来源和经费额度做了7个级别的认定；论文类成果按期刊源对国内期刊论文做了5个级别的认定，对国外期刊论文做了6个级别的认定；著作类成果在分类基础上依据成果的出版单位、成果的社会影响力以及成果出版的特殊要求做了4个级别的认定；应用类成果根据采纳情况做了5个级别的认定，强化了科研服务于党和国家决策、服务于社会经济发展的职能；获奖类成果分为政府奖、民间奖和其他奖，做了5个级别认定;科研平台按照批准部门分为国家、中央部委、省(自治区、直辖市)、学校4个级别。单独制定的艺体类创作成果分类评价与认定,更加尊重艺体类学科的特点和规律,基本实现了不同学科的分类评价与分类管理。在实践过程中,学校结合实际,在深入调研和广泛征求意见的基础上,调整了科研奖励的范围与标准,将各级各类科研项目、科研成果、科研平台纳入分类定级体系,形成了全面系统、框架统一、文理各表的分类评价、分类管理模式,后续根据实际情况对相应标准进行了修订完善,分类评价的理念一直贯穿其中。

第十一章　西南大学未来分类发展的战略思考

一、以科学定位引导分类发展布局

当前，我国已建成了世界上规模最大的高等教育体系，根据《2019年全国教育事业发展统计公报》，我国高等教育毛入学率达到51.6%，我国高等教育从大众化阶段进入普及化阶段。同时，面对日趋开放的教育环境，要在高手林立的高等院校中保有一席之地，必然要有立身之本。教育归根结底还是要回归于解决实际的问题，每个高校不可能解决全部的问题，往往需要从自身的优势、所处的区域特点等现实环境出发来确定要做什么。高校分类发展的本质是让教育价值满足社会不同层次、不同类型的多样化需求，这就要求高校必须根据自身办学实际和经济社会发展的需求来确定自己的办学定位，找准自身办学优势和办学特色，塑造自身的办学理念和风格。

地处西部的高校，由于历史和经济社会发展等原因，在高水平人才、学术影响力、资金投入等方面与国内一流和世界一流大学相比差距巨大。以"211工程"第三期（2008—2011年）投入为例，国家总投入88.5亿元，其中西部高校3.07亿元，占总量的3.5%。而高水平人才也主要集中在国内一流高校，并且出现“孔雀东南飞”的人才流失情况。此外，西部高校在地方政府支持、人才吸引力、管理体制机制、国际化等方面也存在很多不足之处。在这种先天不足、后天乏力的背景下，西部高校建设一流大学面临更多的挑战。因此，西部高校必须走与区域发展紧密融合、强化学科特色的路子，从而达到引领区域发展、提升学科水平和办学水平的目标。

对于西南大学而言，当前和今后一个时期，既面临大有可为的重大战略机遇，又面临慢进则退的严峻挑战，必须准确把握四个方面的变化，在危机中育先机，于变局中开新局，增强机遇意识、风险意识，准确识变、科学应变、主动求变，化危为机，奋勇前行，全面开启建设高水平研究型大学新征程。

一是国际格局重构提出新命题。当前，世界正处于百年未有之大变局，世界面临的不稳定性、不确定性明显增加，新冠疫情影响深远，国际经济、科技、文化、政治等格局发生深刻复杂变化。中国越来越深地融入国际社会、越来越走近世界舞台中央，当前中国处于近代以来最好的发展时期，我们比历史上任何时期都更接近中华民族伟大复兴的目标。学校应紧跟国际发展形势，树立忧患意识、国际意识和长远意识，强化和改进国际形势教育，培养师生树立正确的世界观，站在国家利益、民族利益的立场来观察和处理世界性问题，认真履行好在人才培养、科学研究、社会服务、文化传承创新和国际交流合作中的职责和使命，为实现中华民族伟大复兴中国梦做出应有的贡献。

二是国家战略布局赋予新使命。当前，全球经济贸易增速放缓，国内周期性问题与结构性矛盾叠加，经济运行面临的风险挑战增多，已由高速增长阶段转向高质量发展阶段，需要深刻认识社会主要矛盾的变化。学校要主动对接创新驱动发展战略、乡村振兴战略、西部大开发战略、成渝地区双城经济圈建设等国家战略，全面构建新发展格局的着力点，把高等教育与党的事业、民族命运、国家前途紧紧地联系在一起，面向世界科技前沿、面向经济主战场、面向国家重大需求、面向人民生命健康，攻克关键技术领域“卡脖子”难题，着力培养社会主义建设者和接班人。

三是区域发展战略提出新要求。成渝地区双城经济圈将建设成为全国有影响力的重要经济中心、科技创新中心、改革开放新高地、高品质生活宜居地，落实习近平总书记对重庆提出的“两点”定位、“两地”“两高”目标。西南大学地处重庆本域，各项政策利好，要为国家和重庆市推进西部大开发，助力重庆建成先进制造业中心、西部金融中心、西部国际综合交通枢纽、国际门户枢纽发挥重要作用。主动融入成渝综合性国家科学中心建设，与地方合力打造现代高效特色农业带，瞄准突破共性关键技术，积极参与共建西部(重庆)科学城，推动长江经济带农业绿色发展，加强与重庆两江新区的发展对接。

四是学校整体发展进入新阶段。当前，西南大学办学规模基本稳定，学科发展格局基本形成，特色优势不断彰显，综合实力稳步提升，已基本实现特色鲜明的高水平综合大学建设目标，亟待建成研究型大学。学校要正确处理好改革与发展的内在联系，深刻认识错综复杂的国际环境带来的新矛盾、新挑战，深刻认识我国社会主要矛盾变化带来的新特征、新要求，深刻认识深化教育领域综合改革的阶段性新特点、新任务，转变发展思路，走差异化发展道路，统筹近期建设目标，兼顾长期建设任务，贯彻新发展理念，推进高质量内涵式发展，构建起高水平研究型大学发展的新发展格局。

基于上述研判，学校要高举中国特色社会主义伟大旗帜，深入贯彻党的十九大，十九届二中、三中、四中、五中、六中全会精神，坚持以马克思列宁主义、毛泽东思想、邓小平理论、“三个代表”重要思想、科学发展观、习近平新时代中国特色社会主义思想为指导，贯彻新发展理念，构建新发展格局，以推动高质量内涵式发展为主题，立足服务国家重大发展战略和学科发展前沿，坚持需求导向、问题导向和目标导向，推动分类发展迭代升级。

首先，在布局上，要继续坚持教育学科、农业学科的特色，以生物学一流学科为引领，突破学科前沿重大理论，打造学科高峰。与家蚕基因组生物学国家重点实验室、长江上游种质创制大科学中心建设结合，优化生物学一流学科方向与团队，充分利用合成生物学等生物技术，提升生物学学科整体水平。以队伍建设为核心，推动心理学、教育学进入国家一流学科建设行列。结合长江上游健康土壤与绿色农业国家重点实验室申报，推动种质创制大科学中心建设，培育农业资源与环境、畜牧学一流学科。围绕意识形态安全、绿色农业、文化发展等国家和区域重大战略需求，加大马克思主义理论、化学与材料科学、语言文学、信息科学、经济管理等学科建设力度，打造学科高峰。

其次，要推动基础学科提升，构建学科高地，增强基础学科对研究型大学的支撑能力。持续建设文、史、哲、数、理、化、地等基础学科，加强传统学科改造和主流方向建设，形成或加强学科特色优势，提升在国内外的学术地位和话语权，推动基础学科与应用学科均衡协调发展。

再次，要瞄准国家重大战略和地方发展需要，促进交叉学科发展。依托“人工智能+学科群”“生物+学科群”促进学科交叉发展，推动新文科和新工科试点示范，促进文理交叉、文工交叉、文医交叉、文药交叉，对接乡村振兴、健康中国等战略需求，在智慧农业和智慧教育等领域重点突破，形成新兴交叉学科，培育新的学科增长点。

二、以内涵发展增强分类发展质量

我国高等教育已经进入以追求质量为鲜明导向的内涵式发展阶段，西南大学经历原西南师范大学和原西南农业大学两校十余年的深度融合，享受了规模整合带来的红利，必须转向质量驱动发展，全力推进提升人才培养质量、增强原始创新能力、突出社会服务贡献。

（一）坚持以立德树人为根本，提升人才培养质量

实施学科专业一体化统筹建设计划。打通学科、专业和课程之间的内在关联，形成以一流学科为牵引，以一流师资队伍为核心，以创新人才培养

为基础的学科专业建设体系。加快释放学部制改革的学科融合和大类招生培养势能，构建要素融合、互动互通的学科专业建设机制。以国家需要、市场需求和学科前沿为导向，以学科评估和专业建设为依据，联动调整学科专业，优化学科专业布局。每个学院重点建设好一个学科、一个专业、一批课程，围绕重点建设学科专业，构建卫星式的学科专业群。

实施一流本科教育建设计划。贯彻落实全国教育大会精神和“新时代高教40条”(《教育部关于加快建设高水平本科教育全面提高人才培养能力的意见》)文件精神，牢固确立本科教育的核心地位。落实高质量本科教育攻坚行动，加快推进一流本科教育重点建设任务，重构新发展阶段新文科、新农科、新工科、新医科高质量人才培养体系。推进本科教育“强基工程”，创建卓越师范人才培养示范和卓越农科人才培养示范，打造全国教师教育和农科教育示范标杆，培养未来教师教育的领跑者和现代农业发展的建设者。围绕教育部“双万计划”，建设好国家级一流本科专业和国家级一流本科课程。分级分类推进师范类、农林类和工程类专业认证。加强课程质量建设，重点打造“金课”和专业核心课程。强化人才培养方案、教学过程和教学考核等方面的质量要求，建设质量文化，完善质量评价保障体系，提升教学质量。开展素质教育，大力推进体育、美育和劳动教育改革，建立健全五育并举的人才培养机制。完善创新创业教育教学体系，拓展创新教育实践平台，全面提升学生创新创业意识和能力。

实施研究生培养质量提升计划。贯彻落实全国研究生教育会议精神，促进研究生德智体美劳全面发展，进一步深化培养模式改革，完善人才培养体系，加强高层次紧缺人才培养，切实提升研究生培养质量。加强导师队伍建设，压实导师岗位责任，严格导师选聘考核和业务培训，推动导师深入人才培养一线、思政教育一线、科学研究一线，切实提高研究生导师“导学导研”意识和能力。深化招生制度改革，建设优质生源基地，精准选拔卓越人才。完善产学研用融合育人机制，培养学生知识创新和实践创新能力，构建职业需求与实践能力协同的培养体系。严格质量管理,强化培养单位主体责任,健全培养环节质量保障体系,完善学位授予质量监管体系,强化过程质量,严格规范管理。

（二）坚持需求导向,强化科研创新能力

坚持把服务国家发展作为构建高质量发展体系的战略导向,培育大平台、大团队、大项目、大成果,助力科技自立自强,促进区域协调发展,着力推进哲学社会科学发展创新,积极抢占科技竞争制高点,为经济社会高质量发展提供有力支撑。

1.人文社会科学领域

深入贯彻教育部"面向2035高校哲学社会科学高质量发展行动计划",以党的创新理论为引领,推动学校构建中国特色哲学社会科学学科体系、学术体系、话语体系、教材体系,大力支持具有独创性、解释力的理论研究。依托现有研究平台,成立习近平新时代中国特色社会主义思想研究中心,深入开展原创性、学理化、科学化研究阐释,产出重大原创性成果,解读中国实践,发展中国理论,讲好中国故事,提升中国特色哲学社会科学国际话语权和影响力。

依托平台建设团队,围绕乡村振兴、区域发展、文化建设、对外开放、社会建设、安全发展等领域,重点在乡村振兴与社区治理、意识形态与国家安全、"一带一路"与全球话语体系、语言文字与中华文化传承等方向开展研究,促进人文社会科学高质量发展,构建中国特色哲学社会科学"三大体系",推动哲学社会科学理论创新和应用研究。瞄准国家级平台在中西部地区布局、中国特色新型高效智库建设等,依托学校教育学、语言文学、马克思主义理论、经济管理、公共治理、历史学等优势学科和特色学科,重点建设人文社会科学示范性跨学科新型高端智库平台和文科实验室,深入开展重大理论和现实问题研究,促进研究方法创新和学科交叉融合。

2. 自然科学领域

以国家战略性需求为导向推进创新体系优化组合，以科研平台为支撑培育国家战略科技力量。面向世界科技前沿、面向经济主战场、面向国家重大需求、面向人民生命健康，依托生物学、作物学、地理学、药学、中药学、基础医学、植物保护、农业资源与环境、材料科学与工程等优势学科和特色学科，推动现有国家重点实验室、国家工程技术研究中心重组，培育重大平台新增长点。对接重庆市需求，深度融入西部(重庆)科学城建设，加快种质创制大科学中心和西南大学科学中心建设，组建多学科交叉团队，搭建前沿发展平台，着力形成具有一定影响力的创新中心。

瞄准国家重大战略需求和关键“卡脖子”问题，确定科技创新方向和重点，加强科技创新基础研究，提高原始性创新能力、积累智力资本，强化基础理论和共性技术攻关，突破学科、学院、专业壁垒，依托数学、物理、生物、化学等基础学科，在脑科学、生态环境、现代农业等领域，强化有组织的科技创新，汇聚一批有全球影响力的领军人才和创新团队，推动科研力量优化和资源共享，形成引领高水平基础研究的战略科技力量，推动基础研究水平大幅跃升。瞄准大生物大农业、大生命大健康、大信息大数据、新能源新材料等前沿领域，重点在种质创制与国家粮食安全、资源环境与农业绿色发展、心理与脑机制、医药与大健康等方向开展基础研究，实施具有前瞻性和战略性的国家重大科技支撑项目，谋划和布局原创重点研发计划，为科技发展创新提供新材料、挖掘新数据、培育新物种、探索新方向、实现新突破，抢占前沿科学研究制高点。

(三)实施校地协同战略，提供一流社会服务

坚持扎根重庆、面向西南、服务全国，围绕新时代共建“一带一路”倡议以及长江经济带发展、西部大开发、成渝地区双城经济圈建设、西部(重庆)科学城建设等国家战略和区域发展要求，发挥学校自身优势，不断提升社会服务效能。

加快产学研用深度融合。主动融入成渝地区双城经济圈建设,充分发挥市场对科技成果、技术方向、技术路线的导向作用,发挥学校在柑橘、特种经济动物等种质创制领域的新品种、新技术优势以及荣昌校区地处成渝两地“桥头堡”的地理区位优势,构建协同服务成渝地区双城经济圈建设合作网络和服务平台。强化与科研院所、行业产业、龙头企业的深度合作,盘活校友资源,基于川渝地区的产业特色,在农业品种选育、农产品深加工、农机设备研制等重点领域,共同组建技术创新联盟,融入区域创新体系,推动产学研用深度融合,推进教育链、人才链、创新链与产业链有机衔接。充分发挥产业技术研究院、大学科技园、环大学创新生态圈建设对于科技成果转化、科技企业孵化和创新创业人才培养等方面的作用,协同开展农业科技支撑、公共技术服务、文化传播推广、资政咨询服务,推动成渝地区高质量发展。

深度服务乡村振兴战略。党的十九届五中全会提出的“优先发展农业农村,全面推进乡村振兴”,为西南大学做好“三农”工作、践行乡村振兴战略、促进农业现代化提供了根本遵循。依托农学、治理学、经济管理学等优势学科专业,扎根西部,通过实施乡村振兴理论阐研与政策宣传、乡村产业孵化、乡土实用人才培养、乡土文化资源开发与保护、基层社区治理与创新、绿色低碳行动等系列工程,为国家新一轮西部大开发贡献高校智慧,形成具有西部特色的社会主义乡村振兴方案。整合资源,建立乡村振兴产业融合发展联盟,建立健全巩固教育脱贫攻坚成果长效机制,加强教育脱贫攻坚和乡村振兴战略实施的衔接,助力巩固脱贫攻坚成果与相对贫困协同治理的有效衔接。打造校地合作样板,高起点规划设计、高水平专家投入、高质量管理服务对口支援,加强与地方政府、企业的联系与合作,推动农科教融合,以服务产业发展为主线,打造应用导向的产学研用合作平台,实现产业推动和人才培养并举,完善对口帮扶机制,接续服务乡村振兴,着力提升“一懂两爱”(懂农业、爱农村、爱农民)“三农”人才培养能力,助推产业振兴发展,努力探索形成高校服务乡村振兴战略的“西大模式”。

持续发力三峡库区生态保育。立足西南大学位于长江上游的区位优势,以三峡库区水生态健康维护和水生态安全保障为目标,开展服务于三峡库区水生态安全的生态保育基础研究和技术研发,构筑三峡库区生态安全理论与技术体系,促进长江大保护。依托西南大学现有观测优势,构建国际一流的空—天—地一体化三峡库区脆弱生态系统监测物联网,实现从数据到信息的自动化获取和智能化分析处理,预测全球变化和不同恢复重建措施共同作用下的生态系统时空演替趋势,为三峡库区脆弱生态系统恢复重建提供决策支持。瞄准长江上游地区重大传染病防控、外来生物入侵防控、实验室生物安全、人类遗传资源保护、生物技术谬用防范、生物安全实物资源库及生物安全信息网络建设等主要方面,充分利用大数据、人工智能等技术手段,严控外来入侵生物,确保生物安全,保障长江上游地区粮食安全、生态安全、农产品贸易安全、人畜健康、生态文明建设和农业可持续发展,进一步提升我国生物安全研究的水平,为我国未来生物安全领域技术研究、成果开发与产业化应用转化提供指导。

大力推动研究成果转移转化。瞄准国家发展战略和行业重大需求,建立机构协同工作机制,组建科技成果转移转化团队,健全科技成果转移转化体系,以提升科技成果质量为导向,完善科技成果转移转化制度,畅通科技成果转移转化渠道,实现科技成果与市场需求有效对接。改革智库成果评价机制,加强智库成果转化应用,聚焦国家重大战略需求和经济社会发展重大现实问题,引导广大教职工积极主动服务治国理政,加强智库成果的转化应用,提升资政、咨询服务的能力和水平。成为高等学校科技成果转化和技术转移基地,力争被认定为国家技术转移中心。

三、以综合改革强化分类发展保障

(一)管理体制改革

1.深化行政大部制改革

优化学校职能部门机构设置,进一步深化大部制改革,将职能相近、业务相通的部门,整合联通,避免重复、交叉,降低管理运行成本。按照“分类指导、分层管理、提高质量”的原则,完善分类分级、科学规范、责权明晰、组织运行高效的现代管理体制。

首先要进行正确定位和角色转型。特别是针对职能交叉、多头管理,协调成本高、信息不对称,机构庞杂、人员冗繁等实际问题,贯通先进管理理念,以管理需要更新功能定位,推进流程再造,加强政策导向、重视过程管理,激发管理活力。

同时要转变理念,增强服务意识,提高服务能力。管理工作理念由原先的“管理为主”向“服务至上”转变,服务于学校的高效率可持续发展,服务于教师的迫切需要,服务于国家地方的重大战略需求。管理人员要加强业务学习,把握工作规律,掌握前沿动态,挖掘业务潜能,由事务型向专家型转变。增强策划意识,强化有组织的创新,深刻分析教育工作新部署以及面临的新形势、新任务,有计划地进行信息搜集和加工,做好顶层设计。优化管理手段,充分利用现代信息技术,加强基础数据库建设,健全数据共享机制,提高管理的工作效能。

2.推动校院两级管理

积极推进校院二级管理体制改革,进一步理顺学校与学院(部)的权责利关系,实现管理重心下移和权力下放,充分激发学院(部)办学的积极性和创造性,真正落实学院(部)的基本办学主体地位,逐步建立学校宏观决策、部门协调配合、学院(部)实践运行的管理运行机制。学校着力抓好统筹规划、政策制定、组织协调和检查监督,确保各项教育制度、办学政策的实施;

学院(部)负责具体实施,提高办学水平和效益。通过相关权力事项下移,将更多优质资源配置在教学科研第一线,服务师生最前沿,不断激发二级教学科研单位办学活力。

加大人事管理重心下移,切实转变机关职能,加强学院(部)自主办学能力建设。坚持权利责任匹配、激励约束并重、“放管服”结合,扩大学院(部)人事管理自主权。根据学校基本政策及校院两级人力资源规划,积极推进人才引进、岗位设置等权力事项下移。对于二级教学科研单位发展必需的紧缺型人才,应加大支持力度,靶向猎才。

完善科研管理的分级管理体制,形成覆盖科学研究全过程、分级负责的服务管理体系。完善二级单位科研管理职能,明确各级相关管理主体的职责和各管理主体间的协同运行规则。进一步完善学校与二级教学科研单位科研体制与政策,采取“分类管理、特色发展”的原则,促进二级教学科研单位进一步发挥科研优势和潜力。进一步加强二级教学科研单位科技项目组织与管理能力、科技管理队伍建设和科技战略规划。提高二级教学科研单位的科技管理服务能力以及科技资源的集聚性、共享性,大幅度提高科技创新服务能力。

(二)评价机制改革

2018年,习近平在全国科学院第十九次院士大会、中国工程院第十四次院士大会上指出,人才评价制度不合理,唯论文、唯职称、唯学历的现象仍然严重。并在2018年全国教育大会上强调,“扭转不科学的教育评价导向”,“要坚决克服唯分数、唯升学、唯文凭、唯论文、唯帽子的顽瘴痼疾,从根本上解决教育评价指挥棒问题”。中共中央办公厅、国务院办公厅先后出台了《关于深化项目评审、人才评价、机构评估改革的意见》《关于进一步弘扬科学家精神加强作风和学风建设的意见》,相关部门对工作进行了具体部署,开展了清理“唯论文、唯职称、唯学历、唯奖项”专项行动。2020年2月,教育部、科技部联合印发《关于规范高等学校SCI论文相关指标使用树立正确评价导向的若干意见》,科技部印发《关于破除科技评价中“唯论文”不良导向的若干措施(试行)》,一是贯彻落实习近平总书记和党中央的决策部署,小切口、大转向,引领社会风气,弘扬先进文化,培育创新氛围,二是回应社会各界对破除“唯论文”“SCI至上”,优化学术生态的呼声,三是提升治理能力和治理水平、服务教育强国和科技强国建设的需要。同年10月,中共中央、国务院印发了《深化新时代教育评价改革总体方案》,提出了5个方面共22条重点任务,为新时代教育评价指明了方向。

教育评价问题,特别是教育中的科技评价问题,是教育界、科技界长期关注的热点问题,也是改革的难点和重点。早期将SCI(Science Citation Index,美国《科学引文索引》的简称)引入科研评价体系有一定的历史背景,南京大学是我国高校中最早将SCI引入科研评价体系的学校,20世纪80年代末,中国学术界缺少对科研的客观评价标准,某些领域专家缺乏,无法像国际上一样进行同行评审,因此,在当时的条件下,鼓励发表被SCI收录的论文,对于提高大学科研水平和研究生教育质量有积极作用,应该予以肯定。不看人脉、不看资历,只看“硬通货”的论文评价法公正透明,基于公平并在最大程度上约束了管理者在科技评价中的自由裁量权问题,避免了国内小圈子的各种利益关系,为当时很多年轻学者提供了一个国际同行评价渠道,促进了人才的成长和科技整体水平的提升。由于科技管理部门的进步速度远远赶不上科技发展的速度,为了弥补这种认知上的差距,管理部门对SCI作为科技评价工具的依赖性日益增强。不可否认的是,论文以及期刊体系是当前国际学术共同体交流的最重要载体,中国科技整体水平也逐渐得到世界公认,这些都是论文以及国际学术期刊所发挥的积极历史作用。

目前,我国科技创新进入以高质量创新促进高质量发展的阶段,如果仍以SCI收录论文作为评价科研水平的唯一指标,那么这种过分强调论文发表的科研氛围,无疑会造成学术研究的目标迷失和异化,甚至影响社会的价值导向。尤其是“唯论文”的评价方式导致了一些突出问题,已经影响到教育健康发展。比如，论文数量与资源配置挂钩，引发绩效评价导向不合理，尤其是近年来SCI论文数量、被引次数、高被引论文、影响因子以及衍生出的ESI排名等相关指标，已经成为学术评价、职称评定、绩效考核、人才评价、学科评估、资源配置、学校排名等方面的核心指标，滋生、助长了“唯论文”的不良导向。“唯论文”的导向也导致了科研工作的急功近利，严重破坏了学术生态。2018年，中国科协发布的《第四次全国科技工作者状况调查报告》显示，93.7%发表过学术论文的科技工作者认同发表论文的主要目的是达到职称晋升要求，90.4%的科技工作者是为了完成各种考核要求。在“点篇数、计件制”的评价引导下，大量“为论文而论文”的写作，造成了论文数目很多、解决科学问题却很少的学术虚假繁荣局面。

因此学校在未来的发展中，要把落实教育评价改革作为关键环节，要树立科学的教育评价观念，坚持立德树人根本任务，完善党对教育工作全面领导的体制机制，促进学校党建工作与事业发展深度融合，充分利用现代化信息技术，提高教育评价的科学性、专业性、客观性，扭转不科学的教育评价导向，坚决克服“五唯”顽瘴痼疾，提高教育治理能力和水平。

(1)推动学校党建工作与事业发展同谋划、同部署、同推进、同考核，加强各类人员的统筹分类管理、协调发展，努力营造教职工各展其才、各尽其才的良好氛围。重点关注学术领军人才和青年后备人才，加强人才服务和绩效保障。创新人才管理制度，探索编制改革和聘用制度改革，推行“编内编外”人事人才管理特区和双轨制聘用制度。加快推进高层次人才管理体制机制改革创新，完善校企人才“互派互聘、共培共享”模式。采取多元化聘用方式，自主灵活用人，统筹用好编制资源，优先保障教学科研需求，向重点学科、特色学科和重要管理岗位倾斜。围绕定编、定岗、定责和聘任制，抓住评价、考核和薪酬等关键环节，探索准聘与长聘相结合等管理方式，落实和完善能上能下、能进能出的聘用制度。落实高层次人才工资收入分配激励、兼职兼薪和离岗创业等政策规定。

(2)构建科研成果分类的评价标准。科研是教学的“源头活水”,如果没有科研做支撑,大学课堂教学就会失去“灵魂”。科研对教学的促进不局限于教学内容,在大学课堂中,学者型教师对于学生影响更为深刻的是这些老师思考问题的方式、严谨的科研态度和刻苦的钻研精神。国际科研评价体系发展已呈现新趋势:一是科研的社会经济效应将成为科研评价的核心标准;二是同行评审与科学计量评价相结合的科研评价机制将成为主流;三是科研评价将实现系统化与自主化;四是网络指标日益成为科学评价的重要参考指标。学校要把握科研评价的规律和趋势,深入推进学校科技评价改革,进一步完善科技成果、科技人才、科研绩效的评价标准及管理办法,建立健全充分体现科学研究特点和人才成长规律的分类分层、注重质量和绩效的科研评价体系,坚持量化评价与质化评价相结合,突出以创新质量和贡献为评价标准,探索对科研团队的评价方式。

(3)深化人事人才和绩效分配制度改革。习近平总书记强调,人才是创新的根基,创新驱动实质上是人才驱动。人才是第一资源,是学校全面落实立德树人根本任务、推动各项事业不断发展的“最大公约数”。要深化新时代教师队伍建设改革,全面推进人才强校战略。坚持党管人才原则,强化党的领导,加强师德师风建设和立德树人教育,改革人才引育机制。坚持积极稳妥推进岗位管理和绩效分配制度改革,以岗位分类管理为基础,引导教师分类发展。强化正向激励与负向约束并存,以分类和质量为导向,建立多元灵活的绩效考核机制,实施代表性成果评审,制定完善薪酬分配办法,构建“任务牵引、多劳多得、优劳优酬”的校内绩效分配体系。

分类发展既是理念,也是实践策略。西南大学需要立足实际,找准自身在国内以及国际高等教育领域的定位,处理好办学资源有限与学科数量多之间的矛盾,协调好不同学科的属性差异、不同人才的发展差异等,这也是实施分类发展的现实意义。我们也坚信,西南大学将始终坚持立德树人根本任务,为党育人、为国育才,在我国建设高等教育强国的征程中贡献自己的一份力量。

主要参考文献

[1]陈厚丰.高等教育分类的理论逻辑与制度框架研究[M].广州:广东高等教育出版社,2011.

[2]陈平原.大学何为[M].北京:北京大学出版社,2006.

[3]陈学飞.美国高等教育发展史[M].成都:四川大学出版社,1989.

[4]道格拉斯.加利福尼亚思想与美国高等教育:1850—1960年的总体规划[M].周作宇,等译.北京:教育科学出版社,2008.

[5]邓泽明,董慧超.德国应用科学大学研究[M].北京:科学出版社,2017.

[6]国家中长期教育改革和发展规划纲要(2010—2020年)[M].北京:人民出版社,2010.

[7]郝克明,汪永铨,等.中国高等教育结构研究[M].北京:人民教育出版社,1987.

[8]黄蓉生,许增纮.西南大学史[M].重庆:西南师范大学出版社,2016.

[9]贺国庆.德国和美国大学发达史[M].北京:人民教育出版社,1998.

[10]贺国庆,王保星,朱文富等.外国高等教育史[M].北京:人民教育出版社,2003.

[11]胡建华,周川,陈列,等.高等教育学新论[M].南京:江苏教育出版社,1995.

[12]克尔.高等教育不能回避历史:21世纪的问题[M].王承绪,译.杭州:浙江教育出版社,2001.

[13]克拉克.高等教育系统:学术组织的跨国研究[M].王承绪,等译.杭州:杭州大学出版社,1994.

[14]克拉克．高等教育新论：多学科的研究[M].王承绪，徐辉，郑继伟，等译.2版，杭州：浙江教育出版社，2001.

[15]克拉克．探究的场所：现代大学的科研和研究生教育[M].王承绪，译．杭州：浙江教育出版社，2001.

[16]李漫红，赵哲．质量与绩效：英国大学科研评估制度[M].北京：科学出版社，2017.

[17]潘懋元．潘懋元论高等教育[M].福州：福建教育出版社，2000.

[18]日本世界教育史研究会．六国技术教育史[M].李永连，赵秀琴，李秀英，译．北京：教育科学出版社，1984.

[19]施晓光．美国大学思想论纲[M].北京：北京师范大学出版社，2001.

[20]宋尚桂，宋柏林．高等学校分类管理政策研究[M].济南：山东人民出版社，2015.

[21]王承绪．伦敦大学[M].长沙：湖南教育出版社，1995.

[22]王廷芳．美国高等教育史[M].福州：福建教育出版社，1995.

[23]习近平．决胜全面建成小康社会 夺取新时代中国特色社会主义伟大胜利：在中国共产党第十九次全国代表大会上的报告[M].北京：人民出版社，2017.

[24]习近平．在北京大学师生座谈会上的讲话[M].北京：人民出版社，2018.

[25]夏托克．高等教育的结构和管理[M].王义端，译．上海：华东师范大学出版社，1987.

[26]亚当·斯密．国民财富的性质和原因的研究：上卷[M].郭大力，王亚南，译．北京：商务印书馆，1972.

[27]易红郡．战后英国高等教育政策研究[M].长沙：湖南师范大学出版社，2012.

[28]殷企平．英国高等科技教育[M].杭州：杭州大学出版社，1995.

[29]张建新.高等教育体制变迁研究:英国高等教育从二元制向一元制转变探析[M].北京:教育科学出版社,2006.

[30]张泰金.英国的高等教育历史·现状[M].上海:上海外语教育出版社,1995.

[31]杨明,赵凌.德国教育战略研究[M].杭州: 浙江教育出版社,2014.

[32]张帆.德国高等学校的兴衰与等级形成[M].北京: 北京师范大学出版社, 2012.

[33]张雪.19世纪德国现代大学及其与社会、国家关系研究[M].武汉: 华中师范大学出版社,2018.

[34]《中国高等教育简介》编审委员会.中国高等学校简介[M].北京:教育科学出版社,1982.

[35]《中国教育年鉴》编辑部.中国教育年鉴(1949-1981)[M].北京:中国大百科全书出版社,1984.

[36]步沂珊,陈正."欧洲大学"项目及其进展:以德国为例[J].世界教育信息,2019(19):24-30.

[37]陈厚丰.国外高等教育分类研究述评[J].高等教育研究,2007(9):13-19.

[38]陈厚丰.英国高等教育"双重制"分层政策案例分析[J]. 比较教育研究,2006(7):47-51.

[39]丁昶玮.构建服务型教育体系,提升高校社会服务能力:基于天津财经大学服务经济社会发展的实践[J].当代教育实践与教学研究,2016(6):254-255.

[40]冯建业.二战后至70年代初美国社区学院职能的变化[J].河南师范大学学报(哲学社会科学版),2000(5):102-105.

[41]顾美玲.协调公立与私立高校的关系,推进教育和谐发展:美国的实践和经验[J].比较教育研究,2008(4):54-58.

[42]顾月琴.美国社区学院的发展历程及其未来趋势[J].中国成人教育,2011(1):122-124.

[43]郭健,张建党.美国职业教育发展的特点和启示[J].中国职业技术教育,2004(29):55-57.

[44]郭庆霞.《莫雷尔法案》的颁布对内战后美国高等教育的影响[J].黑龙江高教研究,2011(3):54-56.

[45]国家教委.关于加快改革和积极发展普通高等教育的意见[J].学位与研究生教育,1993(2):1-4.

[46]贺国庆.从莫雷尔法案到威斯康星观念:美国大学服务职能的确立[J].河北大学学报(哲学社会科学版),1998(3):88-94.

[47]何万国,蔡宗模,杨正强.我国高校分类发展对策研究[J].中国高教研究,2016(2):60-66.

[48]蒋文昭.我国普通高校的分类发展:阻滞与策略[J].河南教育学院学报(哲学社会科学版),2015(1):70-73.

[49]李楠.美国私立学院初创时期的特点[J].辽宁教育研究,2002(5):70-71.

[50]廖苑伶,周海涛.新中国成立70年来高校分类发展的历程、逻辑与展望[J].现代教育管理,2020(9):46-52.

[51]刘宝存.美国研究型大学的产生与发展[J].高教探索,2005(1):24-26.

[52]刘晴婧,于长志.我国高等教育过度同质化产生的原因及对策[J].高等农业教育,2011(5):9-12.

[53]刘小强.美国加州1960年高等教育总体规划:一个成功范例[J].清华大学教育研究,2006(2):95-102.

[54]马叙伦.中央人民政府教育部关于全国工学院调整方案的报告[J].山西政报,1952(4):75-76.

[55]马叙伦.中央人民政府教育部关于一九五零年全国教育工作总结和一九五一年全国教育工作的方针和任务的报告[J].山西政报,1951(8):102-106.

[56]牛金成.德国高等教育结构的特点及其启示:以巴登符腾堡州为例[J].应用型高等教育研究,2020(3):69-77.

[57]潘懋元,陈厚丰.高等教育分类的方法论问题[J].高等教育研究,2006(3):8-13.

[58]潘懋元,董立平.关于高等学校分类、定位、特色发展的探讨[J].教育研究,2009(2):33-38.

[59]潘懋元,贺祖斌.关于地方高校内涵式发展的对话[J].高等教育研究,2019(2):34-38.

[60]彭红玉.美国加州高等教育发展经验及其对深圳的启示[J].深圳职业技术学院学报,2012(6):57-62.

[61]钱亮.我国高校分类发展存在的问题及对策探析[J].科教文汇(上旬刊),2018(3):127-128.

[62]瞿振元.高等教育内涵式发展:从"推动"到"实现"[J].评价与管理,2018(1):71.

[63]时凯,刘钧.德国高校分类与办学模式的研究[J].黑龙江高教研究,2015(7):61-64.

[64]史秋衡,杨玉婷.均质与分化:德国高校分类发展的战略选择[J].江苏高教,2021(2):9-13.

[65]宋中英,雷庆.高等学校分类标准和类型名称探析[J].高教探索,2009(6):41-45.

[66]宋中英,周慧.高等学校规划性分类研究:基于美国与英国的比较[J].高教发展与评估,2012(1):77-84.

[67]王承绪.英国高等教育发展的历史和现行体制述略[J].教育论丛,1983(2):54-66.

[68]王慧敏.达特茅斯学院案与美国高等教育的公私之辨[J].北京大学教育评论,2016(1):62-75.

[69]王宇晖.美国不同层次公立高校的战略规划研究:以三所高校为例[J].教育发展研究,2008(19):66-70.

[70]项贤明.大众化与高等教育体制变革的理论观察[J].北京师范大学学报(社会科学版),2003(3):40-47.

[71]邢栋.美国社区学院发展历程分析[J].中国成人教育,2017(4):155-158.

[72]徐秀秀,庄丽君.建国初期的院系调整与高等工程教育的发展[J].理工高教研究,2008(4):41-44.

[73]杨捷.19世纪美国达特茅斯学院案及其影响[J].河南大学学报(社会科学版),2000(5):41-45.

[74]杨光富,张宏菊.赠地学院对美国高等教育的影响[J].河北师范大学学报(教育科学版),2008(10):8-11.

[75]殷企平.两种文化和英国高等教育(上)[J].高等教育研究,1994(2):91-94.

[76]余承海,程晋宽.美国州立大学的起源与发展[J].高教发展与评估,2013,29(6):79-86.

[77]张建新.英国多科技术学院的"漂移"及其启示[J].深圳职业技术学院学报,2004(4):72-76.

[78]张万朋,李梦琦.新常态下我国教育资源配置改革的特点、挑战与应对[J].苏州大学学报(教育科学版),2020(3):38-45.

[79]张玉琴.试论日本高等教育均衡发展的重要途径:二元结构与数量、质量的关系[J].日本学刊,2005(5):123-134.

[80]中共中央关于全面深化改革若干重大问题的决定[M].北京:人民出版社,2013.

[81]中华人民共和国国民经济和社会发展第十四个五年规划和2035年远景目标纲要[M].北京:人民出版社,2021.

[82]周详."达特茅斯学院案"及其对美国高等教育的影响[J].教育学术月刊,2009(6):76-78.

[83]朱文富,余咏梅.英属北美殖民地学院的办学传统及其影响[J].河北大学学报(哲学社会科学版),2020(2):75-85.

[84]曹赛先.高等学校分类的理论与实践[D].武汉:华中科技大学,2004.

[85]李晓婷.美国卡内基高等教育分类研究:以2015版为例[D].长沙:湖南师范大学,2017.

[86]刘源.美国大学社会服务职能的形成与确立:自莫雷尔法案至威斯康星观念的研究[D].沈阳:沈阳师范大学,2016.

[87]马崇刚.从加州高等教育总体规划看我国高校分类定位问题[D].兰州:西北大学,2008.

[88]邢雪.马丁·特罗高等教育思想研究[D].金华:浙江师范大学,2018.

[89]张德芹.新中国成立以来两次院系调整的比较研究[D].南京:南京师范大学,2008.

[90]周凤莲.1978年—2007年我国普通高等教育层次结构变化分析[D].南京:南京师范大学,2011.

[91]教育部2018年工作要点[N].中国教育报,2018-02-08(01).

[92]教育部2019年工作要点[N].中国教育报,2019-02-23(02).

[93]CARSWELL J. Government and the universities in Britain: Programme and performance 1960—1980[M]. Cambridge: Cambridge University Press, 1985.

[94]LOWE R. Education in the post-war years: a social history[M]. London and New York: Routledge, 1988.

[95]KERR. 12 systems of higher education[M]. New York: International Council for Educational Development, 1978.

[96]SCOTT P. The meanings of mass higher education[M]. Buckingham: SRHE and Open University Press, 1995.

[97]SHELLEY S. Diversity of appraisal and performance-related pay practice in higher education[J]. Personnel Review, 1999(5-6): 439-454.